Sarah Bartlett

Feng Shui der Liebe

Harmonie und positive Energie für Lust und Sinnlichkeit

Aus dem Englischen übersetzt von
Dr. Doris Märtin

WILHELM HEYNE VERLAG
MÜNCHEN

HEYNE RATGEBER
Body & Soul
Nr. 08/5204

Besuchen Sie uns im Internet:
http.//www.heyne.de

Umwelthinweis:
Dieses Buch wurde auf
chlor- und säurefreiem Papier gedruckt.

2. Auflage

ISBN 3-453-14061-3

Inhalt

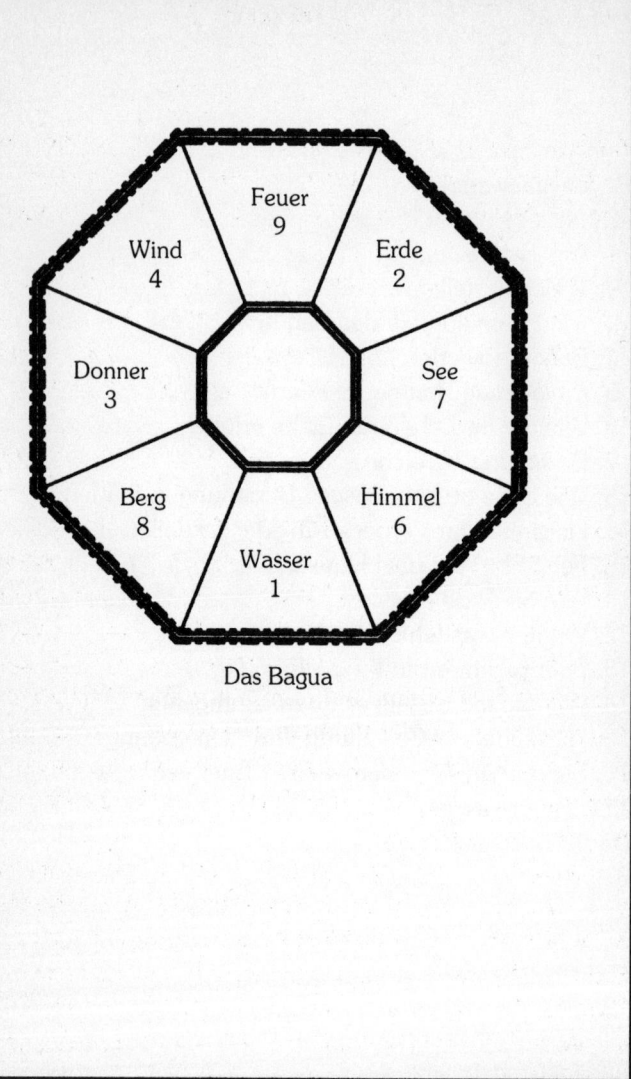
Das Bagua

Vorwort

Als Kind wurde ich dazu erzogen, an Gott zu glauben. Aber ich hatte den Eindruck, Gott ziemlich gleichgültig zu sein – deshalb zog ich die Konsequenzen und wandte mich dem kosmischen Tanz zu.

Als ich vor vielen Jahren als junges Mädchen in Malaysia lebte, wohnte neben uns eine faszinierende Chinesin. Lim hatte eine Begabung für etwas, das sie »Magie« nannte. Erst Jahre später fand ich heraus, daß diese Magie unter dem Namen Feng Shui bekannt war.

Ihr Sohn und ich fischten zusammen in den regennassen Sümpfen oder spielten im Schatten der Veranda Mah-Jongg. Lim gehörte zu jenen Müttern, die uns nicht nur Freundin und Beraterin, sondern Quelle der Inspiration waren – ein Mensch, der von Geheimnissen und Wundern zu erzählen wußte.

Als wir wieder einmal von fliegenden Ameisen heimgesucht wurden, weihte sie mich in Feng Shui ein. Eines Abends bauten wir Mah-Jongg-Wände auf dem mit grünem Filz überzogenen Tisch draußen auf der Veranda. Die schwüle Nacht zog die fliegenden Ameisen in Schwärmen an. Die meisten Leute wehrten sich gegen sie, indem sie die Türen zu und das Licht ausmachten. Ganz anders Lim:

»Du willst Mah-Jongg spielen? Dann müssen wir dafür sorgen, daß die Ameisen uns in Ruhe lassen.« Sie löschte alle Lichter außer einem über den Stufen der Veranda, holte eine große Schüssel Wasser und stellte sie genau unter der Lampe auf den Boden. Die fliegenden Ameisen schwärmten auf uns zu. Sobald sie aber den Lichtschein der Lampe erreichten, wichen sie aus unerklärlichen Gründen wie eine Brandungswelle von der

Veranda zurück, statt wie sonst auf das blendende Licht der Lampe zuzusteuern. Es war, als verwirrten sie die Spiegelungen, die auf dem Wasser in der Schüssel tanzten. Über eine halbe Stunde lang fegte der Schwarm um Lims Bungalow herum, ohne auch nur in die Nähe des Lichts zu kommen. Dann war er verschwunden. »Siehst du, jetzt können wir das Licht wieder anmachen.«

»Warum sind sie überhaupt gekommen?« fragte ich verwirrt.

»Sie kommen mit dem Chi. Das Chi bringt viele Dinge mit sich, aber wenn du weißt, wie du seine Magie nutzen kannst, wirst du deiner Sache immer sicher sein.«

»Welche Magie?«

»Die Magie des Lebenstanzes. Morgen weihe ich dich in seine Geheimnisse ein. Ich erzähle dir vom Roten Vogel und den Verborgenen Pfeilen. Möchtest du das?«

Ich nickte. Über diese Art von Magie wollte ich mehr wissen!

Bevor Sie weiterlesen

In diesem Buch lernen Sie, wie Sie mit Hilfe von Feng-Shui-Prinzipien zu einem glücklicheren, erfüllteren Leben gelangen können. Bevor Sie nun aber beginnen, Ihre Wohnung umzuräumen, Veränderungen in Angriff zu nehmen und schlechte Einflüsse abzuwehren, sollten Sie erst das ganze Buch lesen. Die kreative Anwendung von Feng Shui ist hochkompliziert und erfordert Wissen und Erfahrung. Es dauert viele Jahre, bis man Feng Shui wirklich voll und ganz beherrscht.

Erwarten Sie sich also keine schnellen Erfolge. Wenn Sie das Buch in die Hand nehmen, ein Kapitel überfliegen und einen Rat umsetzen, ohne zu wissen, warum, sind Enttäuschungen vorprogrammiert.

Feng Shui ist eine Reise, auf der Sie dieses Buch begleitet. Es zeigt Ihnen, wie Sie neue Pfade erschließen und nach und nach Änderungen vornehmen können, die mehr Harmonie in Ihr Leben bringen. Was nicht heißen soll, daß es keine Wunder gibt. Aber: Der sicherere Weg zu einem ausgeglichenen Lebensstil sind Zeit und Ruhe. Geben Sie Ihrer Wohnung und sich selbst Zeit und Raum, so daß die Energie das richtige Maß an Harmonie finden kann.

Für Sie gilt das gleiche wie für die alten Feng-Shui-Meister, die stunden- und wochenlang auf einem Berggipfel oder in einem Tal verharrten, um deren wahre Energie zu verstehen: Die Magie des Feng Shui beginnt erst zu wirken, wenn Sie gelernt haben, selbst ein Teil davon zu werden.

Einführung

Feng Shui (ausgesprochen fung schwuey) ist die chinesische Kunst, ein Haus so einzurichten, daß darin die bestmögliche Energie fließt. Feng heißt Wind, und Shui heißt Wasser. Die alten Chinesen glaubten, der Fluß der kosmischen Energie verbinde Menschen, Lebewesen und alles andere auf der Welt. Wind und Wasser sagten ihnen, welche Arten von Energie die Berge oder die Landschaft durchströmten. Der Wind war Yang, die aktive, dynamische Energie; das Wasser war Yin, die passive, empfangende Energie. Das bewußte Lenken dieser beiden Naturkräfte bezeichneten die alten chinesischen Mystiker als Feng Shui. Selbst die moderne Wissenschaft räumt heute ein, daß das ganze Universum schwingt und durch eine Kraft oder Energie zusammengehalten wird. In der Kunst des Feng Shui heißt diese Energie Chi.

Seit Jahrhunderten nutzen viele fernöstliche Kulturen beim Bau von Häusern und Bürokomplexen, bei der Anlage von Wegen und Gärten und bei der Wohnungseinrichtung die komplexe Kunst und Wissenschaft des Feng Shui, um Balance zu schaffen und Harmonie zu erreichen. Vor über 3000 Jahren setzten die Taoisten Feng Shui nicht nur ein, um die günstigsten Orte für die Grabstätten ihrer Vorfahren zu ermitteln, sondern auch, um ihre sexuelle Energie zu stärken. In einer Verbesserung des Chi-Stroms bei der sexuellen Vereinigung sahen sie den Schlüssel zu einem langen, glücklichen Leben.

Bis heute basiert Feng Shui auf dem Prinzip des Chi, das alles durchströmt – von den Bergen und Bäumen bis hin zu den Möbeln des Zimmers, in dem Sie gerade sitzen. Diese Energie ist eine mächtige, fast magische Kraft, und die meisten Feng-Shui-

Anhänger glauben, daß Chi nicht für das persönliche Fortkommen, sondern für das Allgemeinwohl eingesetzt werden muß. Das heißt: Wenn wir unsere Häuser und Gärten nach Feng-Shui-Prinzipien gestalten, gelangt die Energie von unseren Gärten und Herzen auch in die Gärten und Herzen anderer Menschen.

Feng Shui ist ein komplexes Thema und erfordert jahrelanges Studium und Training. Es gibt verschiedene Feng-Shui-Schulen: einen eher klassischen und wissenschaftlichen Ansatz, der neben einem detaillierten und starken Feng-Shui-Kompaß auch Elemente der Astrologie und Astronomie anwendet; eine Lehre, die vor allem auf Intuition und geistige Durchdringung setzt; und eine dritte Schule, die sich einfach auf die richtige Verwendung von Feng-Shui-Hilfsmitteln und Verbesserungen konzentriert.

Dieses Buch zeigt Ihnen, wie Sie einige der einfacheren Prinzipien dieses feinabgestimmten Systems ausprobieren und so Ihrem Gefühls- und Sexualleben eine magische Komponente verleihen können.

Die Magie des Feng Shui besteht darin, daß mit den Veränderungen, die Sie in Ihrem häuslichen Umfeld vornehmen, die Energie *in Ihnen selbst* wirksam werden kann.

Feng Shui für Heim und Herz

Durch die richtige Gestaltung und Veränderung Ihrer Wohnumgebung können Sie Ihr körperliches und seelisches Wohlbefinden stärken und Ihre Beziehungen zu anderen Menschen verbessern. Wie Menschen haben auch Wohnungen und Häuser ein Herz. Dieses Herz Ihres Zuhauses gilt es herauszufinden. Auch wenn Sie am liebsten vor dem Fernseher lümmeln, kann es sich lohnen, andere Orte in Ihrer Wohnung zu erforschen. Ist die Couch vor dem Fernseher wirklich der Platz, wo Sie Liebe, Wärme und Glück finden? Den Ort, an dem Sie Ihr Selbst ausdrücken, harmonisch auszubalancieren, ist ein Weg zu mehr Harmonie in Ihren Beziehungen.

Feng Shui setzt sich mit der Energie auseinander, die jetzt in Ihrem Haus oder unter Ihrem Bett fließt. Es geht darum, Objekte, Farben, Düfte und Pflanzen richtig einzusetzen; Möbel zu rücken; herumliegende Sachen aufzuräumen; neue Bereiche in Ihrer Wohnung zu schaffen; Betten umzustellen und mit Hilfe von Wasser, Kerzen, Holz, Stoffen, Spiegeln, Kristallen, Lampen, Feng-Shui-Hilfsmitteln und Intuition die sexuelle und emotionale Energie zwischen Ihnen und Ihrem Partner, Ihrer Partnerin zu stärken. Denn: Wenn Ihr Schlafzimmer sich in Harmonie mit Ihnen befindet, wird die Energie, die es ausstrahlt, Ihr Liebesleben beflügeln.

Ihre Beziehung und Feng Shui

Es gibt viele Arten von Beziehungen. In diesem Buch befassen wir uns in erster Linie mit Liebesbeziehungen: denn wie oft sind diese ebenso schnell wieder vorbei, wie sie entstanden sind und wie wenig verstehen wir zuweilen davon. Die Liebe geht ihre eigenen Wege; von heute auf morgen kann sie unser Inneres verändern und unsere Gefühle in ihren Bann ziehen. Wie schön ist es, morgens aufzuwachen und zu spüren, daß man verliebt ist. Und wie leer fühlt man sich, wenn einen der Partner verlassen hat oder man selbst die Beziehung nicht mehr ertragen konnte. Vielleicht lenken auch Sie sich dann von Ihrem Kummer ab, indem Sie Ihre Wände neu streichen oder den Frühjahrsputz in Angriff nehmen. Vielleicht lassen

Sie aber im Gegenteil einfach alles stehen und liegen. Doch auch wenn Sie sich verlieben, kann es passieren, daß das Chaos in Ihrer Wohnung immer größer wird. Wäscheberge türmen sich auf, und im Kühlschrank sieht es wie in einem Mülleimer aus. Unsere Umgebung ist ein Spiegelbild unserer Gefühle und Empfindungen, unseres eigenen persönlichen Chi. Wir alle versuchen, individuell zu sein, etwas Besonderes, anders als alle anderen und der Rest der Welt. Aber wie sehr wir uns auch dagegen wehren, unsere Individualität zu verlieren – letztlich sind wir alle ein Teil der Erde und des Universums. Deshalb sollten wir uns und unsere Umgebung hegen und pflegen.

Als Menschen sind wir nicht nur eins mit unserem Partner oder unserer Geliebten, sondern auch mit der Welt und all den Schwingungen und Energien um uns herum. Ohne uns dessen bewußt zu sein, stehen wir in jedem Moment unserer Existenz mit unserer Umgebung in Verbindung. Bei manchen Gelegenheiten zeigt sich das besonders deutlich: zum Beispiel wenn wir an einem eiskalten Morgen das Haus verlassen oder uns in wilder Leidenschaft in den Bettlaken verstricken! Selbst Einsteins Relativitätstheorie setzt sich mit diesem Punkt auseinander!

Eine Katze weiß ihre Beziehung zur Welt instinktiv zu nutzen. Katzen, die sich verlaufen haben, suchen ihren Weg nach Hause, indem sie in einem immer größer werdenden Kreis, einer Spirale, herumlaufen, bis sie das Energiefeld erreicht haben, das sie als ihr Territorium wiedererkennen (siehe Abbildung 1). Diese Energie, diese Spirale, ist Chi – ein Pfad, eine Straße, auf jeden Fall eine Verbindung. Wenn Sie diesem Pfad folgen, werden Sie Ihr Zentrum nie verlieren. In Kapitel 11 erfahren Sie, wie Sie die Katzenspirale nutzen können.

Abbildung 1: Katzenspirale

Im Feng Shui geht es darum, nicht nur die Energie unserer Umgebung, sondern auch die Energie von Geist, Herz und Seele auszubalancieren. Wir sind das Chi; wir tragen unsere eigene Energie in uns, nehmen das Chi anderer Menschen auf und strahlen einen Teil davon wieder ab. Beziehungen finden zwischen zwei Menschen statt (oder zwischen mehreren, wenn Sie z. B. in einer Dreiecksbeziehung leben oder mehrere Beziehungen gleichzeitig haben). Das heißt, es geht nicht nur um Ihre eigene Harmonie, sondern darum, die Harmonie und Balance mehrerer Menschen auf einen Nenner zu bringen. Ganz gleich, ob Sie in einem Einzimmerapartment, einer Villa oder einer Doppelhaushälfte leben: Ihr Zuhause reflektiert Ihren persönlichen Geschmack und aktuelle Modetrends. Gleichzeitig aber ist Ihr Zuhause auch ein Spiegel Ihres inneren Selbst. Dabei spielt es keine Rolle, ob in jedem Zimmer Kleidung und Bücher herumliegen oder ob Sie in farblich perfekt aufeinander abgestimmten, peinlich ordentlichen Räumen wohnen.

So machen Sie es richtig

Obwohl Feng Shui eine Lebensaufgabe sein kann, erfahren Sie in diesem einführenden Ratgeber ein paar Tips und Geheimnisse, wie Sie Ihre Beziehungen auf die Schnelle harmonischer gestalten können. Wir können die Energie, die wir schaffen, oder die Energie, die unserer Umgebung bereits innewohnt, verändern und verbessern: um unser Leben und unsere Liebe zu bereichern und unserem Ich und unserer Wunschvorstellung davon näherzukommen.

Feng Shui ist ein wesentlicher Teil der chinesischen Astrologie. Ihr Schicksal und Ihr Lebensstil spiegeln die Energie Ihres inneren Selbst wider. Mit Hilfe der Feng-Shui-Elemente, die Ihre persönliche Energie ausdrücken, können Sie zu einer neuen Liebe finden oder mehr Harmonie für sich und Ihre Partnerschaft gewinnen.

Wann setzen Sie Feng Shui ein? Zum Beispiel, wenn etwas in Ihrer Beziehung fehlt oder Sie gerade eine schwierige Phase durchleben, wenn Ihr Partner Sie verlassen hat oder wenn Sie allein leben und auf der Suche nach dem richtigen Lebenspartner sind. Dann kann es notwendig sein, einen besonderen Bereich zu schaffen, das Haus gründlich zu putzen oder Ihr Zuhause mit neuen Objekten, Farben oder Ideen aufzufrischen, um eine schal gewordene Beziehung zu stimulieren. Um zu sexueller Harmonie zu gelangen, müssen Sie vielleicht einen Kristall ins Fenster hängen oder das Bett umstellen. Feng Shui kommt also mit einfachen Hilfsmitteln und Verhaltensänderungen aus. Und vergessen Sie nicht: Wie oben, so auch unten. Wie außen, so auch innen. Eine harmonische Umgebung zu schaffen, ist ein Weg hin zu erfolgreicheren Beziehungen.

1. Das Bagua

Es gibt zwei geheimnisvolle Schlüssel zu Feng Shui. Der erste Schlüssel ist das Bagua. Der zweite Schlüssel sind die fünf Grundelemente der chinesischen Astrologie, die sich aus Ihrem Geburtsdatum ergeben: Feuer, Erde, Metall, Wasser und Holz. Abbildung 16 enthält eine Übersicht, aus der Sie Ihr Element ablesen können. Zuerst aber möchte ich Sie mit dem Bagua vertraut machen. Mit seiner Hilfe können Sie sehr schnell feststellen, in welchen Bereichen Ihres Hauses Veränderungen notwendig sind und welche Bereiche Ihrer Beziehungen und Ihres Selbst der Harmonisierung bedürfen.

Das Bagua repräsentiert die unsichtbaren Energieströme, die alles durchfließen: Landschaften, Städte, Bürokomplexe, Häuser, Räume, Gärten, Menschen und sogar Beziehungen. Mit Hilfe des Bagua sehen wir, welche Bereiche unseres Zuhauses der Aufmerksamkeit bedürfen. Daraus wiederum ergibt sich, welche Bereiche unserer Beziehungen gestärkt und belebt werden können. Das Bagua ist also eine Landkarte, die uns zeigt, was in uns und unserem Zuhause abläuft.

Das Bagua basiert auf einem magischen Zahlenquadrat (Abbildung 2).

Das magische Zahlenquadrat ist ein altes chinesisches System mit mystischen Kräften. Es geht die Sage, daß vor ungefähr 4000 Jahren eine Schildkröte mit seltsamen Zeichen auf dem Panzer aus einem Fluß auftauchte. Die Chinesen interpretierten diese Zeichen als die Zahlen eins bis neun – also unsere Ziffern. Sogar westliche Mathematiker wie Pythagoras faszinierte das magische Quadrat und seine Symbolik. Ganz gleich, ob Sie die Zahlen des Quadrats vertikal, horizontal oder diagonal addie-

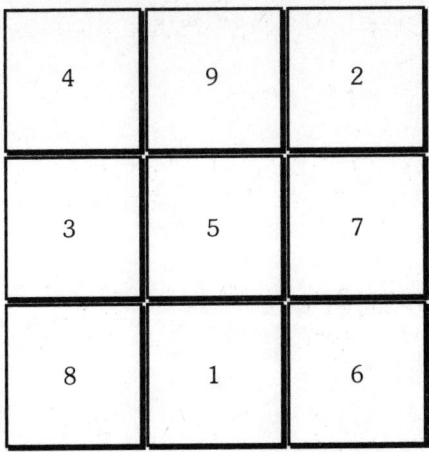

Abbildung 2: Magisches Zahlenquadrat

ren: Als Summe kommt immer fünfzehn heraus. Im Westen ist diese Zahl ohne Bedeutung, im Fernen Osten aber gilt sie als magisch und mächtig.

Den alten Chinesen dienten die fünfzehn Tage zwischen Neumond und Vollmond als Grundeinheit, um die vierundzwanzig Phasen ihres Sonnenjahres zu zählen. Übrigens kennen die Chinesen viele verschiedene Zeitrechnungen, diese aber steht nach ihrer Überzeugung unter einem besonders günstigen Stern.

Jede der neun Ziffern des magischen Quadrats korrespondiert mit einer unsichtbaren Energie, die eine besondere Bedeutung für unser Liebesleben besitzt. Diese unsichtbare Energie zieht sich durch alles hindurch. Somit spiegelt das Bagua sowohl die Energien in Ihnen und Ihren Beziehungen als auch die Energien in Ihrem Zuhause wider. Jede Zahl wird durch ein Schlüs-

Wind 4	Feuer 9	Erde 2
Donner 3	Mitte 5	See 7
Berg 8	Wasser 1	Himmel 6

Abbildung 3: Aus dem magischen Quadrat entsteht das Bagua.

selwort repräsentiert. Die Zahl 1 zum Beispiel wird mit dem Wasser assoziiert, die Zahl 2 mit der Erde und so weiter (Abbildung 3).

Das mittlere Feld des Quadrats steht für Einklang oder Ganzheit. Die Zahl 5, die mittlere Zahl, ist somit das Herz des Hauses, Ihr ureigentliches Wesen, der Schlüssel zu Ihren Beziehungen und heißt die Mitte.

Die neun Energien des Bagua

Jedes Feld des Bagua steht mit bestimmten Bereichen Ihrer Beziehungen und Ihres Liebeslebens in Verbindung:

Die Energien des Bagua und ihre Verbindung zur Liebe		
1	Wasser	Anfang, neue Liebe, Freiheit, Fluß
2	Erde	Empfänglichkeit, Gefühle, Intuition
3	Donner	Familie, äußere Einflüsse, Störungen
4	Wind	Harmonie, Glück, Weiterentwicklung
5	Mitte	Lebensenergie: Sind Sie mit *sich selbst* in Einklang?
6	Himmel	Geben und Nehmen, emotionale Unterstützung, Freunde
7	See	Sinnlichkeit, Sinne, Sexualität, kreative Liebe
8	Berg	Bewußtsein für sich oder andere, Kommunikation
9	Feuer	Klarheit, Erfüllung: Sind Sie und Ihr Partner im Einklang?

Wenn wir Räume gestalten, Möbel umräumen, neue Gegenstände aufstellen und alte entfernen, tun wir im Grund das gleiche, was wir auch auf der geistig-seelischen Ebene tun. In uns allen wirkt eine Energie, die uns wie eine unhörbare innere Stimme antreibt. Es ist dieser Lebensgeist, der uns mit der unsichtbaren Energie, dem Chi, verbindet.

Mit Feng Shui bringen wir gute und vielversprechende Energien in unser Zuhause und unser Liebesleben; weniger günstige

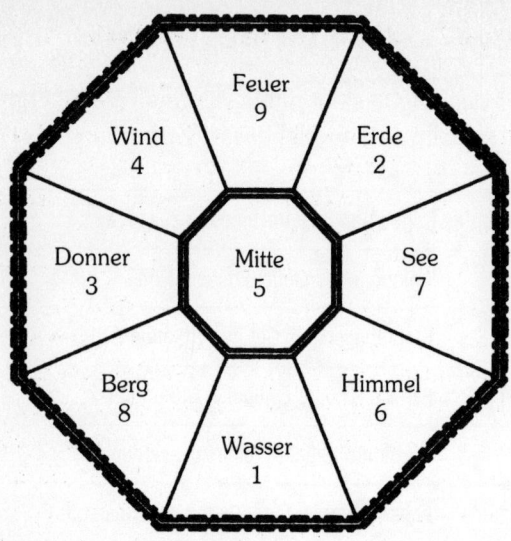

Abbildung 3A: Aus dem magischen Quadrat entsteht das Bagua.

Energien werden dagegen blockiert oder abgelenkt. Wenn wir Spiegel, Statuen, Pflanzen oder Kristalle im Haus aufstellen, übertragen sich die Eigenschaften dieser Gegenstände auch auf uns selbst. Darum geht es beim Feng Shui: Die innere Energie ist auch die äußere Energie.

So verwenden Sie das Bagua

Sie kennen jetzt die Form des Bagua. Übertragen Sie als erstes Abbildung 3A auf einen dünnen Bogen Pauspapier. Danach zeichnen Sie einen Plan Ihres Apartments, Ihrer Wohnung oder Ihres Hauses. Dabei ist es besonders wichtig zu überlegen, welche Tür Ihre Eingangstür ist. Vielleicht betreten Sie das Haus meistens nicht durch die offizielle Haustür, sondern durch eine Hinter- oder Terrassentür; trotzdem gilt als Eingangstür die Tür, die Sie Gästen, Fremden, also der Außenwelt, öffnen. Sie ist der wichtigste Eintrittspunkt für das Chi in Ihr Zuhause und der Ausgangspunkt Ihrer Reise. Wenn Sie in einer Wohnung oder einem Einzimmerapartment leben oder ein Zimmer im Haus Ihrer Eltern bewohnen, sollten Sie die Tür wählen, durch die die große, weite Welt hereinkommt: Freunde, der Briefträger, Fremde – Besucher aus der Außenwelt. Das Bagua kann sowohl für bestimmte Räume als auch für ganze Häuser verwendet werden. Das Schlafzimmer zum Beispiel spielt immer eine wichtige Rolle für unser Liebesleben. Um mehr über Ihr Sexualleben zu erfahren, sollten Sie deshalb die Bagua-Skizze auch über Ihr Schlafzimmer legen.

Als nächstes legen Sie das Bagua über den Plan, den Sie gezeichnet haben. Wie das geht, zeigen die Abbildungen 4 und 5. Ist Ihr Zimmer oder Haus quadratisch oder symmetrisch geformt, ist das Auflegen des Bagua kein Problem. Wenn Ihr Haus verwinkelt oder über Eck gebaut ist, Erker, Anbauten, Aussparungen oder sonstige Unregelmäßigkeiten hat, müssen Sie dagegen zuerst sein Zentrum ermitteln: Zeichnen Sie zwei diagonale Linien und legen Sie die Mitte des Bagua über den Schnittpunkt. Die Ausrichtung des unteren Teils des Bagua – also der Zahlen 8, 1 und 6 – ergibt sich aus der Lage der Eingangstür (Abbildung 6). Es kann sein, daß Sie das Bagua dehnen oder stauchen müssen,

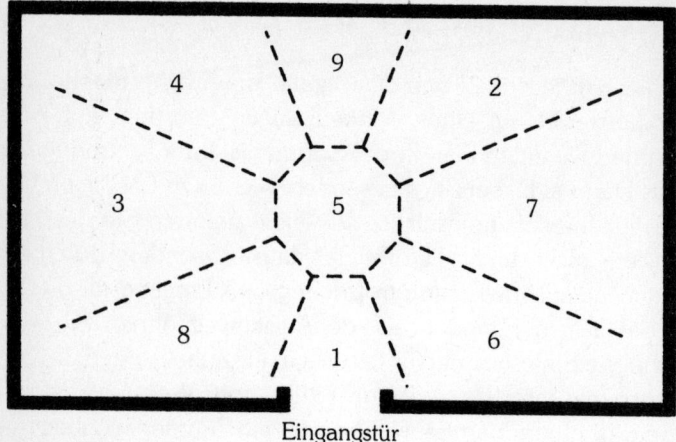

Eingangstür

Abbildung 4: Auflegen des Bagua bei regelmäßig geformten Häusern oder Räumen

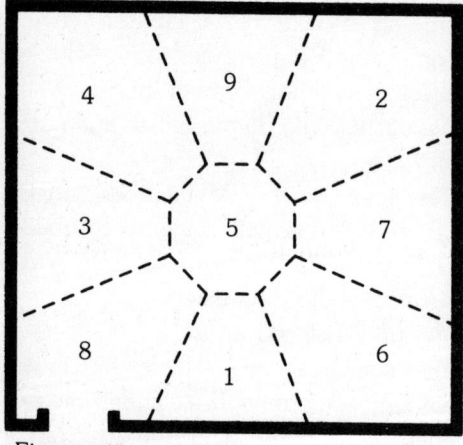

Eingangstür

Abbildung 5: Auflegen des Bagua bei regelmäßig geformten Häusern oder Räumen

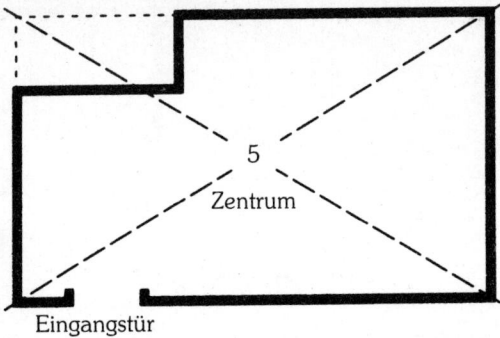

5
Zentrum

Eingangstür

Abbildung 6: Auflegen des Bagua. Um das Zentrum eines unregelmä-
ßig geformten Zimmers oder Hauses zu finden, füllen Sie die »Leerstel-
len« zu einer regelmäßigen Form auf. Dann ziehen Sie von den Ecken
aus zwei diagonale Linien.

um es an rechteckige oder ungewöhnlich geformte Grundrisse
anzupassen. Jetzt sehen Sie, in welchen Teilen Ihres Hauses oder
Zimmers sich die unsichtbaren Energien verbergen.

Sehen Sie sich die Bereiche an, in denen keine Energie zu
fließen scheint. In Abbildung 8 zum Beispiel fehlt ein großer Teil
des Bagua-Bereichs 7 (See): Die See-Energie ist somit nicht vorhanden. Dieser Mangel spiegelt sich in der Beziehung wider.
Fehlende Energien können Sie durch einfache Hilfsmittel zu-
rückholen.

Besonders aufschlußreich sind die Teile Ihres Hauses oder
Zimmers, in denen ein Energieschub auftritt. Das ist zum Beispiel dort der Fall, wo ein merkwürdig geformter Raum besonders auffallend in einen Bagua-Bereich hineinragt. Hier fließt
die Energie verstärkt; Sie können daraus entnehmen, welche
Bereiche Ihrer Beziehung oder Ihres inneren Selbst am erfolg-
reichsten oder intensivsten sind.

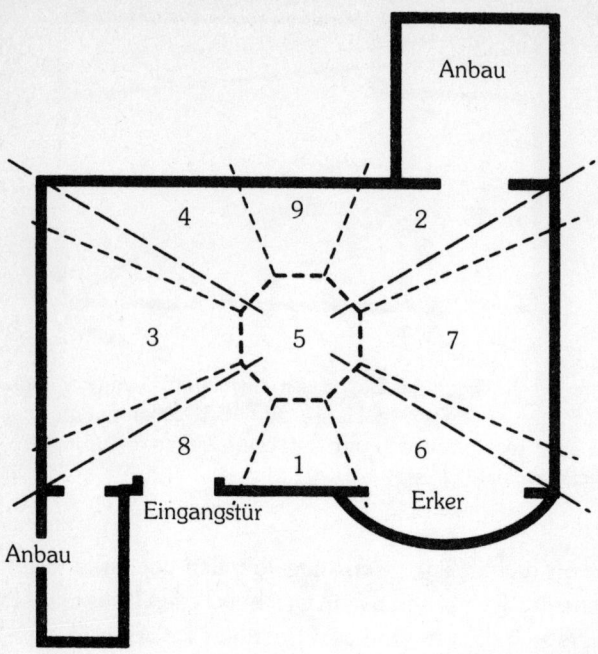

Abbildung 7: Ein Haus mit Anbauten oder Erkern. Die vorspringenden Hausteile sind Fortsätze des Bagua-Bereichs, von dem sie ausgehen.

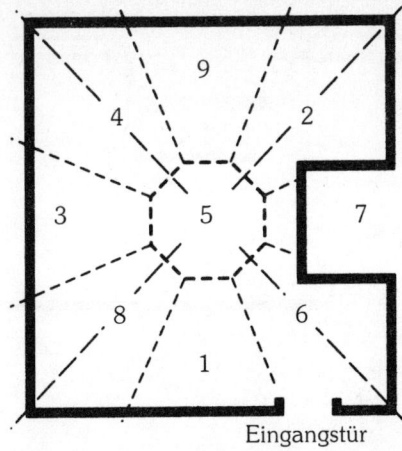

Abbildung 8: Ein Haus, in dem wegen der Aussparung ein Bereich fehlt. Der Bagua-Bereich 7 liegt größtenteils außerhalb des Hauses.

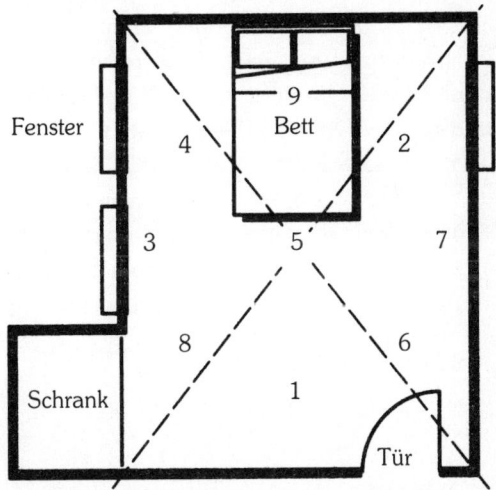

Abbildung 9: Bagua eines Schlafzimmers. Der Schrank ist hier ein Fortsatz von Bagua-Bereich 8 (Berg).

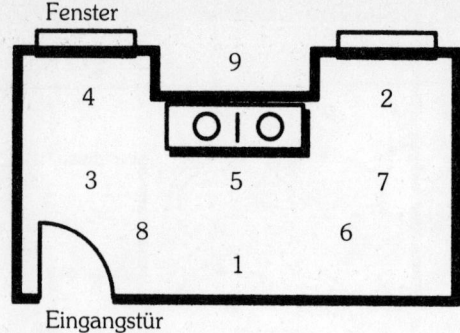

Abbildung 10: Bagua einer Küche. Ein großer Teil von Bagua-Bereich 9 (Feuer) und ein Teil von 8 (Berg) fehlen.

Abbildung 12 zeigt den Grundriß von Janes Haus. Jane konsultierte mich, weil sie Probleme mit ihren Schwiegereltern hatte, die sich ständig in ihre Beziehungen einmischten. Der Plan zeigt, daß in ihrem Fall die Küche der Bereich der Bagua-Energie ist, der mit Schwiegereltern zu tun hat: Familie, Erbe und äußere Einflüsse (3 – Donner). Deshalb konzentrierten wir uns zunächst auf die Küche. Ich bemerkte, daß Herd und Spüle direkt nebeneinander standen. Im traditionellen Feng Shui gilt das als wenig günstig, weil eine Brücke zwischen den beiden widerstreitenden Energietypen Feuer und Wasser fehlt. Seit Jane einen Holzkrug als Brücke zwischen Spüle und Herd gestellt hat, mischen sich ihre Schwiegereltern weniger stark als bisher in ihr Leben ein.

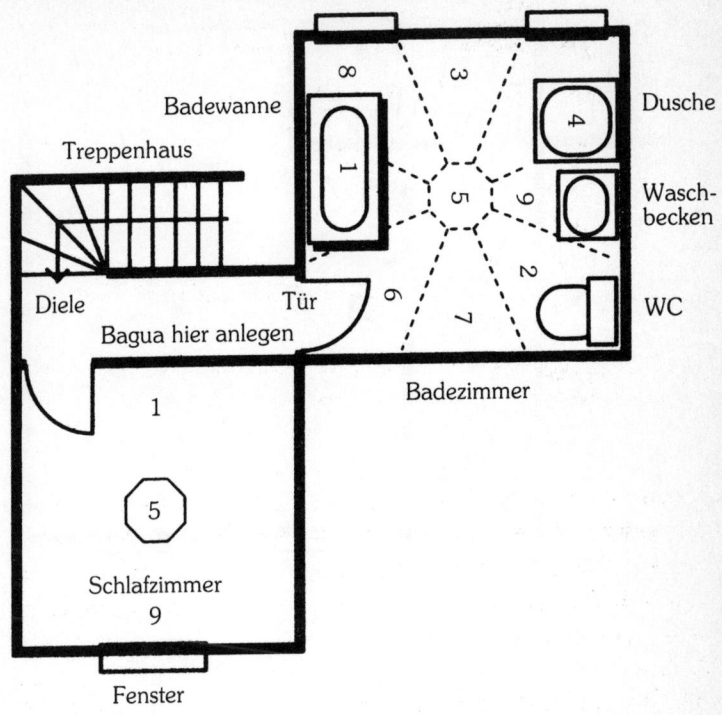

Abbildung 11: Bagua eines Schlaf- und Badezimmers. Verwenden Sie als Bezugspunkt für das Ausrichten des Bagua immer die Tür.

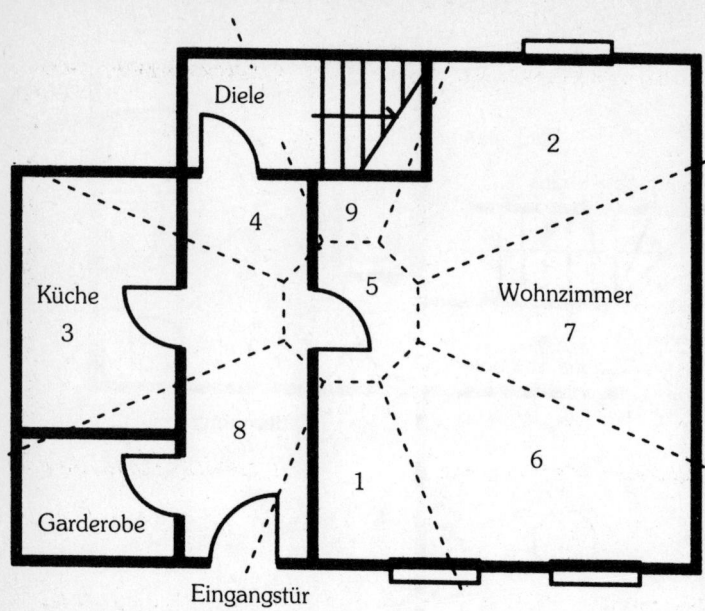

Abbildung 12: Grundriß von Janes Haus

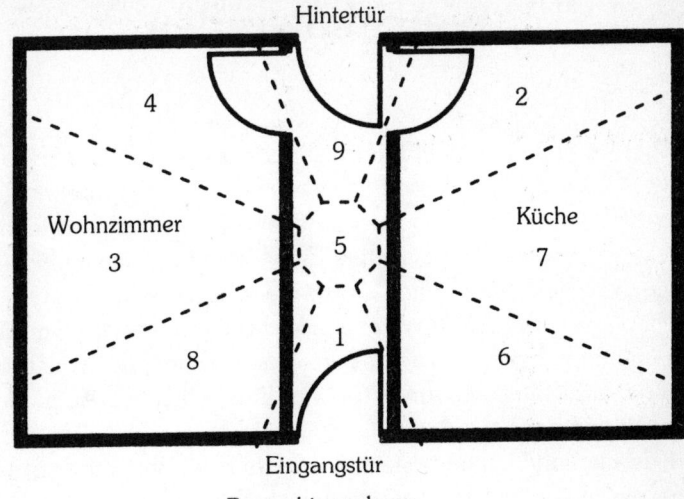

Abbildung 13: Wenn Sie mehr als einen Eingang haben, legen Sie das Bagua auf den Eingang, der vor allem von Gästen benutzt wird.

2. Weichen stellen

Sie wissen jetzt, welcher Bereich Ihres Zuhauses welchem Bagua-Bereich entspricht. Die folgende Übersicht zeigt Ihnen, wie Sie positiven, belebenden Energien den Weg bereiten können. Dafür gibt es zwei Möglichkeiten: Entweder Sie stellen zunächst die Weiche, die Sie *momentan* für die wichtigste halten. Oder aber Sie stellen mehrere Weichen gleichzeitig. Wann immer Sie das Gefühl haben, ein Bagua-Bereich sei wichtig für Ihr Leben und für Ihr Zuhause, können Sie ihm Ihre besondere Aufmerksamkeit widmen.

Kristallen und Halbedelsteinen wird im Feng Shui eine positive Kraft zugeschrieben. Sie sind nicht besonders teuer, und selbst ein kleiner Kristallsplitter beinhaltet mehr Energie als Sie sich vorstellen können. Wenn Sie einen der hier genannten Steine oder Kristalle nicht finden können, verwenden Sie die Alternativempfehlung.

Stellen Sie Kristalle immer so auf, daß sie das natürliche Licht einfangen und reflektieren können. Sie brauchen sie nicht auf ein Fensterbrett zu legen, es ist aber wichtig, daß um einen Kristall herum Ordnung herrscht. Schwingungen entstehen besser, wenn der Tisch, das Regal oder das Sims, auf dem der Kristall liegt, nicht überladen ist. Erstreckt sich der Bagua-Bereich über zwei Räume, legen Sie den Kristall in das Zimmer, in dem Sie sich am häufigsten aufhalten. Und noch ein Hinweis: Bringen Sie Ihre Kristalle niemals mit Reinigungsmitteln in Berührung, sondern spülen Sie sie lieber in Meerwasser. Wenn das nicht möglich ist, waschen Sie sie kurz mit Mineralwasser ab.

1. Liebe

Um einer neuen Liebe oder erfüllteren Partnerschaft den Weg zu bereiten, stellen Sie entweder Rosenquarz, rosafarbenen Turmalin oder rosafarbenen Kunzit im Wasser-Bereich Ihres Hauses auf. Wenn Sie diese Kristalle nicht bekommen, stellen Sie eine rosafarbene Kerze in einen Kerzenständer aus Glas. Achten Sie darauf, daß Sie die Kerze mindestens einmal in der Woche anzünden.

2. Gefühle

Sie möchten stärker im Einklang mit Ihren Gefühlen stehen und die Gefühle anderer besser wahrnehmen? Den Weg dafür bereiten Sie, wenn Sie Rauchquarz oder einen Mondstein im Erde-Bereich Ihrer Wohnung aufstellen. Wenn Sie diese Steine nicht finden können, stellen Sie eine rauchschwarze Kerze in einen Kerzenhalter aus Glas. Zünden Sie die Kerze regelmäßig an.

3. Einmischung

Um äußere Einmischungen fernzuhalten und sicherzustellen, daß Sie Ihre eigenen Entscheidungen treffen, stellen Sie einen Aquamarin oder Sodolit im Donner-Bereich Ihres Zuhauses auf. Wenn Sie diese Kristalle nicht finden können, wählen Sie statt dessen eine veilchenblaue oder blaugrüne Kerze.

4. Harmonie und Vertrauen

Um eine harmonische und vertrauensvolle Weiterentwicklung Ihrer Beziehungen sicherzustellen, legen Sie einen zitronengelben Zitrin oder einen Topas in den Wind-Bereich Ihres Hauses. Wenn Sie diese Kristalle nicht bekommen können, nehmen Sie als Alternative gelbe Kerzen.

5. Weisheit, Verstehen der eigenen Werte

Um in der Liebe zu größerer Weisheit und Einsicht zu gelangen, stellen Sie Amethyst-Steine oder ein Stück Lapislazuli in den Mitte-Bereich Ihres Hauses. Wenn Sie diese Steine nicht bekommen, stellen Sie statt dessen tiefrote oder dunkelblaue Kerzen auf.

6. Freunde, Geben und Nehmen, Unterstützung

Um Ehrlichkeit und dem Wert der Freundschaft in Ihrem Liebesleben den Weg zu bereiten, stellen Sie Malachit oder grünen Turmalin im Himmel-Bereich Ihres Hauses auf. Alternativ dazu verwenden Sie dunkelgrüne Kerzen, die Sie regelmäßig anzünden.

7. Sinnlichkeit, kreative und sexuelle Liebe

Um sicherzustellen, daß der Weg zu einer ausdrucksstarken und bereichernden Sexualität offen steht, legen Sie Karneol, Granat oder Blutstein in den See-Bereich Ihres Hauses. Als Alternative können Sie auch rubinrote Kerzen verwenden, die Sie häufig anzünden.

8. Kommunikation

Um die körperliche und emotionale Kommunikation in Ihren Beziehungen zu verbessern, stellen Sie Türkise oder Amazonit im Berg-Bereich Ihres Hauses auf. Alternativ dazu verwenden Sie türkisfarbene Kerzen in Kerzenhaltern aus klarem Glas.

9. Klarheit für Sie selbst: Leben Sie mit Ihrem Partner im Einklang?

Um den Weg zu einer klaren Einsicht in Ihre Erwartungen an die Liebe oder zu einer wirklich harmonischen Partnerschaft zu bereiten, stellen Sie entweder einen Diamanten, ein Stück Selenit oder einen Bergkristall in den Feuer-Bereich Ihres Hauses. Alternativ dazu verwenden Sie reinweiße Kerzen.

Sie wissen nun, welche Weiche(n) Sie stellen können. Mehr über die Bagua-Energien erfahren Sie in Kapitel 3.

3. Die Energieprofile des Bagua

Alle Bagua-Energien sind wichtig. Sie werden wahrscheinlich feststellen, daß in unterschiedlichen Lebensphasen unterschiedliche Bagua-Energien von besonderer Bedeutung für Sie sind, je nachdem, ob Sie gerade in einer Beziehung oder allein leben.

1. Wasser:
Freiheit, Fluß, neue Liebe, Anfang

Ohne Wasser könnten wir auf unserem Planeten nicht überleben. Wasser nährt und versorgt uns und gehört gleichzeitig zu den mächtigsten und gefährlichsten Kräften, die der Mensch zu kontrollieren versucht. Die Ozeane sind sowohl vom Mond als auch von der Schwerkraft der Erde beeinflußt. Die gleichen Naturkräfte wirken auch auf Flüsse und Seen. Flüsse fließen ins Meer, und unsere Wettersysteme werden von Luftströmen gelenkt, die Stürme, Regenwolken, Monsunwinde und Schneestürme auslösen können. Die Energie des Wassers ist immer fließend und nie endgültig, sie verändert oft ihre Richtung und nimmt neue Wege.

Im traditionellen Feng Shui war das Wasser immer eine Yin-Energie: Es ist manchmal flüssig und flüchtig, zu anderen Zeiten steht es in Teichen und Pfützen. Wasserdrachen waren Symbole des Wohlstands und der moralischen Integrität. Im Feng Shui galten Wasserdrachen als Träger des Chi, die sowohl in Flußbiegungen als auch am Himmel zu finden waren. Ein Wasserdrache zieht die Windungen von Flußläufen und diffuse Wolkenformationen immer den geraden Linien und Winkeln von

Viadukten und künstlich angelegten Kanälen vor. Die frühen chinesischen Mystiker schrieben dem Wasser eine eigene sanfte, aber leidenschaftslose Form der Stärke zu. Trat das Wasser dagegen in Form von Sturzbächen, reißenden Flüssen und Wasserfällen auf, so fürchteten und bewunderten sie es. Wasser galt oft als Maßstab für Wohlstand: Wenn ein Fluß oder Strom geradewegs aus Ihrem Haus herauszufließen scheint, nimmt Ihr Geld den gleichen Weg! Deshalb sollten Sie nicht über einer Mühle oder in der Nähe eines Dammes wohnen.

Wasser ist eine der stärksten Energien des Feng Shui und wird im Bagua mit Fluß und Freiheit assoziiert. In unseren Beziehungen oder unserem Liebesleben deutet Wasser auf Fluß und Bewegung hin. Vielleicht sind Sie gerade dabei, sich neu zu verlieben oder Sie kämpfen mit Schwierigkeiten und Sie und Ihr Partner reden aneinander vorbei. Vielleicht hoffen Sie verzweifelt, jemanden wiederzusehen. Vielleicht haben Sie sich in eine neue Kollegin verliebt, ohne es bisher gewagt zu haben, sie anzusprechen. Oder Sie haben zufällig einen interessanten Mann auf der Straße kennengelernt und verspüren ein übermächtiges Bedürfnis, an den Ort Ihrer Begegnung zurückzukehren, in der Hoffnung, ihn wiederzusehen. Es ist auch möglich, daß Sie nach innerer Freiheit oder einem Gespräch suchen; daß Sie offen und ehrlich zu Ihren Gefühlen stehen möchten; daß Sie Vertrauen vermitteln oder sich darüber klar zu werden suchen, wie Ihr Liebesleben künftig aussehen soll.

Wasser hat mit der Weiterentwicklung von Beziehungen zu tun. Vielleicht stagniert eine Beziehung, und Sie treten auf der Stelle. Wenn Sie möchten, daß Ihr Partner sich stärker zu Ihnen bekennt, müssen Sie möglicherweise dem Wasser-Bereich Ihres Hauses und Ihres Inneren mehr Aufmerksamkeit schenken und prüfen, ob fehlende Freiheit ein Problem sein könnte. Aber auch wenn Sie sich selbst gefangen und eingeengt fühlen und sich nicht festlegen möchten, können Veränderungen im Wasser-Bereich Ihres Hauses oder Schlafzimmers eine Lösung bringen.

Wasser kann symbolisieren, daß Sie Ihrer Beziehung eine neue Richtung geben möchten. Vielleicht wollen Sie Ihre Beziehung abkühlen lassen, sich weniger stark einbringen und frei sein, Ihren eigenen Interessen nachzugehen. Möglicherweise müssen Sie die Beziehung sogar beenden.

Darüber hinaus steht der Wasser-Bereich wie der See-Bereich mit Ihrer sexuellen Energie in Verbindung. Erleben Sie Sexualität als Entdeckungs- und Abenteuerreise oder ist das Liebesspiel eine langweilige halbe Stunde zwischen Spätnachrichten und Einschlafen? Besitzen Sie die Freiheit, neue Wege der Sexualität zu entdecken, oder besteht Ihr Partner, Ihre Partnerin auf der ewiggleichen Routine?

Wenn die sexuelle Energie nicht so recht fließt, können Sie ein Stück Rosenquarz in den Wasser-Bereich Ihres Zuhauses legen. Stellt Sexualität ein größeres Problem in Ihrer Beziehung dar, dann sollten Sie sich auch mit dem See-Bereich des Bagua, der kreativen Liebe, befassen. Widmen Sie dem entsprechenden Bagua-Bereich in Ihrem Schlafzimmer oder sogar in Ihrem Bett Ihre besondere Aufmerksamkeit.

2. Erde:
Empfänglichkeit, Gefühle, Intuition

Wasser fließt, und je nach Lage der Dinge folgen wir seinem Fluß oder auch nicht. Die Erde dagegen ist der Ort, wo wir leben, wo wir uns sicher und geborgen fühlen. Auch sie ernährt uns, denn ohne die Erde hätten wir keine Ozeane, keine Flüsse, keinen Regen, kein Wasser. Erde symbolisiert das Bewußtsein unserer Eigenständigkeit, unser Bewußtsein dafür, daß wir vom Universum getrennt sind. Erde ermöglicht es uns zu verstehen, daß wir zwar vom Universum abstammen, aber Individuen sind. Als Babys haben wir erfahren, daß wir nicht Teil unserer Mutter sind und uns nicht sicher in ihrem Schoß geborgen fühlen dürfen. Indem wir ein Gefühl für unseren Körper entwickeln, lernen wir auch unsere Gefühle kennen. Wir lernen, was Angst ist. Im traditionellen Feng Shui wird Erde symbolisiert durch Mutter Erde, Yin und alles Weibliche.

Wenn wir den Kontakt zur Erde verlieren, verlieren wir den Kontakt zu unseren Gefühlen, unserer Intuition und unserer Empfänglichkeit – in anderen Worten, wir verlernen, das aufzunehmen, was wir von der Welt, der Natur, unseren Partnern und Geliebten empfangen. Wenn wir in Verbindung mit der Erde sind, sind wir eher in der Lage zu nehmen – und zu geben. Jung sagte einmal, der Mensch sehe sich als »unvollendetes Wesen«. Genau das sind die meisten von uns: Wir handeln, als könnten wir dort draußen etwas finden, einen Lebenssinn oder eine andere Beziehung, die unsere Probleme lösen und uns umgehend Glück bringen wird. Die meisten Menschen versuchen, dieses Glück durch ihre Beziehungen zu erreichen. Aus diesem Grund ist Erde eine so wichtige unsichtbare Energie, die es auszuschöpfen gilt.

Manche Menschen leben durch ihre Emotionalität, während andere standhaft leugnen, überhaupt Gefühle zu haben. Falls letzteres auf Sie zutrifft, fehlt in Ihrem Zuhause möglicherweise der Erde-Bereich des Bagua. Vielleicht meinen Sie, daß Sie nichts mit Gefühlen anfangen können oder daß andere zuviel von Ihnen erwarten, während Sie doch am liebsten mit den Schultern zucken und einfach Ihr Leben leben würden. Wenn wir die Verantwortung für unser Leben nicht übernehmen, negieren wir die Werte und Bedürfnisse anderer Menschen.

Manchmal kann das Leugnen von Gefühlen uns in stürmische Gewässer führen. Es ist notwendig, den Erde-Bereich unseres Hauses nicht nur mit den eigenen Gefühlen, sondern auch den Gefühlen anderer in Kontakt zu bringen.

Der Erde-Bereich bedarf Ihrer Aufmerksamkeit, wenn Sie zu emotional, zu intensiv, zu besitzergreifend, zu gereizt sind. Aber auch, wenn es Ihnen schwerfällt, Ihre Gefühle auszudrücken, oder wenn Sie sich verletzt, verraten oder allein gelassen fühlen, sollten Sie sich mit dem Erde-Bereich auseinandersetzen.

Vielleicht haben Sie den Eindruck, daß niemand Ihre Gefühle versteht oder daß Ihr Partner nichts als Sex oder Spaß will oder sich abweisend und desinteressiert verhält. Es kann aber auch sein, daß Sie selbst Kälte ausstrahlen. Möglicherweise stellen Gefühle generell ein Problem in Ihrer Beziehung dar. Vielleicht würden Sie Ihre Gefühle am liebsten wegsperren – in einen Schrank, den man abschließen kann, oder eine Rumpelkammer, die schließlich so zugemüllt ist, daß Sie sie nicht mehr aufmachen können, aus Angst, daß Ihnen alles entgegengeflogen kommt. Vielen Menschen flößt der Gedanke, verdrängte Emotionen ans Licht zu zerren, Angst ein. Erde ist ein wichtiger Energie-Bereich, der sorgfältig ausbalanciert werden muß.

3. Donner: Äußere Einflüsse, Familie, Einmischungen

Wir alle wissen, wie es sich anhört, wenn es donnert. Wir haben eine Vorstellung davon, wie Donner im Himmel entsteht. Und obwohl der Donner uns erschreckt und daran erinnert, daß die Natur dem Menschen nicht untertan ist, fasziniert und erregt er uns auch. Manche Menschen verstecken sich unter der Treppe oder vergraben ihren Kopf in den Kissen. Andere öffnen Türen und Fenster und sind ergriffen von seiner Urgewalt. Aber der Donner hat auch eine leise Seite: Manchmal grollt er in der Ferne, noch ehe wir uns seiner gewahr sind. Der Donner spielt eine wesentliche Rolle in unseren Wettersystemen. Seine Energie ist mächtig, denn er bringt Blitz und Regen mit sich.

In seiner Losgelöstheit von der Erde empfinden wir den Donner als fremde Bedrohung von außen. Und trotzdem schaffen wir ihn uns selbst. Unser Ich ist in vieler Hinsicht wie der Donner am Himmel: weit davon entfernt, eins mit der Erde zu sein. Wir sind uns deshalb nur unseres unmittelbaren Selbst bewußt und hören den Donner meistens erst, wenn es zu spät ist. Viele Tiere ahnen, daß ein Sturm aufzieht, lange bevor er sich tatsächlich bemerkbar macht. Sie entnehmen sein Nahen dem Wind oder dem Chi. Wir haben dieses instinktive Wissen verloren. Deshalb wissen wir nicht, wer oder was in unser Leben oder unsere Beziehung kommt, Unruhe bringt, uns beeinflußt oder uns zu schwächen sucht.

Man kann also sagen, Donner habe etwas mit Eindringlingen zu tun. Diese Eindringlinge müssen nicht böse sein. Sie können einfach Einflüsse von außerhalb sein, die uns aus dem Gleichgewicht bringen, uns aufregen und uns so lange aufrütteln, bis wir nicht mehr sicher sind, ob wir selbst uns ändern müssen oder ob sich etwas um uns herum ändern muß, von dem wir nicht so recht wissen, was es ist. Meistens ist beides notwendig. Donner hat mit dem Beginn eines Kreislaufs zu tun, mit Geburt und Fruchtbarkeit. Symbolisch ist damit auch die Fruchtbarkeit neuer Einflüsse gemeint, die fast unmerklich unser Leben und unsere Beziehung unterströmen. Donner kann also sowohl Inspiration als auch Einmischung von außen bedeuten.

Die Menschen, die am meisten Donner in unser Leben bringen, oft ohne sich dessen bewußt zu sein, sind Familienmitglieder und Freunde. Obwohl das Bagua einen eigenen Bereich für wahre Freundschaft vorsieht (6 – Himmel), lohnt es sich, bei der Analyse des Donner-Bereichs auch zu überlegen, ob es Menschen in Ihrer Umgebung gibt, die Ihnen oder Ihrer Beziehung weniger geneigt sind, als es den Anschein hat. Der Donner ist unsichtbar. Er kann eine Menge Lärm veranstalten, letztlich aber wirkt er im verborgenen: Vielleicht wütet er unter der Maske Ihrer wohlmeinenden Schwiegermutter oder einer freundlichen Nachbarin durch Ihr Leben. Das soll nicht heißen, daß diese Menschen vorsätzlich versuchen, Ihre Beziehung zu zerstören. Aber auch ohne daß sie es wollen, kann ihr unbewußtes Verhalten tiefe Wunden schlagen.

Manchen Leuten macht es Spaß, Donner-Spiele zu spielen. Obwohl sie es scheinbar gut meinen und nichts als helfen wollen, sind sie in Wahrheit süchtig danach, das Leben anderer zu beeinflussen und zu verändern, weil sie es nicht wagen, sich ihrem eigenen Leben zu stellen. Ihre Absichten sind wie der Donner: Sie wollen Sie kontrollieren, sie wollen Ihr Leben umstellen und Sie zu Handlungen bewegen und Emotionen in Ihnen erwecken, die nicht die Ihren sind. Sie projizieren ihre Gefühle auf Sie. Das kann sich verheerend auf Ihr Leben und Ihre Beziehungen auswirken.

Ein Beispiel: Vielleicht haben Sie wie meine Klientin Jane Schwiegereltern, die ständig bei Ihnen vorbeischauen und sich in Ihre Ehe einmischen. Eltern oder Freunde, die versuchen, ihr Leben durch Sie zu leben, sind ein besonders quälender Einfluß, denn es bleibt nicht aus, daß Sie gewissermaßen zu ihrem Schatten, ihrem Projekt werden. Alle Ziele, die solche Eltern oder Freunde verwirklichen wollen, richten sich auf Sie, das Werkzeug ihrer Absichten. Weil diese Zusammenhänge den Beteiligten oft nicht bewußt sind, vor allem zwischen Eltern und Kindern, werden sie erst durchschaut, wenn eine Lebenskrise oder eine Veränderung in der Beziehung den Donner und mit ihm dunkle Wolken und Regen laut und grollend ins Schlafzimmer trägt. Dann braucht Ihr Liebesleben wahrscheinlich einen Regenschirm.

Manche Eltern erwarten von ihren Kindern, ihr Leben so zu leben, wie sie selbst es gerne getan hätten. Jahrelang haben sie sich märtyrerhaft für den Partner, die Kinder oder die Familie aufgeopfert. Nun projizieren sie ihre versäumten Sehnsüchte und Wünsche auf ihre Nachkommen. Durch Veränderungen an Ihrem Zuhause im Donner-Bereich des Bagua können Sie den Einfluß auf sich selbst zurückgewinnen. Die Eindringlinge und Aufwiegler müssen erkennen, daß Sie ein eigenes Leben führen. Vielleicht akzeptieren sie dann, daß Ihre Beziehung Ihr Problem ist, das sie nichts angeht.

4. Wind: Harmonie, Glück, Verhandlung, Weiterentwicklung

Wind ist das Feng in Feng Shui. Im alten Babylon und Ägypten galt der Wind als Träger des Lebenshauchs, das Wasser als Lebensquelle.

Das Element des Windes wird mit guten und schlechten Geistern assoziiert: Nach der traditionellen Feng-Shui-Lehre vermeidet man es, ein Haus oder ein Grab der Vorfahren auf einem Hügel zu bauen, weil es zu vielen ungestümen Winden ausgesetzt wäre. Genauso ungünstig ist es aber, in einer Gegend zu leben, in der die Luft nicht zirkulieren kann. Stagnierendes Chi ist ebenso problematisch wie anarchisch-ungebändigtes Chi. Der Rat, nicht über einer leeren Garage oder einem unbewohnten Lagerraum zu schlafen, hat nichts von seiner Gültigkeit verloren: Unter solchen Räumen befindet sich einfach zuviel stagnierende und vielleicht schädliche Energie.

Wind symbolisiert Harmonie, Fortschritt und Glück. Aber: Unser Freund, der Wind, kann uns nicht nur beruhigen und sanft wiegen, sondern auch hoch gefährlich sein. Wirbelstürme bringen Tod und Zerstörung, während die sanfte Brise von jeher als Träger von Glück und Segen gilt.

Der Wind bringt positive Energie mit sich. Wenn ein kühler Windhauch vorbeistreicht und Sie den Atem des Chi auf Ihrem Gesicht fühlen, spüren Sie eine beflügelnde Kraft. Das ist das Chi, die positive Energie, die Sie in Ihrem Haus und Ihrem Herzen suchen. Unser Freund, der Wind, treibt die Wolken herbei, die den Regen machen und uns Wasser bringen – Shui. Darüber hinaus steht der Wind mit Holz in Verbindung, wenn er durch die Zweige eines Baumes streicht, der sich sanft im Wind wiegt und gleichzeitig mit der Erde verbunden und damit sicher, wohlversorgt und verwurzelt ist. Aus diesem Grund wird der Wind mit Fortschritt, aber auch mit Verankerung assoziiert. Ohne Fortschritt – die allmähliche, sanfte Vorwärtsbewegung einer Beziehung – kann es keine Harmonie geben. Windstille bedeutet Reglosigkeit in der Partnerschaft.

Wenn wir uns mit dem Wind-Bereich des Bagua in unserem Zuhause und unserem Inneren befassen, müssen wir überlegen, wie starr die Beziehung ist. Vielleicht haben wir einen Punkt erreicht, an dem die Partnerschaft zwar nach außen hin harmonisch und zufrieden wirkt, innerlich aber zum Stillstand gekommen ist? Umgekehrt kann es sein, daß Stürme und Orkane in einer Beziehung toben – heftige Kämpfe, Disharmonie auf der ganzen Linie, Konflikte, aufgebauschte Vorwürfe. Flüchtige One-Night-Stands vergehen so schnell wie sie gekommen sind – wie ein Wind, der kurz durch den Garten fegt und das Laub aufwirbelt, ohne die Wäsche auf der Leine zu trocknen. Die Menschen um uns herum machen viel Wind, und wir selbst stehen ihnen in nichts nach.

Vielleicht ist Ihr Partner, Ihre Partnerin immer nur unglücklich, niedergeschlagen, abwesend, schlechtgelaunt. Das Leben kann zu intensiv, aber auch zu langweilig sein. Das Glück entzieht sich unserem Zugriff und ist oft eine Illusion. Möglicherweise bläst zwar in Ihrem Herzen ein sanfter Wind, nicht aber in dem Ihrer Partnerin. Vielleicht gibt es in Ihrer Beziehung keinen Fortschritt, keine Veränderung, keine Momente der Klarheit. Vielleicht ist auch Ihr Liebesleben abgeflaut. Veränderungen im Wind-Bereich Ihres Hauses können im wahrsten Sinn des Wortes frischen Wind in Ihr Leben und Ihre Beziehung bringen.

Wind hat auch mit Geld und seinem Einfluß auf Ihre Beziehung zu tun. Das Thema Geld gehört in vielen Partnerschaften zu den Hauptstreitpunkten. In der auflodernden Begierde der Anfangsphase verschwendet niemand einen Gedanken daran, wieviel der andere auf dem Konto hat. Verliebtheit verzerrt den Blick auf die Realitäten des Lebens. In späteren Phasen der Beziehung denken wir mehr an finanzielle Sicherheit und die Energie, die Geld und alles, was es repräsentiert, in unser Leben bringen können. Ist der Geldfluß in unserer Partnerschaft zufriedenstellend oder nicht?

Vergessen Sie nicht: Wind ist der Träger des Lebenshauchs. Erst wenn für Harmonie im Wind-Bereich Ihres Hauses gesorgt ist, können Sie hoffen, innere Zufriedenheit zu finden.

5. Mitte: Lebensenergie – Sind Sie mit sich selbst im reinen?

Die Mitte ist das Zentrum des Bagua, die Zahl 5. Sie ist der wichtigste Teil des Bagua, der wichtigste Teil der unsichtbaren Energie. Die Energie in diesem Bereich läßt sich am schwersten von allen Energien definieren und verändern. Zugleich ist sie die stärkste und inspirierendste aller Energien – wenn Sie richtig mit ihr umgehen.

Die Mitte sagt etwas darüber aus, inwieweit wir mit uns selbst im reinen sind. In unserem Körper befindet sich dieser Energiebereich zwischen Nabel und Schritt. Die östlichen Kulturen, vor allem Körper- und Bewegungsschulen wie Tai Chi und Kitaiso betrachten diesen Teil des Körpers – den sie Hara nennen – als wichtiges Zentrum der Schwerkraft, als Zentrum unseres Seins, an dem unsere Energie ihren Anfang nimmt. Uns im Westen mag die Vorstellung seltsam anmuten, der Punkt unterhalb des Nabels könne die Quelle unserer Energie und Vitalität sein.

Wir halten oft Verliebtheit für den Höhepunkt des Lebens, einen Moment, auf den wir gewartet haben und der nie enden wird. In Wirklichkeit ist Verliebtheit eine vorübergehende Illusion, und das damit verbundene Gefühl der Euphorie läßt im Lauf der Zeit nach. Menschen, die sich auf viele verschiedene Beziehungen einlassen, tun das oft, weil es einen Kick für sie bedeutet, »verliebt« zu sein. Das liegt daran, daß wir »Verliebtsein« mit Liebe verwechseln. Hinzu kommt, daß es vielen Menschen schwer fällt, sich selbst zu lieben. Wahres Glück aber liegt in uns, nicht um uns herum.

Ihre Mitte kann Ihnen helfen zu entdecken, wer Sie wirklich sind und was Liebe heißt. Eins mit uns selbst zu werden, gehört zu den schwierigsten Lektionen, die wir im Leben lernen müssen. Viele Menschen erfahren nie, wer sie wirklich sind. Lediglich katastrophale Affairen, zerbrochene Ehen, Scheidung oder Langeweile lassen uns ahnen, was sich unter unseren oberflächlichen Wunschvorstellungen abspielt.

Die Mitte vereint in sich alle anderen Bagua-Bereiche. Wenn wir hier Veränderungen vornehmen, müssen wir uns über unsere Motive im klaren sein. Denn: Wenn wir Veränderungen nur herbeiführen, um persönliche Macht zu gewinnen oder selbstsüchtige Wünsche zu verfolgen, so wird dies alle Bereiche des Bagua und alle Bereiche unserer Beziehung berühren. Veränderungen im Mitte-Bereich haben einschneidende Folgen.

Oft aber muß unsere Lebensenergie aktiviert werden. Vielleicht haben wir den Bezug zu uns selbst verloren und sehen nicht, was sich in unserer Umgebung abspielt. Wenn Sie sich selbst nicht wahrnehmen, können Sie unmöglich verstehen, was in den Menschen um Sie herum vorgeht. Wenn Ihre Beziehung gerade aus irgendeinem Grund in die Brüche gegangen ist, sollten Sie sich sorgfältig mit dem Mitte-Bereich in Ihrem Zuhause auseinandersetzen. Ist die häusliche und seelische Mitte eine Quelle der Inspiration für Sie? Angenommen, der Mitte-Bereich des Bagua deckt sich mit der Toilette: Wohin verschwindet dann wohl alle Lebensenergie? Wenn sich der Mitte-Bereich im Windfang befindet, sollten Sie durch ein Hilfsmittel verhindern, daß das Chi durch die Eingangstür entfleucht und Ihre Mitte-Energie mit sich nimmt. Stellen Sie zum Beispiel einen Spiegel neben der Eingangstür auf, um die Energie zurück ins Haus zu leiten. Die Lebensenergie muß in beide Richtungen fließen können.

6. Himmel: Geben und Nehmen, emotionale Unterstützung, Freunde

Himmel ist der Bereich des Bagua, der mit unserer Offenheit gegenüber anderen zu tun hat, unserer Fähigkeit, über uns selbst hinaus zu denken und zu erkennen, daß »die dort draußen« und »ich hier drinnen« in gegenseitiger Harmonie und Akzeptanz verbunden sein können. Wenn wir erst einmal über die Mitte hinausgelangt sind, sehen wir Beziehungen mit anderen Augen: Nicht nur wir stehen zu anderen in Beziehung, sondern alles im Universum ist in einzigartiger Weise miteinander verbunden. An diesem Punkt fangen wir an, die elementare Energie zu spüren, die unsichtbar für uns alles miteinander verknüpft. Wie ein heranwachsendes Kind müssen wir zuerst die Sicherheit des Mutterleibs und später dann das Elternhaus verlassen; vielleicht müssen wir sogar Heimat und Herkunft ganz aufgeben, um unser Ziel und den Weg dorthin zu finden.

Himmel ist eine Yang-Energie: Männlich-aktiv sieht sie über das Selbst hinaus und setzt Dinge in Bewegung. Sie verlangt, daß Sie vorurteilslos, ohne Kompromisse und Bedingungen geben, aber auch nehmen können. Nach der traditionellen Feng-Shui-Lehre ist Himmel der Anfang der Schöpfung; gemeinsam schaffen Himmel und Erde neues Leben.

Als Symbol der männlichen Energie ist Himmel das Gegenstück zu Erde, dem Symbol der weiblichen Energie. Erde hat mit unserer Empfänglichkeit, unserem Fühlen und unseren Reaktionen auf andere zu tun. Die Gefühle gehören uns, sie sind persönlich und intuitiv. Himmel hat mit unserer Fähigkeit zu tun, Gefühle auszudrücken, unserer Fähigkeit, großzügig und selbstlos zu geben. Himmel spiegelt auch wider, wie freizügig andere unsere Gefühle erwidern und uns ermutigen und unterstützen.

Der Himmel-Bereich des Bagua bedarf der Aufmerksamkeit, wenn Sie das Gefühl haben, häufig im Stich gelassen zu werden, niemandem vertrauen zu können oder selbst nicht als vertrauenswürdig zu gelten. Vielleicht gibt es in Ihrer Beziehung Interessenkonflikte, weil Ihr Parter emotionale Unterstützung beansprucht und Sie immer die Gebende sind. Vielleicht haben Sie tausend Bekannte, aber keine richtigen Freunde. Vielleicht fehlt es Ihnen an Menschen, mit denen Sie Ihre Ängste und Sorgen teilen können. Oder die Sache verhält sich umgekehrt: Sie sind die Nehmende, Ihr Partner der Gebende. Wie auch immer: Irgendwo in Ihren Beziehungen herrscht Ungleichheit.

Vielleicht stellen Sie fest, daß Sie nie Zeit für Freunde finden oder sie emotional nicht unterstützen können, weil Sie mit Ihren eigenen Schwierigkeiten genug zu tun haben. Dann ist es an der Zeit, Veränderungen im Himmel-Bereich Ihres Zuhauses und Ihres Inneren in Angriff zu nehmen. Fehlt der Himmel-Bereich in Ihrem Haus, können Sie mit Feng-Shui-Hilfsmitteln dafür sorgen, daß Freunde Ihre Probleme besser verstehen, daß Ihre eigenen Bedürfnisse in den Hintergrund treten und Sie in der Lage sind, Empathie für andere zu entwickeln. (Näheres dazu finden Sie in Kapitel 12 »Wenn etwas fehlt oder stört«.) Das soll nicht heißen, daß wir alle Heilige werden müssen – aber was wir geben, ist ein Spiegel dessen, was wir empfangen.

Möglicherweise bedarf auch das sexuelle Gleichgewicht zwischen Ihnen und Ihrem Partner der Verbesserung. Fühlen Sie sich benutzt, vielleicht sogar mißbraucht? Oder kann es sein, daß Sie zuviel Sex fordern? Falls das der Fall ist, sollten Sie sich sowohl mit dem Himmel- als auch mit dem See-Bereich des Bagua auseinandersetzen. Der Himmel-Bereich bedarf darüber hinaus auch der Aufmerksamkeit, wenn Ihre Beziehung ausschließlich von sexuellen oder körperlichen Interessen bestimmt ist. Oft genügt schon ein gründlicher Frühjahrsputz, um mehr Freundschaft in eine Beziehung zu bringen. Eine Partnerschaft, die nicht von Freundschaft oder Unterstützung getragen ist, ist nicht von langer Dauer. Wenn Sie das Gefühl haben, daß Ihre Beziehung lediglich auf körperlicher Anziehungskraft basiert und daß die Menschen, die neu in Ihr Leben treten und in Ihr Herz Einlaß finden, immer anders sind, als Sie es sich vorgestellt haben, sollten Sie dem Himmel-Bereich besondere Beachtung schenken. Was strahlen Sie aus, daß Sie immer wieder solchen Menschen begegnen? Widmen Sie dem Himmel-Bereich mehr Aufmerksamkeit, um eine Antwort auf diese Frage zu bekommen.

7. See: Kreative Liebe, Sexualität, Sinnlichkeit, Stimulation

Die körperliche Liebe ist die mächtigste, magischste und inspirierendste Form der Kreativität, die Sie ohne ein Studium erreichen können.

Es liegt in der menschlichen Natur, daß wir alle sexuelle Erfahrungen brauchen – aus ganz unterschiedlichen Motiven, erstaunlicherweise aber niemals aus »Vernunftgründen«. Der Sog der körperlichen Anziehung ist eine starke und mysteriöse Energie, die sich kaum wissenschaftlich erklären läßt. Vielleicht sollten wir Sexualität einfach genießen, ohne groß darüber nachzudenken: Schließlich hält die magnetische, zwingende Kraft, die in der Ekstase der sexuellen Vereinigung kulminiert, nicht ewig an. Gleichzeitig sollten Sie den Einfluß der sexuellen Energie auf unser Leben nicht vergessen: Sie kann Beziehungen stärken und zerstören. Sie kann auf geheimnisvolle Weise Hormone ausschütten, die dazu führen, daß Paare sich vereinigen, Kinder bekommen und für immer glücklich miteinander sind, oder sie kann uns auf gefährliches Terrain führen. Wenn wir jemanden kennenlernen, bei dem die Chemie stimmt, ist beides möglich: der Beginn einer magischen Reise oder eine Berg-und-Tal-Fahrt in den Vorhof der Hölle und zurück.

See hat mit der Energie einer Beziehung zu tun und kann somit fast ein Eigenleben unabhängig von den anderen Bagua-Bereichen entwickeln. Die alten Feng-Shui-Meister glaubten, daß Menschen durch die sexuelle Vereinigung Unsterblichkeit erlangen. Ähnlich ist die tantrische Sexualität eine Praktik, bei der orgasmische Energie und Ekstase auf ihrem Höhepunkt zu mystischem Bewußtsein führen können. Die sexuelle Vereinigung besitzt eine Kraft, um die wir wissen müssen.

Ein See ist ein großes, stilles Wasser. Er reflektiert den Himmel und ruht geborgen in der Erde. Ohne Regen und ohne Dünung aber können Seen austrocknen und unter Algen und Schlamm ersticken. Mit sexuellen Beziehungen verhält es sich ähnlich. Die körperliche Anziehung, die Sie beide monate- oder sogar jahrelang in Atem gehalten hat, kann sich plötzlich in Luft auflösen. Vielleicht beruht dieses Desinteresse auf Gegenseitigkeit; möglicherweise aber hat sich nur einer von Ihnen verändert.

See symbolisiert das Glücksgefühl der Verliebtheit und die Fähigkeit, gemeinsam schöpferisch tätig zu sein: Beide sorgen dafür, daß der See nicht austrocknet. Gleichzeitig ist See mit sexueller Versuchung und/oder sexueller Ablehnung assoziiert. Wenn Sie sich immer wieder in die Falschen verlieben, kann Ihnen der See-Bereich des Bagua helfen, künftig passendere Partner kennenzulernen. Falls sich Fehlgriffe in der Partnerwahl zu einem wiederkehrenden Muster entwickeln, müssen Sie möglicherweise auch in allen anderen Bagua-Bereichen Veränderungen vornehmen.

Vielleicht machen Sie gerade eine Trennung durch, oder Sie leben in einer belastenden Dreiecksbeziehung. Oder es gibt jemanden, von dem Sie nicht genug bekommen können, der aber schon vergeben ist. Vielleicht haben Sie auch eine neue Partnerin kennengelernt und sehnen sich nach einer heiße Liebesaffäre. Oder Sie leben seit Jahren mit Ihrem Partner zusammen und möchten Ihre Leidenschaft neu zum Lodern bringen. In allen diesen Fällen braucht vermutlich der See-Bereich Ihres Zuhauses mehr Aufmerksamkeit. Auch der See-Bereich Ihres Schlafzimmers und Ihres Bettes kann eine Quelle der Inspiration sein.

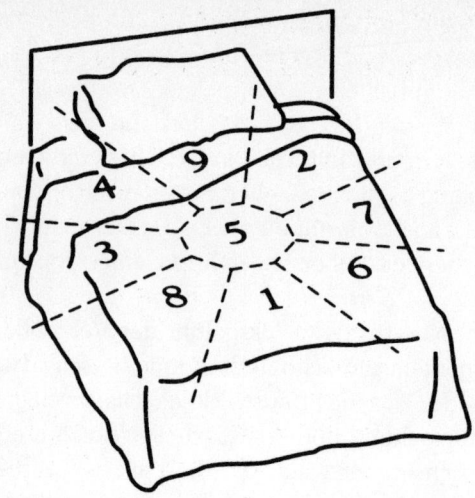

Abbildung 14: Bagua eines Bettes

Kommen wir zum Thema Sinnlichkeit: Sinnlichkeit ist etwas anderes als Sexualität. Uns unserer Sinne bewußt zu sein, zu fühlen, zu berühren, zu sehen, zu hören, zu sprechen – all das sind Wege, unsere physische Dimension zu erweitern und mehr Gespür für unsere Bedürfnisse und die unseres Partners zu entwickeln. Um nicht nur Ihr sexuelles Bewußtsein, sondern auch Ihre Sinnlichkeit zu steigern, müssen Sie sich mit dem See-Bereich des Bagua und am besten auch dem Feuer-Bereich auseinandersetzen. In Kapitel 16, das sich mit den fünf Elementen befaßt, erfahren Sie, welche Formen der Sexualität für Sie und Ihren Partner, Ihre Partnerin besonders genußvoll sind. Veränderungen im See-Bereich des Bagua bringen wahrscheinlich die raschesten Erfolge.

8. Berg: Kommunikation,
Bewußtsein für sich und andere

Sollten Sie je Gelegenheit haben, die größten Bergketten der Welt – die Anden, den Himalaya, die Rocky Mountains oder die Alpen – zu besuchen, dann werden Sie beim Anblick dieser beeindruckenden Gebirge wissen, welch starke Energie hier am Werke ist. Es ist kein Wunder, daß die Chinesen so fasziniert waren von ihren außergewöhnlichen Gebirgslandschaften. Berge erzeugen ein Gefühl der Macht, das man nicht beschreiben kann, sondern selbst erleben muß.

Berge galten in der chinesischen Kunst von jeher als Symbol der Drachenadern. Sie symbolisieren die Energiekanäle, die sich durch Gebirgslandschaften ziehen, und bewirken, daß Erde, Yin, durch Yang belebt wird. Der Bagua-Bereich Berg ist weder Yin noch Yang, sondern der Punkt, an dem die beiden Gegensätze endlich gleichberechtigt nebeneinander stehen. Es gibt eine Redewendung – »so alt wie die Berge«. Sie verdeutlicht, welchen Zauber Gebirgslandschaften und die in den Himmel ragenden Berggipfel auf uns ausüben. Berge sind wie weise alte Menschen: Sie waren quasi schon immer da, und wir können uns in ihrer Gesellschaft entspannen und ihre Weisheit genießen, ohne uns bedroht zu fühlen.

Was treibt uns dazu, Berggipfel zu besteigen? Was wollen wir damit beweisen? Das Bild, das sich uns beim Anblick eines Berges aufdrängt, ist das einer Grenze. Die meisten Menschen wollen ein Hindernis, das sich ihnen in den Weg stellt, lieber bewältigen als umgehen. Herausforderungen sind wichtig, denn sie vermitteln uns ein Gefühl von Sinn und Zielorientierung. Das ist der Grund, warum wir auf Berge klettern.

Berg steht für die Außenwelt, der wir uns stellen müssen, unsere Art, mit anderen Menschen umzugehen. Wenn wir die Narben, Wunden und Abwehrhaltungen anderer Menschen zu akzeptieren lernen, sehen wir die Grenzen und Einschränkungen, die wir uns selbst auferlegen und mit denen wir unser Leben belasten.

Der Berg bringt Sie dazu, innezuhalten und nachzudenken. Das ist etwas, was wir auch in unserer Beziehung hin und wieder tun müssen. Manchmal zwingt uns ein äußeres Ereignis oder eine unvorhergesehene Begegnung dazu. Plötzlich merken wir: Du und ich, wir stehen vor einem Berg und jeder von uns muß ihn auf eine andere Art bezwingen. In Beziehungen neigen wir dazu, unsere Lösung für die einzig richtige zu halten und bilden uns ein, jeden Gipfel stürmen zu können – um dann doch feststellen zu müssen, daß andere Menschen auf ihre Weise mit Höhen und Tiefen umgehen.

Vergleiche anzustellen ist eine Form der Kommunikation. Statt aber Werturteile zu fällen, müssen wir daran denken, daß zwei Menschen einen Berg, eine Grenze möglicherweise ganz anders wahrnehmen. Beide stehen vor dem gleichen Berg, aber jeder Bergsteiger wendet eine andere Strategie an, um auf den Gipfel zu kommen.

In engen Beziehungen neigen wir dazu, viel zu sagen, aber nicht richtig zuzuhören; zu reden, ohne die Wahrheit zu sagen; unsere wechselseitigen Defizite zu kompensieren, ohne es eigentlich zu merken; und wir laufen Gefahr, uns der Persönlichkeit des anderen nie richtig bewußt zu sein.

Möglicherweise müssen Sie etwas im Berg-Bereich Ihres Zuhauses verändern, wenn Sie feststellen, daß Sie in Ihrer Beziehung immer Kompromisse eingehen. Vielleicht ziehen Sie keine emotionalen Grenzen und lassen sich statt dessen von der Gefühlswelt Ihres Partners vereinnahmen. Vielleicht sind Sie sich Ihrer eigenen Gefühle und Werte unsicher. Vielleicht können

Sie nicht mit Ihrem Partner kommunizieren, oder er nimmt Sie nicht als das wahr, was Sie wirklich sind.

Es kann aber auch sein, daß Sie das Gefühl haben, keine Berge besteigen und nicht zu anderen Menschen vordringen zu können. Möglicherweise können Sie sich nicht offen ausdrükken, oder Sie meinen, eine Partnerschaft läge außerhalb Ihrer Möglichkeiten.

Wenn in Ihrem Zuhause der Berg-Bereich fehlt, müssen Sie an Ihrem Selbstwertgefühl arbeiten und zu einer neuen Selbstachtung finden. Hängen Sie einen Spiegel so an einer Wand auf, daß er den fehlenden Berg-Bereich vorspiegelt. Möglicherweise hilft Ihnen das, Ihr Selbstwertgefühl zu steigern.

Kommunikation ist eine der wichtigsten menschlichen Fähigkeiten. Für viele von uns bedeutet Kommunikation aber auch Leiden und Schmerzen. Wenn wir lernen, mehr Harmonie in den Berg-Bereich unseres Lebens zu bringen, verstehen wir besser, daß unsere Beziehungen von starken Energien getragen sind. Ganz gleich, wie sehr Sie davon überzeugt sind, Ihren Partner, Ihre Partnerin zu kennen: Sie können in einen anderen Menschen nie wirklich hineinsehen. Es dauert ein ganzes Leben lang, sich selbst kennenzulernen. Wenn Sie mehr Harmonie in den Berg-Bereich Ihres Hauses bringen, können Sie Ihre Kommunikationsfähigkeit verbessern und lernen, sich und Ihren Partner in Ihrer beider Andersartigkeit zu begreifen und zu akzeptieren.

9. Feuer Klarheit, Inspiration: Liegen Sie auf einer gemeinsamen Wellenlänge?

Feuer war in jeder Zivilisation und jeder Religion ein Symbol der Energie. Prometheus stahl das Feuer, das Zeus den Göttern vorbehalten hatte, und brachte es den Menschen. In der Mythologie ist es das Feuer, das uns inspiriert.

Feuer hat mit dem Teil unseres Wesens zu tun, der uns in die Zukunft führt. Ohne Feuer hätten wir weder die Einsicht noch die Fähigkeit, konzeptuell und visionär in die Zukunft zu denken. Ohne Ziel und Richtung aber stagnieren wir und verlieren unsere Entschlußkraft.

Die Chinesen betrachteten den Feuervogel als wichtige Quelle der Lebensenergie. Der Bereich vor Ihrem Haus heißt Roter Vogel (Abbildung 15). Dort wird die Energie harmonisiert, bevor Sie in Ihr Zuhause strömt.

Das Feuer wurde von jeher mit der Farbe Rot assoziiert, und Rot ist die Farbe, die Chinesen gerne in Lebensbereichen einset-

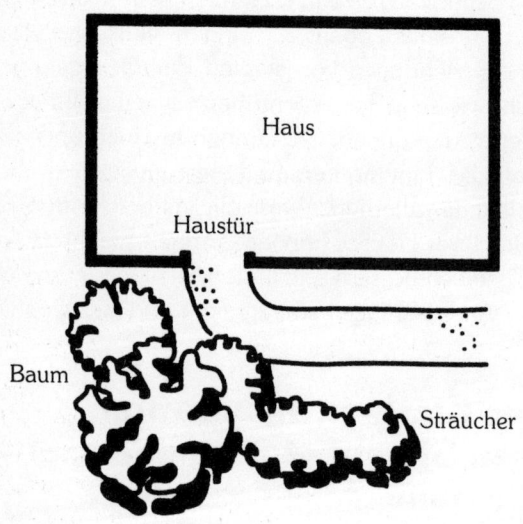

Haus

Haustür

Baum

Sträucher

Abbildung 15: Der Bereich des Roten Vogels vor Ihrem Haus ist von höchster Bedeutung.

zen, in denen es auf Geldverdienen und Erfolg ankommt. Feuer wird darüber hinaus mit dem Süden assoziiert, einer günstigen Himmelsrichtung für die Lage Ihrer Eingangstür. Das taoistische Zeichen »Chi« bedeutet »kein Feuer«. Paradoxerweise können wir ohne das brennende Feuer der Begierde und der Sehnsucht endlich zu Harmonie und Ganzheit – echtem Feuer – gelangen.

Wenn Sie in einer guten Partnerschaft leben, aber Ihr Sexualleben beleben oder einfach mehr Schwung in Ihre Beziehung bringen möchten, sind Veränderungen im Feuer-Bereich angesagt. Das Bemühen um eine gemeinsame Wellenlänge kann bei entsprechender Willenskraft zu einer fast telepathischen Verbindung werden. Das ist eine Möglichkeit, Ihrer Beziehung mehr Stärke und Dauerhaftigkeit zu geben. Aber: Sie sollten keine übereilten Veränderungen in diesem Bereich Ihres Zuhauses vornehmen und erwarten, daß Ihr ganzes Leben plötzlich eine neue Bedeutung gewinnt. Es kann ermüdend sein, die ganze Zeit vor positiver Energie zu sprühen. Vergessen Sie nicht, sich gegenseitig genügend Raum zu lassen. Nutzen Sie den Feuer-Bereich Ihres Zuhauses als Inspiration für die Zukunft – für sich allein, aber auch für gemeinsame Unternehmungen.

Wenn sich der Feuer-Bereich des Bagua nicht in einem zugänglichen Teil Ihrer Wohnung befindet oder ganz fehlt, fällt es Ihnen möglicherweise schwer, sich in Ihrer Partnerschaft zu behaupten. Vielleicht fehlt es Ihnen an Selbstvertrauen oder Sie wagen es nicht, sich und Ihre Ideen zu verwirklichen. Vielleicht stellen Sie fest, daß andere Menschen Sie für stur und dickköpfig halten, obwohl Sie in Wahrheit nur Angst vor Veränderungen haben. Ist der Feuer-Bereich in Ihrem Haus besonders ausgeprägt, sind Sie wahrscheinlich eine beliebte, anregende, lebhafte Persönlichkeit. Das ist eine positive und schöne Art, das Leben zu leben. Hüten Sie sich aber vor einem allzu übersteigerten Selbstbewußtsein.

4. Ballast abwerfen

Nachdem Sie der positiven Energie den Weg bereitet und Einlaß in Ihr Zuhause und Ihr Inneres gewährt haben, geht es im nächsten Schritt darum, Unordnung und Durcheinander zu beseitigen. Vielleicht haben Sie bereits Kristallsteine in ausgewählten Bagua-Bereichen aufgestellt. Darüber hinaus sollten Sie nun Ihr Haus aufräumen, bevor Sie weitere Veränderungen vornehmen.

Die meisten Menschen haben Schränke voller Schrott und Schubladen mit Kleidungsstücken, die sie niemals tragen. Säcke mit ausrangierter Kleidung und ausgelesene Zeitungen warten auf den Tag, an dem wir es endlich schaffen, sie ins Second-Hand-Shop zu bringen oder zur Altpapiersammlung zu geben. Staub und Schmutz setzen sich darauf ab und verleiten uns, unser Chaos zu ignorieren statt uns damit auseinanderzusetzen. Das gleiche machen wir mit dem emotionalen Ballast, den wir mit uns herumschleppen – den belanglosen Affairen und den Beziehungen, die nicht wie erhofft ewige Glückseligkeit gebracht haben.

Die Einfachheit der Bagua-Energien besteht darin, daß der Frühjahrsputz in den Zimmern, das Aufräumen der Schränke, die Beseitigung des äußeren Chaos um uns herum auch unser Inneres reinigt und erfrischt. Wenn Sie Ihr Haus entrümpeln, entrümpeln Sie gleichzeitig auch Herz, Geist und Seele.

Dieses Kapitel beschreibt, wie Sie abgestorbenes Holz aus Ihrem Leben entfernen und Ihr Zuhause auf die Umgestaltung des Bagua-Bereichs vorbereiten, der verändert werden muß. Übrigens: Vielleicht sind Sie schon durch Ihr Haus gegangen und haben intuitiv gespürt, daß ein Bagua-Bereich Ihrer Aufmerksamkeit bedarf. Das sollte Sie veranlassen, über den entsprechenden Bereich Ihres Gefühlslebens, Ihrer Partnerschaft und Ihrer *gegenwärtigen Situation* nachzudenken, bevor Sie zu Staubsauger und Müllbeutel greifen. Es ist genauso wichtig, den Sinn einer Veränderung zu verstehen, wie sie in die Tat umzusetzen.

Denken Sie beim Aufräumen über die Dinge nach, die Sie umgeben (natürlich nicht über unverzichtbare Gegenstände wie das Bett und die WC-Bürste), und fragen Sie sich, was sie Ihnen bedeuten. Welche Gefühle erzeugen sie in Ihnen: Ärger, Rebellion, Kälte, Desinteressiertheit, Aufgeregtheit, Inspiration, Langeweile, Unbehagen, Lebensfreude oder Glück? Wenn sie positive Gefühle hervorrufen, behalten Sie sie; wenn Ihre Reaktion negativ ist, werfen Sie sie in den Müll. Natürlich bedingt das Positive auch das Negative und wenn uns nur positive Dinge umgeben, bedeutet dies nicht notwendigerweise Harmonie. Aber: Ihre Energie ist auch eine Reflexion der Energie der Dinge in Ihrer Wohnung, die eigentlich nur Ballast sind. Wenn Sie tausend sogenannte »Schätze« in einen Schrank gestopft haben, sollten Sie sich fragen, ob sie überhaupt noch Schätze für Sie sind. Sie waren es vielleicht einmal ... wie der Expartner, ohne den Sie achtzehn Monate lang nicht leben konnten, aber den Sie heute nicht einmal mehr grüßen würden, wenn Sie ihn auf der anderen Straßenseite sehen!

Wegwerfen oder Trübsal blasen

Die Aufräumaktion erschöpft sich nicht im Hantieren mit Staubsauger, Staubtuch und Poliermittel, sondern umfaßt auch ein heilsames spirituelles Ritual.

Sicher brauchen Sie keine Erklärung, wie Sie mit einem

Staubsauger umgehen oder Möbel polieren. Die eigentliche Kunst der anstehenden Reinigung und Läuterung liegt darin, daß Sie ehrlich zu sich sind. Es reicht nicht, mit dem Staubtuch über die freien Flächen des Bücherregals zu wedeln und so zu tun, als wäre es nicht nötig, auch unter den Vasen und Bücherstapeln sauberzumachen, weil man den Schmutz darunter nicht sieht. Das wäre so, als würden Sie Beziehungsprobleme ignorieren, nur weil sie nicht auf den ersten Blick auffallen. Sie selbst wissen, daß Sie da sind. Schon die bewußte Anstrengung, gründlich zu putzen, ist eine Form der Läuterung.

Deshalb ist es notwendig, daß Ihr Frühjahrsputz auch all das umfaßt, was Sie normalerweise gerne »vergessen«: Bilder, Spiegel, Küchenutensilien, den Fußboden hinter der Couch. Wenn Sie auf etwas stoßen, von dem Sie meinen, es habe eigentlich keinen Platz in Ihrer Wohnung, weil es keinem Zweck dient – trennen Sie sich davon. Ganz gleich, wie schwer Ihnen das im Moment fallen mag: sind ungeliebte Gegenstände erst einmal im Mülleimer, werden Sie in kurzer Zeit kaum noch daran denken, daß Sie sie je besessen haben. Besitztümer sind ein Ausdruck Ihrer Persönlichkeit und je mehr Schnickschnack und Junk Sie horten, desto wahrscheinlicher ist es, daß Sie Ihre Werte neu überdenken müssen. Wonach suchen Sie in einer Beziehung? Wo liegen Ihre Prioritäten? Umgekehrt müssen sich diejenigen, deren Wohnung minimalistisch wie eine Klosterzelle eingerichtet ist, fragen: Beziehen meine Werte die Bedürfnisse anderer mit ein? Fehlt etwas in meinem Leben?

Vielleicht sind Sie ganz zufrieden damit, in weißen, leeren Räumen oder einem Chaos von Sammlerstücken zu leben – die Geschmäcker sind schließlich verschieden. Aber: Sie sollten sich sicher sein, daß Ihr Wohnstil wirklich Ihre Persönlichkeit widerspiegelt, nicht nur einen Modetrend oder die Vorstellungen anderer Menschen (Donner), die Ihnen vorschreiben, wie

Sie sich anziehen, einrichten oder Ihre Beziehung führen sollen. Wer Sie sind und wie Sie sind, ist für andere so offensichtlich, wie ein Haufen schmutziger Socken oder ein Stapel perfekt gebügelter Wäsche. Wir selbst aber haben oft nicht die leiseste Vorstellung davon, wie andere uns wahrnehmen oder wer wir wirklich sind.

Einmal bat mich einer meiner Freunde, ein erfolgreicher Musiker, um Rat. Er lebte allein, soff wie ein Loch und war bekannt dafür, daß es ihm nie gelang, eine Beziehung länger als ein paar Monate aufrechtzuerhalten. Er war Ende dreißig, talentiert und sah gut aus. (Letzteres ist vielleicht eine subjektive Behauptung; sagen wir deshalb lieber: Es war kein Problem für ihn, Frauen zu gefallen – nicht nur wegen seiner beruflichen Erfolge.) Dabei war er nicht etwa ein Frauenheld. Er sehnte sich verzweifelt nach einer festen Beziehung, aber alle Frauen, die er kennenlernte, schienen sich schnell wieder von ihm zu trennen.

Luke lebte in einem viktorianischen Stadthaus in einem Vorort südlich von London. Oberflächlich betrachtet sah alles ganz harmonisch aus: Das Haus war frisch renoviert, einladend, es roch nach alten Holzfußböden und Kaminholz, Gitarren lehnten an der Wand ... Was mir in dieser ästhetischen Oase auffiel, waren unzählige Fotos, alte Briefe, Videos, die mit »Für Luke. In Liebe, Jane« beschriftet waren und Erinnerungsstücke an alle seine verflossenen Freundinnen. Fotos von Auftritten, Fotos vom Strand, Luke und Sue, Luke und Emma, Luke und die Welt. So großartig es für Luke sein mochte, von all diesen Trophäen umgeben zu sein, so frustrierend war es für jemanden, der das Haus zum erstenmal betrat! Allmählich tat mir Luke leid. Er war sein eigener schlimmster Feind.

Obwohl er von Beständigkeit, Liebe und Stabilität träumte, klammerte er sich an seine sentimentalen Erinnerungen. Jede

Frau, die sich eine langfristige Beziehung wünschte, würde seine Andenkensammlung als eindringliche Warnung interpretieren.

Ich legte ihm nahe, die Fotos abzuhängen und in ein Album einzukleben oder in einem Schuhkarton auf dem Dachboden aufzubewahren, wie es die meisten Menschen tun. Er zuckte mit den Schultern. Seine Fotos waren das einzige, woran er hing. Wie konnte er alles aufgeben, was ihm im Leben etwas bedeutete. Aber er wollte darüber nachdenken. Ihm dämmerte, wovon ich sprach, und er wollte nach einer Lösung suchen.

Einige Wochen später erzählte mir ein gemeinsamer Bekannter, Luke hätte eine neue Freundin. Eines Abends fragte ich sie, wie ihr Lukes Haus gefiele. Sie sagte: »Das Haus ist toll, wunderschöne Gitarren, Antiquitäten, alles. Aber ehrlich gesagt, ich glaube nicht, daß aus Luke und mir etwas wird. Ich meine, er hat seine Gäste-Toilette mit Fotos all seiner Verflossenen gepflastert. Können Sie sich vorstellen, jeden morgen mit sämtlichen Frauen konfrontiert zu sein, mit denen er geschlafen hat? Ich nicht!« Na ja, immerhin hat er alle Fotos in einen Raum verbannt. Das war zumindest ein Anfang!

Es kann also auch notwendig sein, im Rahmen einer Aufräumaktion Dinge zu entsorgen, an denen Sie noch hängen. Das heißt nicht, daß Sie Liebesbriefe und Fotos verbrennen oder in einer sterilen Umgebung wohnen müssen, in der Sie nur der Geruch nach Viss begrüßt, wenn Sie abends nach Hause kommen. Ich meine damit nur, daß Sie sich vom Restmüll Ihrer Vergangenheit trennen sollten. Wir alle schleppen Unmengen von emotionalem Ballast mit uns herum. Wer wie Luke sein Leben und seine verflossenen Beziehungen in falsch verstandener Offenheit zur Schau stellt, braucht nicht damit zu rechnen, daß viele Menschen tapfer und offen genug sind, dies zu akzeptieren. Schließlich haben wir alle unser eigenes Päckchen zu tragen!

5. Einladende Räume schaffen

Wenn das Gerümpel entsorgt ist und das Haus in neuem Glanz erstrahlt, ist die Zeit reif für ein paar kleine Rituale: Sie dienen dazu, Ihr Haus und die Energien darin wissen zu lassen, daß Sie klar Schiff gemacht haben und bereit sind, Ihr Leben neu zu harmonisieren und zu organisieren.

Die besten Rituale sind persönliche Zeremonien, die Sie selbst erfinden. Ihre Lieblingsmusik, bevorzugte Düfte oder Bilder können daran beteiligt sein. Die meisten Zeremonien oder religiösen Bittgebete umfassen traditionelle Reinigungsrituale, zu denen Weihrauch und andere Formen des »Ausräucherns« gehören. Mein Rat dazu: Verzichten Sie auf unnötigen Aufwand, es sei denn, Sie schätzen Pomp und Prunk. Wichtig ist nur, daß Sie ein Ritual finden, mit dem Sie sich wohl fühlen.

Die fünf Elemente

Schauen Sie sich als erstes Abbildung 16 an und finden Sie heraus, welches Element Sie sind. Das hängt von Ihrem Geburtstag ab. (Der Einfluß von Yin und Yang wird später, in Kapitel 16, erklärt.)

In der chinesischen Astrologie spiegeln die fünf Elemente Feuer, Erde, Holz, Wasser und Metall verschiedene Energien in unserer Umgebung und uns selbst wider. Harmonie finden Sie, indem Sie die Eigenschaften des Elements verstärken, unter dem Sie geboren sind. In anderen Worten: Die Hilfs- und Stilmittel, die Sie verwenden, sollten entweder Ihr eigenes inneres

Potential intensivieren oder aber fehlende Energien ausbalancieren oder verstärken.

Metall Yang	Wasser Yang	Holz Yang
31.01.00–18.01.01	08.02.02–28.01.03	16.02.04–03.02.05
10.02.10–29.01.11	18.02.12–05.02.13	26.01.14–13.02.15
20.02.20–07.02.21	28.01.22–15.02.23	05.02.24–24.01.25
30.01.30–16.02.31	06.02.32–25.01.33	14.02.34–03.02.35
08.02.40–26.01.41	15.02.42–04.02.43	25.01.44–13.02.45
17.02.50–05.02.51	27.01.52–13.02.53	03.02.54–23.01.55
28.01.60–14.02.61	05.02.62–24.01.63	13.02.64–01.02.65
06.02.70–26.01.71	16.01.72–02.02.73	23.01.74–10.02.75
16.02.80–04.02.81	25.01.82–12.02.83	02.02.84–19.02.85
27.01.90–14.01.91	04.01.92–22.01.93	10.02.94–30.01.95

Metall Yin	Wasser Yin	Holz Yin
19.01.01–07.02.02	29.01.03–15.02.04	04.02.05–24.01.06
30.01.11–17.02.12	06.02.13–25.01.14	14.02.15–02.02.16
08.02.21–27.01.22	16.02.23–04.02.24	25.01.25–12.02.26
17.02.31–05.02.32	26.01.33–13.02.34	04.02.35–23.01.36
27.01.41–14.02.42	05.02.43–24.01.44	14.02.45–01.02.46
06.02.51–26.01.52	14.02.53–02.02.54	24.01.55–11.02.56
15.02.61–04.02.62	25.01.63–12.02.64	02.02.65–20.01.66
27.01.71–15.01.72	03.02.73–22.01.74	11.02.75–30.01.76
05.02.81–24.01.82	13.02.83–01.02.84	20.02.85–08.02.86
15.02.91–03.02.92	23.01.93–09.02.94	31.01.95–18.02.96

Feuer Yang	Erde Yang
25.01.06–12.02.07	02.02.08–21.01.09
03.02.16–22.01.17	11.02.18–31.01.19
13.02.26–01.02.27	23.01.28–09.02.29
24.01.36–10.02.37	31.01.38–18.02.39
02.02.46–21.01.47	10.02.48–28.01.49
12.02.56–30.01.57	18.02.58–07.02.59
21.01.66–08.02.67	30.01.68–16.02.69
31.01.76–17.02.77	07.02.78–27.01.79
09.02.86–28.01.87	17.02.88–05.02.89
19.02.96–07.02.97	28.01.98–05.02.99

Feuer Yin	Erde Yin
13.02.07–01.02.08	22.01.09–09.02.10
23.01.17–10.02.18	01.02.19–19.02.20
02.02.27–22.01.28	10.02.29–29.01.30
11.02.37–30.01.38	19.02.39–07.02.40
22.01.47–09.02.48	29.01.49–16.02.50
31.01.57–17.02.58	08.02.59–27.01.60
09.02.67–29.01.68	17.02.69–05.02.70
18.02.77–06.02.78	28.01.79–15.02.80
29.01.87–16.02.88	06.02.89–26.01.90
08.02.97–27.01.98	06.02.99–27.01.2000

Abbildung 16: Welches Element sind Sie?

1. Das Element Feuer

Ihre innere Energie ist stark und leidenschaftlich.
Zünden Sie in dem aufgeräumten und geputzten Raum eine
Duftkerze an oder kochen Sie ein gutes Essen, dessen Aroma

das ganze Haus durchströmt. Brennen Sie exotisch duftende Räucherstäbchen ab – Sandelholz- oder Moschus-Düfte sind am besten geeignet, besonders wenn Sie den Raum auf Feng Shui einstimmen möchten. Rauch (aber nicht der Rauch von Zigaretten!) reinigt die Atmosphäre und vertreibt die negative Energie. Kerzen können Auseinanderschwingendes wieder zusammenführen und eine neue Atmosphäre schaffen. Wählen Sie die Farbe der Kerzen nach den Zielen aus, die Sie verwirklichen wollen: weiß für Klärung, rot für Leidenschaft, blau für Gefühle, grün für Freundschaft, gelb für Kommunikation.

2. Das Element Holz
Ihre innere Energie ist luftig und ausgeglichen
Als Kind schenkte mir die Dame, die mich in Malaysia in Feng Shui unterrichtete, das verlassene Nest eines Paradiesvogels. Jedesmal wenn wir ein besonderes Essen kochten, befestigten wir das Nest an einem Zweig und wirbelten es in der Luft herum, um das Sha Chi, die böse Energie, zu vertreiben. Das Wirbeln des Nestes hörte sich an wie das Pfeifen des Windes und besaß eine große Zauberkraft. Vermutlich gehören Vogelnester nicht zum Inventar Ihrer Küche. Dann behelfen Sie sich mit ein paar dürren Zweige aus dem Garten oder einem Besen: Fegen Sie damit die böse Energie in der Luft Ihres Hauses weg, so als würden Sie alte Spinnweben von der Decke entfernen. Sie können auch Ihre Hände mit gespreizten Fingern durch die Luft bewegen – wenn Sie einen Widerstand spüren, schieben Sie ihn weg oder treten Sie mit dem nackten Fuß dagegen.

3. Das Element Erde
Ihre innere Energie ist erdig und bodenverhaftet
Erde ist ein gutes Element, wenn Sie die einfachen Dinge des Lebens schätzen. Setzen Sie sich im Schneidersitz auf den Bo-

den und singen Sie Ihr Lieblingslied. Kristalle auf den Fenster-
brettern oder ein Lieblingsstein in der Mitte des Raumes können
Heilung bringen. Lassen Sie sie nachts, wenn Sie schlafen, oder
tagsüber, während Sie Ihren Alltagsaktivitäten nachgehen oder
bei der Arbeit sind, dort stehen.

Der folgende Rat klingt vielleicht ein bißchen verrückt, aber
es kann sinnvoll sein, dem Raum einen Brief zu schreiben und
ihm mitzuteilen, daß die Veränderungen, die Sie vornehmen
werden, sowohl eine funktionale als auch eine geistige Bedeutung haben. Sagen Sie dem Raum, daß seine Energie zu Ihrem
Vorteil, dem Ihres Hauses und der Welt gelenkt werden muß.
Nachdem Sie dem Zimmer den Brief laut vorgelesen haben,
verbrennen Sie ihn mit großer zeremonieller Geste.

4. Das Element Wasser
Ihre innere Energie ist intuitiv und anpassungsfähig
Berühren Sie alle Gegenstände im Raum, die Sie behalten
möchten. Nennen Sie sie bei ihrem Namen und geben Sie ihnen das Gefühl, erwünscht und geliebt zu sein. Diese Form des
emotionalen Kontakts zu leblosen Objekten mag sentimental
wirken. Aber sie erinnert uns daran, daß wir nur eine von vielen
Projektionen des Universums und nicht kleiner oder größer sind
als alle seine anderen Elemente. Lebewesen sind einfach Lebewesen, und die Gegenstände in Ihrem Zimmer, die nicht in dem
gleichen Sinn wie wir »lebendig« sind, besitzen ein Eigenleben
und verdienen es, wegen ihres Daseins respektiert zu werden.
Viele von ihnen sind aus Dingen gemacht, die einmal lebendig
waren. Nicken Sie deshalb dem Holztisch oder den Korbstühlen
freundlich zu oder gehen Sie barfuß über den Sisalteppich in
der Diele.

5. Das Element Metall

Ihre Energie ist kühl und zielstrebig

Metall, das fünfte Element, ist unserem westlichen Denken nur schwer zugänglich. Die Chinesen assoziieren vor allem Gold und Silber mit diesem Element. Formen Sie ein paar Kügelchen aus Alufolie oder Papier und legen Sie sie in ein Gefäß aus Metall in der Mitte des Raumes, um Ihre persönliche Metall-Energie zu beschwören und die Atmosphäre zu reinigen.

Wenn Sie Gold- oder Silberschmuck besitzen, können Sie ihn zu einem Dreieck auf der Fensterbank anordnen oder silberne Anhänger in den Türrahmen hängen. Metall hat auch etwas mit Reibung zu tun. Um die Luft zu reinigen, sollten Sie deshalb Streichhölzer anzünden und die Flamme ausblasen oder sogar ein paar Wunderkerzen abbrennen.

Mit diesen Ritualen, die Sie mit Ihrer persönlichen Zauberkunst verbinden, beginnen Sie, Feng Shui zu entdecken. Sie bereiten sich und Ihr Zuhause auf das Kommende vor. Dabei vertreiben Sie nutzlose Energien und alte Verhaltensmuster und stellen sich der Herausforderung, sich und Ihre Beziehung zu verbessern.

Wenn Sie das Gefühl haben, einen besonderen, privaten und ganz persönlichen Platz zu brauchen, so gibt es dafür keinen besseren Weg, als eine »Magische Ecke« einzurichten. Sie wird langfristig eine wichtige Rolle bei der Harmonisierung Ihres Liebeslebens spielen. Mit einer für Ihr Element geeigneten Installation aus Feuer-, Holz-, Erde-, Wasser- oder Metall-Hilfsmitteln auf einem kleinen Tisch können Sie die Wirkung des Reinigungsrituals so lange aufrechterhalten, wie Sie ihrer bedürfen.

Wenn Sie sich schlecht fühlen, gehen Sie zu diesem Platz und denken Sie in Liebe an Ihr Element und Ihre Verbindung zu ihm. Denken Sie auch daran, in der realen Welt mit Ihrem Element in Kontakt zu treten. Wenn Sie zum Beispiel Erde sind,

brauchen Sie den Kontakt zur Natur; wenn Sie Wasser sind, sollten Sie ans Meer fahren oder an einen reißenden Fluß; wenn
Sie Metall sind, tragen Sie einen Talisman aus echtem Gold bei
sich; wenn Sie Holz sind, besuchen Sie ein Museum oder genießen Sie das Leben und Treiben in einer großen Stadt; und
wenn Sie Feuer sind, verbrennen Sie etwas Weihrauch oder sehen Sie in die rote Glut eines Kaminfeuers.

Im nächsten Abschnitt erfahren Sie, wie Sie eine magische
Ecke in einem besonderen Raum einrichten können. Am besten
ist dafür das Schlafzimmer geeignet, weil es am wenigsten anfällig für von außen eindringende Energien ist.

Magische Ecken, die Ihre innere Energie beleben

Für Feuer

Stellen Sie ein niedriges Tischchen in der Südecke des Raumes
auf und bedecken Sie es mit einem tiefroten oder dunkel-
orangen Tuch. Stellen Sie einen kleinen Spiegel auf den Tisch
und lehnen Sie ihn gegen die Wand. Vor den Spiegel kommt
eine rote Kerze oder ein rotes Räucherstäbchen; neben die Kerze können Sie einen Karneol oder Blutstein stellen. Beschaffen
Sie sich ein Bild oder ein kleines Poster, auf dem Mohn, Son-
nenblumen oder ein roter Sonnenuntergang abgebildet sind,
und hängen Sie es über den Spiegel. Um die Wirkung zu verstärken, legen Sie ein Prisma in Ihre magische Ecke, das jeden
Lichtstrahl einfängt und bricht.

Für Erde

Wählen Sie eine relativ hohe, wenn möglich fast schulterhohe,
Oberfläche in der nordöstlichen oder südöstlichen Ecke des

Raumes und stellen Sie ein Bonsai oder ein kleines Bild einer japanischen Landschaft darauf. Die Oberfläche sollte mit einem alten Tuch bedeckt sein, zum Beispiel einem Paisley-Schal oder einem verblaßten Stück Gobelin. Füllen Sie eine kleine Terracotta-Schüssel mit Kieselsteinen oder Muscheln, die Sie am Strand gesammelt haben. Wenn Sie Ihren Lieblingsduft aufgebraucht haben, ergänzen Sie die magische Ecke durch die leere Parfumflasche. Außerdem ist es sinnvoll, ein Stück Rauchquarz oder Mondstein aufzustellen.

Für Holz

Eine magische Ecke für Holz bauen Sie am besten auf Bodenhöhe in der östlichen oder südöstlichen Ecke des Raumes auf. Bedecken Sie den ausgewählten Platz mit grünem Flanell oder tiefgrünem Samtstoff. Darauf stellen Sie eine Holzskulptur eines Vogels oder eines grünen Drachens. (Drachenfiguren bekommen Sie in manchen Asienläden.) Hängen Sie einen Spiegel oder ein Bild mit einem Rahmen aus geschnitztem Holz an die Wand. Falls Sie ein wertvolles altes Buch besitzen, lehnen Sie es gegen die Ecke. Daneben kommt eine Pflanze mit kleinen, farnartigen Blättern. In der Mitte steht ein Stück Malachit.

Für Wasser

Versuchen Sie, in der Nordecke des Raumes einen Stellplatz in Kniehöhe zu finden. Bedecken Sie die Oberfläche mit Seide oder Schleierstoff in violett, chromgrün oder preußisch-blau. Hängen Sie ein Bild, das das Meer zeigt, oder das Foto eines Wasserfalls an die Wand. Suchen Sie nach Glas- oder Tonstükken, die Sie am Strand gefunden haben, und füllen Sie sie in ein kleines Glasgefäß, das in die Mitte kommt. Alternativ dazu können Sie auch eine Glasschüssel mit Murmeln wählen. Füllen Sie ein Gefäß aus Steingut mit Wasser und streuen Sie Glitter darauf. In den Vordergrund legen Sie ein Stück Bernstein oder einen Türkis.

Für Metall

Richten Sie Ihre magische Ecke in der westlichen oder nordwestlichen Zimmerecke ein. Hängen Sie einen gerahmten Spiegel vor einer etwa taillenhohen Stellfläche an die Wand. Stellen Sie ein Gefäß aus Silber, Zinn oder Metall, ein Glas, das Sie golden bemalt haben, oder einfach eine alte, ausgewaschene Dose vor den Spiegel. Hängen Sie davor eine silberne Halskette und stellen Sie ein Foto oder ein Bild in einem vergoldeten Rahmen auf. In die Mitte kommt ein Diamant, ein Stück Selenit oder Weißquarz.

Magische Orte

Selbst wenn Sie nur in einem winzigen Einzimmerapartment wohnen oder Ihr Zimmer mit jemand anderem teilen, können Sie einen »magischen Ort« einrichten. Wenn Sie allein sind, können Sie dort eine neue Liebe willkommen heißen oder gute Energien zur Verbesserung Ihrer Beziehungen in Ihr Heim bitten. Der magische Ort ist wie ein Vorzimmer oder Warteraum ein Platz der Ruhe. Ihr magischer Bereich ist das Wartezimmer für eine neue Liebesbeziehung, neue Freunde und neue Partner in Ihrem Leben.

Richten Sie Ihren magischen Ort in dem Teil Ihres Hauses ein, der mit dem Wasser-Bereich des Bagua übereinstimmt. Normalerweise ist das in der Nähe einer Haustür, einer Diele oder eines Eingangs. Zeichnen Sie die Grenzen des magischen Orts mit dem Finger in die Luft, so als würden Sie ein Quadrat, ein Rechteck, ein Dreieck oder einen Kreis beschreiben – je

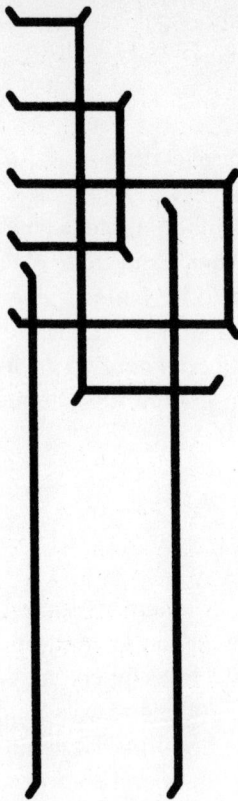

Abbildung 17: Ein Talisman, der Friede und ein gnädiges Geschick
miteinander verbinden soll

nachdem, welche Form Sie bevorzugen. Leider können wir das
nur in einer Dimension tun. In Ihrer Vorstellung aber sollten Sie
den magischen Ort gleichzeitig in einer Million Dimensionen
umreißen! Wenn Sie die Entscheidung getroffen haben, wel-

cher Teil des Raumes Ihr Wartezimmer ist, wenden Sie das für Ihr Element beschriebene Reinigungsritual auf ihn an. Alternativ dazu können Sie einen Kristall aus Weißquarz einen Tag und eine Nacht lang irgendwo im Raum aufstellen, um die Atmosphäre mit positiver Energie aufzuladen.

Wann immer Sie durch diesen Raum gehen, denken Sie daran, daß er ein Ort der Begrüßung ist – für die Menschen, die Ihr Haus tatsächlich betreten, oder für die, denen Sie gerne Zutritt in Ihr Leben gewähren würden, die aber den Weg in Ihr Herz noch nicht gefunden haben.

Um den Bereich als magischen Ort zu definieren, kopieren Sie den Talisman in Abbildung 17 auf ein Blatt Papier und hängen Sie ihn an der Wand neben Ihrem magischen Ort auf. Sie können den Talisman auch direkt an die Wand malen – je größer, desto besser. Der Talisman ist ein alter chinesischer Glücksbringer, der Friede und ein gnädiges Geschick miteinander verbinden soll. Er ist ausgezeichnet dazu geeignet, Ihr Zuhause zu beleben und die Liebe in Ihrem Leben willkommen zu heißen. Außerdem sorgt er dafür, daß schwierige oder negative Energien, die in Ihr Haus gelangen, abgelenkt werden.

6. Wie Sie Ihr Leben mit Liebe erfüllen

Dieses Buch wendet sich nicht nur an Menschen, die einen Partner oder gute Freunde haben, sondern auch an Menschen, die gerade eine Trennung verarbeiten müssen, seit Monaten oder Jahren alleine leben, einsam sind und sich nach Freunden oder einer neuen Partnerschaft oder Liebesbeziehung sehnen.

Als Menschen müssen wir Beziehungen auf allen möglichen Ebenen eingehen. Jeder von uns nimmt die Welt von einer anderen Warte aus wahr. Wenn wir uns klarmachen würden, daß wir alle Teil eines Universums und nicht isoliert sind, wäre es vielleicht einfacher zu akzeptieren, daß unsere Bedürfnisse sich in nichts von denen anderer Menschen unterscheiden. Jemand hat einmal gesagt: »Jeder Mensch, dem wir begegnen, ist ein Wegweiser auf dem Pfad der Selbsterkenntnis.« Wahre Selbsterkenntnis aber kennt nicht nur die eigenen Bedürfnisse, sondern ist sich auch der Herzen aller anderen Menschen auf diesem Planeten bewußt.

Es gibt keine richtige oder falsche Art zu lieben. Manchmal allerdings verkehrt sich Liebe in Tyrannei oder ein rein körperliches Begehren, und wir erkennen sie nicht mehr als das, was sie ist. Wenn Sie sich verzweifelt nach einer neuen Liebe sehnen, greifen Sie leicht nach der Form von Liebe, die sich Ihnen gerade bietet.

Feng Shui kann Ihnen helfen, ein Gefühl dafür zu entwickeln, wer Sie wirklich sind, und was Liebe für Sie und Ihr Leben bedeutet. Die großartigste Beziehung, die Sie im Leben haben können, ist die Beziehung zu sich selbst. Wie können Sie je einen anderen Menschen in seiner Eigenart lieben, wenn Sie sich selbst nicht lieben können? Die Aufräumaktion in Ihrem Zuhause stellt wie eine Nabelschnur die Verbindung zu Ihrem Selbst her. Mit ihrer Hilfe lernen Sie, sich selbst zu lieben und die Liebe anderer Menschen zu gewinnen. Das Verständnis für Ihre eigenen Bedürfnisse und Werte öffnet den Weg zu einem gesunden Ich.

In diesem Zusammenhang können Sie sich die folgenden Fragen stellen:
1 Wonach suche ich?
2 Habe ich Probleme, jemanden zum Freund, zur Freundin zu gewinnen?
3 Habe ich Probleme, eine Beziehung aufrechtzuerhalten?
4 Falle ich immer auf die falschen Typen herein?
5 Warum habe ich mich von meinem früheren Partner getrennt?
6 Warum kann ich nicht aufhören, an X zu denken?

Die folgenden Hilfs- und Stilmittel stehen in einem direkten Zusammenhang mit diesen Fragen. Vielleicht würden Sie sie am liebsten alle auf einmal einsetzen. Trotzdem sollten Sie darauf achten, Ihr Haus nicht mit Stilmitteln zu überladen: Sie laufen sonst Gefahr, Ihre Bedürfnisse und Wünsche nicht mehr klar voneinander unterscheiden zu können Wenn Sie die Weichen für eine bessere Harmonie in Ihrer Partnerschaft bereits gestellt haben, können die folgenden Hilfsmittel Sie weiter auf Ihrem Weg voranbringen.

Möglicherweise sind in unterschiedlichen Phasen Ihres Lebens unterschiedliche Formen von Liebe für Sie wichtig. Feng Shui ist für solche Veränderungen offen. So wie die Liebe ihren Kurs ändert, paßt sich Feng Shui an Ihre Bedürfnisse an.

1. Wonach suche ich?

Es ist schwer, sich diese Frage zu stellen, und noch schwerer, sie zu beantworten! Wenn Sie nicht so recht wissen, welche Erwartungen Sie in eine Beziehung setzen, oder welche Art von Partner Ihr Selbstwertgefühl stärken kann, sollten Sie zunächst die im folgenden beschriebenen Stilmittel einsetzen. Mit ihrer Hilfe können Sie klären, wonach Sie suchen.

Legen Sie die Bagua-Skizze über den Plan Ihrer Wohnung und stellen Sie fest, wo in Ihrem Zimmer oder Haus die Mitte liegt. Übrigens: Falls Sie mehr als einen Raum zur Verfügung haben, sollten Sie die Bagua-Skizze zusätzlich auch über die einzelnen Zimmer legen und deren Mitte herausfinden. Es ist sinnvoll, auch in diesen Bereichen Hilfsmittel aufzustellen.

Um herauszufinden, wonach Sie in einer Partnerschaft oder Beziehung suchen, legen Sie einen Ring aus Gold oder Silber, ein Stück Blattgold oder einen silbernen Kerzenständer in den Bereich der Mitte. Gold und Silber verheißen nach den Regeln des Feng Shui nicht nur Wohlstand, sondern stärken auch Ihre Integrität und Entschlußkraft.

2. Habe ich Probleme, Freunde zu gewinnen?

Wenn das Ihr Hauptproblem ist, haben Sie vermutlich das Gefühl, daß Sie nie mehr einen Partner finden werden, der Ihnen das Gefühl gibt, attraktiv zu sein. Um Ihre Attraktivität und Anziehungskraft zu erhöhen, setzen Sie die folgenden Hilfsmittel als Quelle der Selbstbestärkung ein: Finden Sie mit Hilfe der Bagua-Skizze heraus, wo sich der Feuer-Bereich in Ihrem Haus befindet. Stellen Sie dort entweder ein Prisma, eine Schale aus rotem Glas oder einen roten Weinkelch auf. Zünden Sie jeden Abend etwas Weihrauch in diesem Bereich an. Dadurch stärken Sie Ihr Selbstvertrauen und Ihren Glauben an sich selbst und gewinnen Sie so eine unwiderstehliche Anziehungskraft.

3. Fällt es mir schwer, Beziehungen aufrechtzuerhalten?

Mit den folgenden Hilfsmitteln bringen Sie unabhängig von konkreten Problemen mehr Beständigkeit und Achtsamkeit in Ihre Beziehungen. Stellen Sie im Himmel-Bereich eine Holzschale mit drei oder vier Kiefernzapfen oder eine kleine Keramikschale mit Pinienkernen auf. (Pinienkerne bekommen Sie im Supermarkt oder beim Feinkosthändler.) Noch schöner sieht es aus, wenn Sie eine Bonsai-Kiefer dazustellen. In der taoistischen Kunst sind oft Bergkiefern abgebildet, die Weisheit und ein langes Leben symbolisieren. Sie bringen mehr Bodenhaftung und Selbstwahrnehmung in Ihr Leben.

4. Falle ich immer auf die Falschen herein?

Die Chemie zwischen zwei Menschen ist geheimnisvoll und irrational. Manche von uns zieht es immer wieder zu den falschen Menschen hin. Wenn das ein Problem für Sie ist, sollten Sie die folgenden Hilfsmittel im Himmel-Bereich Ihrer Wohnung anwenden. Sie helfen Ihnen, eine neue Perspektive einzunehmen und eine Beziehung zu den richtigen Menschen aufzubauen. Hängen Sie ein kleines Stück Sodalitkristall im Himmel-Bereich des Zimmers auf. Wenn das nicht möglich ist, bringen

Sie einen verspiegelten Wandkerzenhalter so an, daß er am Tag das natürliche Licht und am Abend das Kerzenlicht widerspiegelt.

5. Warum habe ich mich von meinem Partner getrennt?

Wahrscheinlich befinden Sie sich in einer quälenden, trostlosen Situation. Wenn Sie das Gefühl haben, daß Ihr Mut Sie verlassen hat, daß Sie nichts wert sind oder daß Ihr Partner Sie schlecht behandelt hat, unterstützen Sie die folgenden Hilfsmittel im Wind-Bereich Ihres Hauses dabei, Ihren Frieden mit sich selbst zu machen und wieder Glück zu empfinden. Hängen Sie einen Rosenquarz ins Fenster oder stellen Sie ihn so auf, daß er das natürliche Licht einfängt und seine Selbstverliebtheit an Sie weitergibt.

6. Warum kann ich nicht aufhören, an X zu denken?

Das folgende Hilfsmittel, das Sie im See-Bereich Ihres Zuhauses anwenden, unterstützt Sie dabei, jemanden zu vergessen oder eine Person, der Sie nachtrauern oder wegen der Sie leiden, anders wahrzunehmen. Nehmen Sie eine weiße und eine schwarze Kerze und stellen Sie sie nebeneinander vor ein Fenster oder einen Spiegel. Ein Fenster ist besser geeignet: Wenn Sie abends die Kerzen anzünden, reflektiert das Glas das Licht stärker als der Spiegel. Die schmerzlichen Gefühle treten zurück, während die Energien, die mit der weißen Kerze verbunden sind, illuminiert und reflektiert werden. Zünden Sie beide Kerzen gleichzeitig an. Wenn die schwarze Kerze verlöscht, können Sie sich und Ihre Wünsche klar erkennen.

Das nächste Kapitel beschreibt sehr persönliche Wege, wie Sie Ihre Beziehungen genießen und langfristig verbessern können, egal ob Sie allein leben oder in einer Partnerschaft. Aber denken Sie daran: Sie dürfen keine Sofortlösungen erwarten. Feng Shui ist ein Prozeß in Ihrer Umgebung und in Ihnen selbst. Wenn Sie aufrichtig an das, was Sie tun, glauben, kann sich Ihr Leben im Handumdrehen ändern. Oft werden Sie aber merken, daß sich die Dinge keineswegs so schnell wie erhofft zum Besseren wenden. Widerstehen Sie dann der Versuchung, Ihr Zuhause mit zu vielen Hilfsmitteln auf einmal anzufüllen. Gehen Sie lieber zurück zum Anfang und stellen Sie immer nur eine Weiche. Aber ganz egal, was Sie tun – es sollte Ihnen Freude machen!

7. Beziehungsbereiche

Was bedeutet Liebe für Sie? In den westlichen Gesellschaften hat sich im 20. Jahrhundert die Vorstellung entwickelt, man würde erwachsen, verliebe sich und gehe mit dem Geliebten, der Geliebten den Bund der Ehe ein. Mit der Ehe verbindet sich die Erwartung, den magischen Moment des Begehrens, der Ekstase und der körperlichen Erfüllung mit all seiner Rätselhaftigkeit, seinem Zauber und seiner Romantik fortsetzen und bewahren zu können.

Heute fällt es uns schwer zu begreifen, daß romantische und körperliche Liebe nicht unbedingt die ideale Voraussetzung für dauerhaftes Glück sind. Ehe oder Partnerschaft müssen nicht automatisch mit Romantik verbunden sein. Wir können nicht verlangen, daß ein anderer Mensch alle unsere Erwartungen erfüllt, und umgekehrt dürfen andere diese Erwartung auch an uns nicht stellen. Wir suchen Romantik, wir suchen Freundschaft, wir suchen Linderung von Schmerz und Leiden, wir suchen nach der Verschmelzung mit etwas anderem als uns selbst. Weil wir all das in der Religion anscheinend nicht mehr finden, meinen wir, in der Partnerschaft göttliche und geistige Liebe und Lebenssinn finden zu können.

Diese hohen Erwartungen können den Partner leicht überfordern und ein Paar aus dem Gleichgewicht bringen. Nichts gegen Romantik und Erotik – sie sind magisch und wunderschön. Aber wir müssen lernen, daß solche Momente nicht ewig dauern. Zwar kann aus Romantik und Erotik eine andere Form der Liebe erwachsen. Weil wir aber so sehr darauf fixiert sind, »verliebt« zu sein, richtet sich unser Sinnen und Streben immer nur auf diese Form der Erfüllung im Leben.

Das klingt vielleicht entsetzlich negativ, vor allem wenn Sie gerade mitten in einer leidenschaftlichen Liebesaffäre stecken oder wenn Sie und Ihr Partner es tatsächlich geschafft haben, eins zu werden, und deshalb nicht wehmütig an die Anfänge Ihrer Beziehung zurückdenken. Natürlich gibt es immer wieder Paare, die wie im Märchen auch nach vielen Jahren noch glücklich und zufrieden leben. Es wäre jedoch naiv zu glauben, jeder könnte mit einem einzigen Partner romantische Liebe für alle Zeit finden. Zwischen Alltagspflichten und nassen Windeln bleibt die Romantik nur allzu oft auf der Strecke. Viele Menschen versuchen dann, mit einem neuen Partner neue Leidenschaft zu finden.

Frühe chinesische Magier und Feng-Shui-Meister wußten um die hohe Bedeutung von geistiger und körperlicher Harmonie. Sie arbeiteten an ihrer Sexualität und heirateten nicht unbedingt »aus Liebe«. Im alten China wurden Ehe und Monogamie wie in vielen anderen Kulturen mit Geld, Harmonie und Kindererziehung gleichgesetzt. Dauerhafte Beziehungen basierten auf Freundschaft, und Erotik und romantische Liebe spielten nur eine sehr geringe Rolle darin. Der Lebenssinn wurde im Geistigen gesucht, und man erwartete von einer menschlichen Beziehung keine göttliche Liebe.

Liebe trägt viele Masken, und die einzige Liebe, derer wir uns sicher sein können, ist die, die wir gerade erleben. Die reinste Form der Liebe ist die bedingungslose Liebe; aber wie oft haben Sie einen Menschen kennengelernt, der dieses Ideal erfüllen kann? Und inwieweit sind Sie selbst dazu in der Lage?

Im folgenden sind die Spielarten der Liebe aufgelistet. Stellen Sie sich als erstes die Frage: Was bedeutet Liebe heute für mich?

Romantik

Verliebtheit

Geheimnis

Affären, Aufregung, gefährliche Spiele

Kommunikation

Den Partner zu unterstützen

Selbst Unterstützung zu finden

Freundschaft, Gemeinsamkeit

Körperlichkeit

Erotik

Leidenschaft

Emotionale Verstrickung

Besessen zu werden

Zu besitzen

Schmerz und Leid

Loszulassen – Ekstase und Agonie

Macht

Zerstörung

Freiheit

Göttliche, transzendentale, universale Liebe

Vielleicht klingen manche dieser Begriffe nach Pflicht und Verpflichtung. Wenn Sie sich aber Ihre jetzige oder eine frühere
Beziehung vor Augen führen und sich ehrlich zu Ihren Gefühlen
und Bedürfnissen bekennen, werden Sie vielleicht überrascht
sein, welche Bedeutung Liebe wirklich für Sie hat. Wenn Sie
gerade in einer Beziehung leben, fragen Sie Ihren Partner oder
Ihre Partnerin, mit welchen Worten sie Ihre Beziehung beschreiben würden.

Können Sie sich im Bagua der Beziehungsformen (Abbildung
18) wiedererkennen? Machen Sie sich klar, welche der Bagua-
Energien Ihr *derzeitiges* Liebesgefühl widerspiegelt. Damit ist
gemeint, wie Sie Liebe am heutigen Tag erleben, nicht wie Sie
sie gestern erlebt haben, morgen erleben werden oder idealer-

weise erleben möchten. Wenn Sie das getan haben, können Sie Harmonie in diesen Bereich Ihres Zuhauses und Ihres Herzens lenken.

Abbildung 18: Bagua der Beziehungsformen

Harmonie in den Beziehungsbereich bringen

Legen Sie die Bagua-Skizze über den Plan Ihres Zimmers, Ihrer Wohnung oder Ihres Hauses. Dem Bagua der Beziehungsformen können Sie entnehmen, welcher Teil Ihres Hauses sich mit Ihrem augenblicklichen Liebesgefühl deckt. Er ist zur Zeit Ihr Beziehungsbereich. Wenn Sie dort Feng-Shui-Hilfsmittel aufstellen und Veränderungen vornehmen, bringen Sie Harmonie in Ihr Liebesleben.

Legen Sie die Bagua-Skizze zunächst über den Plan Ihres Hauses oder Ihrer Wohnung, um Ihren Beziehungsbereich herauszufinden. Zusätzlich können Sie das Bagua auch über einzelne Zimmer, den Garten, die Diele, den Windfang, das Schlafzimmer, Ihr Arbeitszimmer oder sogar über Ihren Schreibtisch legen – jeden Teil Ihres Hauses, der Sie interessiert – und auch dort Veränderungen vornehmen. Indem Sie Hilfsmittel nicht auf Ihren Haupt-Beziehungsbereich beschränken, sondern auch die entsprechenden Stellen anderer Räume umgestalten, arbeiten Sie auf vielen verschiedenen Ebenen der Harmonie gleichzeitig.

Ein Beispiel: Emma befürchtet, ihr Freund habe eine neue Freundin und sei dabei, die Beziehung zu lösen. Steve übernachtet nicht oft bei ihr, wenn er aber einmal über Nacht bleibt, gibt es immer Streit, noch bevor sie dazukommen, miteinander zu schlafen. Emma glaubt, Steve sei mit einer anderen Frau involviert, die seine Gefühle durcheinanderbringt. Deshalb beschließt sie, Hilfsmittel in den Donner-Bereichen ihrer Wohnung aufzustellen.

Abbildung 19 zeigt Ihnen, wie die Bagua-Skizza über Emmas Wohnung liegt. In Abbildung 20 sehen Sie, wie Emma das Bagua auch auf das Schlafzimmer legt, um festzustellen, ob sich auch dort ein Donner-Bereich befindet.

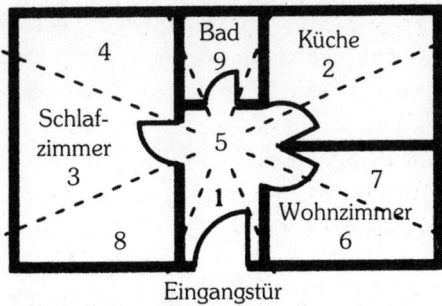

Abbildung 19: Emmas Wohnung

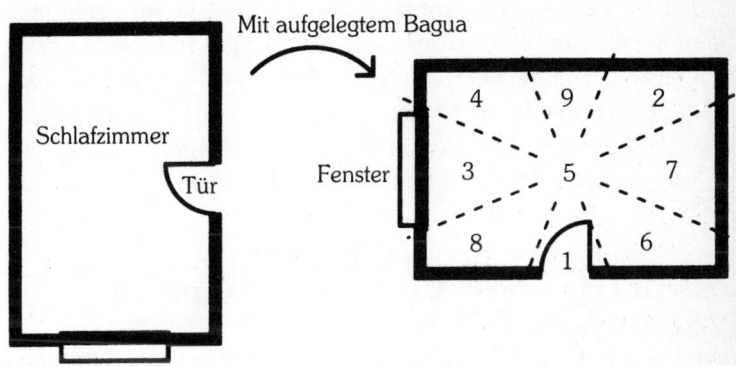

Abbildung 20: Emmas Schlafzimmer. Als Bezugspunkt für das Bagua dient die Tür.

Wenn Sie das Bagua über ein einzelnes Zimmer legen, drehen Sie den Plan des Zimmers so, daß sich die Grundlinie des Bagua, also der Wasser-Bereich, mit der Tür deckt. (Falls der Raum mehr als zwei Türen hat, wählen Sie die Haupttür als Bezugspunkt.) Weist Ihr Raum eine ungewöhnliche Form, Erker und Einschnitte auf, stellen Sie mit der in Abbildung 6 gezeigten Methode das Zentrum des Raumes fest. Achten Sie beim Auflegen der Bagua-Skizze darauf, daß sich die Mitte des Bagua mit dem Zentrum des Raumes deckt, und dehnen Sie das Bagua so, daß es das ganze Zimmer überstreicht.

In unserem Beispiel befindet sich der Donner-Bereich unter Emmas Fenster, wo ein Stuhl und ein Stapel Bücher ihren Platz haben. Das Fenster läßt sich nur öffnen, wenn man auf den wackeligen alten Stuhl steigt. Emma entfernt deshalb den Stuhl und die Bücher und hängt ein Windspiel in den Fensterrahmen. Nach wenigen Wochen ist Steve in Emmas Wohnung viel entspannter. Auch im Schlafzimmer verhält er sich weniger aggressiv. Einmal sagt er zu Emma, er habe sich in ihrem Schlafzimmer immer gefühlt, als würde jemand über ihn zu Gericht sitzen. Offensichtlich fühlte er sich von den früheren Männern in ihrem Leben bedroht, die sie manchmal erwähnte. In Wirklichkeit war der Donner also auf störende Einflüsse aus Emmas Vergangenheit zurückzuführen, nicht auf jemanden in Steves Leben.

Stilmittel und Verbesserungen

Der folgende Abschnitt beschreibt die Stilmittel und Verbesserungen, mit denen Sie Ihren derzeitigen Beziehungsbereich je nach Ihrem Geburtselement harmonisieren können. Denken Sie daran: Ihre Art zu lieben verändert und entwickelt sich mit Ihrer Persönlichkeit. Nachdem Sie den Bereich Ihres Zuhauses umgestaltet haben, der Ihre jetzige Art zu lieben widerspiegelt, kann es gut sein, daß sich sechs Monate später Ihre Art zu lieben ändert und in einem anderen Teil Ihres Zuhauses Korrekturen notwendig werden.

Verwenden Sie nicht alle Stilmittel auf einmal! Wählen Sie eine Farbe, einen Gegenstand, eine Gestaltungsform und erfreuen Sie sich daran. Versuchen Sie nicht, Ihren derzeitigen Beziehungsbereich mit allen Möglichkeiten auf einmal auszustatten.

Feuer

Wenn Sie Feuer sind, wirken Stilmittel aus Holz unterstützend. Holz nährt Feuer und schürt es, bis es glüht und manchmal vor Leidenschaft brennt! Hüten Sie sich aber vor Übertreibungen: Wenn Sie Ihren Beziehungsbereich mit Holzmöbeln und Pflanzen, grünen Wänden und grünen Teppichen und Unmengen von Büchern füllen, gewinnt das Holzelement die Oberhand, und Sie haben wie vorher mit einer Energie zu kämpfen, die weder frei fließen noch Sie beleben kann.

Als Feuer-Typ mögen Sie rote, warme, leuchtende und kühne Farben. Um die übergroße Energie Ihrer Feuer-Persönlichkeit zu harmonisieren, braucht Ihr Beziehungsbereich aber auch einen Ausgleich durch Holz- oder Erde-Farben. Gerade wenn Sie leidenschaftlich und glühend lieben, müssen Sie sich mit natürlichen Farben umgeben, um Ihren starken Liebesgefühlen Bodenhaftung zu verleihen. Wählen Sie für Ihren Beziehungsbereich eine der Holzfarben – Grüntöne oder Landhausfarben wie Salbei, Rosmarin, Thymian oder kühle Minze, Waldtöne oder ein sanftes Rosa in der Farbe des Morgenhimmels. Erdfarben sind Pistazie und dämmeriges Blau; weiche Töne, die an Frühlingswiesen, sanfte Sommertage, an denen der Weizen hoch steht, und die milden Ocker- und Olivfarben der Herbstblätter erinnern. Aber auch dunkle, fast schwarze Kohle und die Farbe gebrannten Terracottas gehören zu den Erdtönen. Vermeiden sollten Sie schwache Gelbtöne: Darin würden Sie sich wahrscheinlich niedergeschlagen und deprimiert fühlen. Idealerweise blicken Sie von Ihrem Beziehungsbereich aus auf Bäume oder Gärten. Ist das nicht möglich, hängen Sie neben dem Fenster ein Foto oder ein Bild auf, das eine Landschaft zeigt.

Schmücken Sie Ihren Beziehungsbereich mit einer Holzskulptur oder verwittertem Treibholz, das Sie am Strand gefunden haben. Wenn Sie Holz nicht mögen, können Sie als Kompromißlösung eine majestätische, skulpturartige Pflanze wählen, zum Beispiel eine Geigenfeige oder einen ausladenden Ficus. Mit Hilfsmitteln aus Holz können Sie alle Formen erlahmender Leidenschaft in Ihrem Liebesleben neu entfachen.

Als Wandschmuck kommen entweder kühne, klare Bilder oder geradlinige Fotografien und Zeichnungen in Frage. Sie bringen die Eigenschaften von Holz und Erde in den Raum und führen die beiden Elemente zusammen. Die sanfteren Schattierungen von Aquarellen erfüllen Ihren Beziehungsbereich mit Harmonie; grelle Farben bewirken dagegen, daß Ihre Leidenschaft sich nach innen, gegen Sie selbst richtet.

Bücher sind eine gute Quelle für die Energie des Holzes. Notfalls müssen Sie sich mit Buchattrappen behelfen – wenn Sie sich nicht für den Aufbau einer Bibliothek erwärmen können (oder es nicht schaffen, den Überblick zu bewahren).

Ist Ihr Beziehungsbereich in einem Badezimmer, gehören Hilfsmittel, die den Elementen Holz und Erde zugeordnet sind, ohnehin zum Inventar: Muscheln, Steine und Accessoires aus natürlichen Produkten wie Luffa und Schwamm. Befindet sich der Beziehungsbereich in der Küche, erfüllen alte Glasbehälter mit exotischen Gewürzen wie Zimtstangen und Koriander den gleichen Zweck. Ein Küchenregal nimmt alles auf, was in der Erde wächst. Stellen Sie Efeu und wild wuchernde Kletterpflanzen auf, die sich nach oben und zur Seite ausbreiten, aber keine Kriech- und Hängepflanzen – ihr Anblick wirkt deprimierend auf Feuer-Menschen, kaum daß sie den Raum betreten. Auch monolithische Kakteen und gigantische Gummibäume sind für

Feuer-Menschen wenig empfehlenswert. Sie stellen eine zu große Konkurrenz für sie dar!

Schließlich können Sie Ihren Beziehungsbereich noch mit einem Hilfsmittel aus Metall ausstatten – als Garant für ein erfolgreiches Liebesleben. Gut ist zum Beispiel eine Spur Goldfarbe, mit der Sie goldene Sterne an eine Tür oder Wand malen. Gold ist für Feuer ein günstigeres Edelmetall als Silber. Weniger auffällige Verbesserungen sind vergoldete Möbel oder Bilderrahmen. Befindet sich Ihr Beziehungsbereich im Schlafzimmer direkt über dem Bett, bringen Sie mit Schmuck aus echtem oder imitiertem Gold, den Sie an den Bettpfosten aufhängen, mehr Inspiration in Ihr Liebesleben.

Erde

Sie fühlen sich normalerweise in Ihrer Umgebung zu Hause, selbst wenn Sie deren Schönheit nicht besonders interessiert. Wenn Sie Erde sind, sprechen Sie ausnehmend gut auf Hilfsmittel aus Feuer und Metall an. Zu viel Wasser macht Sie dagegen leicht konfus und verschwommen; zu viel Holz ist Ihnen zu statisch und festgefahren; zu viele Pflanzen und natürliche Materialien in Ihrer Umgebung verwirren Ihnen die Sinne. Ihre enge Verbindung zur natürlichen Welt drücken Sie besser aus, indem Sie mit Pflanzen und Tieren arbeiten: gärtnern, Gemüse anbauen, sich im Umweltschutz engagieren oder oft aufs Land fahren, falls Sie in der Stadt leben.

Ihren Beziehungsbereich statten Sie am besten mit Stilmitteln aus, die den Elementen Feuer und Metall zugeordnet sind. Zu viel Holz kann Sie Ihrer Energie berauben. Wenn Holzmöbel oder Pflanzen in Ihrem Beziehungsbereich dominieren, sollten Sie deshalb möglichst viele dieser Gegenstände entfernen. Erfüllen Sie Ihren Beziehungsbereich mit Feuer-Stilmitteln wie weißen Kerzen, Spiegeln mit vergoldeten Rahmen und sanftem

Licht. Die Leuchtenauswahl ist heute so groß: Wie wäre es mit Art-déco-Lampen aus Bakelit und Onyx oder schwanenhalsförmigen Wandleuchten, die dem Jugendstil nachempfunden sind? Sie beleben die Sinne, ohne sie zu betäuben. Eine andere Möglichkeit: Wenn sich Ihr Beziehungsbereich in der Küche befindet, kochen Sie mit Töpfen und Pfannen aus Gußeisen oder Edelstahl oder investieren Sie in eine Arbeitsfläche aus Edelstahl. Sparsame Muster, die Sie mit Blatt- oder Sprühgold auf Möbel vom Flohmarkt zeichnen, bringen einen Hauch Metall. Ästhetisch im entsprechenden Bereich Ihres Gartens, Vorgartens oder Badezimmers plaziert, erfüllt ein Stück Altmetall – ein verrosteter Tisch, eine Gießkanne aus Zinn – Ihre Liebe mit mehr Harmonie.

Ergänzen Sie als Gegengewicht zu Ihrem zutiefst pantheistischen Geist eine kräftige Farbe mit subtil verschwommenen Farben. Nutzen Sie Ihr hochentwickeltes ästhetisches Empfinden für raffinierte Farbabstimmungen. Wählen Sie einen Stoff, der einen Ton vorgibt, Tapeten, die das Thema aufnehmen – unterschiedliche Elemente, die sich in gegenseitiger Leidenschaft zueinander hinwenden. Versuchen Sie, Ihre Wände mit Dispersionsfarbe, Weißmischungen und Holztäfelungen in ganz unterschiedlichen Farben zu beleben. Bevorzugen Sie statt Glanzlack besser weiche, durchscheinende Farben oder Eierschalentöne. Glühende Farben wie Indischrot, Leuchtendweiß, Karminrot oder Orange bringen mehr Sinnlichkeit in Ihr Liebesleben. Verwenden Sie eine Farbe, die dem Element Wasser zugeordnet ist, um Ihre sexuelle Ausdruckskraft und Ihr Interesse an Sex zu stärken: ein dunkles, geheimnisvolles Violett, Chromgrün, Preußischblau oder sogar Schwarz. Liegt Ihr Beziehungsbereich im Schlafzimmer, sollten Sie Kissen oder Vorhänge aus ausgebleichtem Damast oder altem französischen Gobelin als Stilmittel einsetzen.

Metall

Zu Metall passen vor allem Silber und Gold. Fernöstliche Kulturen messen diesen Edelmetallen eine hohe Bedeutung bei der Einrichtung ihrer Häuser zu. Trotzdem sollten Sie das Metall-Element bei der Möblierung nicht überbetonen: Zu viel Metall bringt Ihnen zwar Reichtum, aber kein Glück. Denken Sie daran: Hunger und Gier sind nicht das gleiche. Um zu Zufriedenheit, Glück und innerer Ruhe zu gelangen, müssen Sie wissen, wann Sie aufhören müssen.

Stilmittel, die Wasser und Erde zugeordnet sind, bringen Ihren Beziehungsbereich ins Gleichgewicht. Auch Holz ist nützlich; wahrscheinlich besitzen Sie aber bereits so viele Holzmöbel und Bücher, daß das Holz-Element ausreichend vorhanden ist. Erde- und Wasser-Hilfsmittel wie Muscheln, die Sie am Strand gesammelt haben, schön geformte Kieselsteine oder von den Wellen glatt geschliffene Glasteilchen verbessern die Kommunikation in Ihrer Beziehung und erhöhen die Bereitschaft zu teilen. Flintsteine liefern besonders viel Energie, sind aber möglicherweise schwer zu finden. Alternativ dazu können Sie einen alten Felsstein verwenden, den Sie von einem Spaziergang mitbringen. Stellen Sie eine pinkfarbene Muschel aus dem letzten Urlaub dazu. Wenn Sie nicht an die See oder aufs Land kommen, legen Sie einen unpolierten Bernstein auf das Fensterbrett In Ihren Beziehungsbereich.

Bilder mit einer Meerlandschaft, Fotos von Seen oder eine japanische Landschaftszeichnung erfüllen den Beziehungsbereich mit Leben. Vorsicht ist dagegen bei Wasser-Farben geboten: Sie lösen leicht Depressionen in Ihnen aus. Am besten stellen Sie eine Schale mit blauen und schwarzen Murmeln auf die höchste Stellfläche im Raum, zum Beispiel auf einen Schrank oder in ein hohes Regal. So können die Wasser-Töne ihre Wirkung auf Sie ausüben, ohne ständig in Ihrem Blickfeld zu sein.

Auch ein warmer Erde-Ton ist hilfreich: Gedämpftes Terracotta, gelbe Ockertöne, dunkles Umbra oder ein gebranntes Sienarot unterstützen Sie, mit anderen Menschen in Kontakt zu treten.

Ein Bild in einem schwarzen Rahmen oder in einem Rahmen aus Ebenholz umgibt Ihren Beziehungsbereich mit der magischen Undefinierbarkeit des Wassers. Auch mit Stoffen, vor allem Bettwäsche, Jalousien, Vorhängen und Kissen, können Sie Ihren Beziehungsbereich in Schwarz und Dunkelblau tauchen. Vermeiden sollten Sie dagegen Möbel aus Schmiedeeisen und Metall – sie mögen Ihnen zwar gefallen, können aber Ihre Energie wie ein Magnet stimulieren und extreme Gefühle wachrufen, die Ihrem Pflichtgefühl und Ihrer Integrität gefährlich werden.

Wasser

Holz und Metall sind die besten Hilfsmittel für Wasser. Zunächst jedoch muß Wasser geerdet werden. Dafür brauchen Sie Stilmittel in Ihrem Beziehungsbereich, die dem Erde-Element zugeordnet sind. Beleben Sie Ihre Liebe mit einem Kristall oder Stein, der aus einem Fluß oder dem Meer stammt – zum Beispiel Koralle oder Malachit. Eine Versteinerung oder einfach ein paar Kieselsteine in einem Glas- oder Keramikgefäß sind ebenfalls günstig. Holz ist ein belebendes Hilfsmittel, das in Ihrem Beziehungsbereich nicht fehlen darf. Der Harmonie Ihrer Beziehung tut es besonders gut, wenn Sie entweder einen geschnitzten Vogel – ein Symbol der Freiheit – aufstellen oder einfach Holzschmuck oder ein gedrechseltes Stück Holz. Musik ist ein Hilfsmittel, das Ängste abbaut und Ihre Überempfindlichkeit im Umgang mit anderen Menschen lindert. Aus diesem Grund sollten Sie in Ihrem Beziehungsbereich ein Windspiel aufhängen. Achten Sie beim Kauf eines Windspiels weniger auf das Aussehen als auf den harmonischen Klang. Wenn Sie keine Musikinstrumente in Ihrem Haus haben, kaufen Sie sich eine Block-

oder Querflöte, ein Cello oder ein Klavier, je nachdem, was Sie sich leisten können. Erfüllen Sie Ihren Beziehungsbereich mit Musik. Falls er sich im Bad befindet, dann singen Sie unter der Dusche! Musik fließt und kann Ihr Liebesleben stärken, weil sie Ihre Wasser-Natur nach außen trägt, statt sie in sich aufzusaugen.

Zu den Stilmitteln, die Feuer zugeordnet sind, gehören weiße Kerzen und Sandelholzaromen. Stoffe können wertvoll und in kräftigen Farben gehalten sein. Wenn sich Ihr Beziehungsbereich im Schlafzimmer befindet, sollten Sie entweder in einem Himmelbett schlafen oder, falls das nicht möglich ist, ein Bild oder einen Druck mit einer wilden Berglandschaft kaufen und über Ihrem Bett aufhängen. Befindet sich Ihr Beziehungsbereich in der Küche, ist es günstig, den Kochbereich dramatisch zu erleuchten und mit vielen verschiedenen Gewürzen auszustatten.

Stellen Sie darüber hinaus auch ein Metall-Hilfsmittel in Ihrem Beziehungsbereich auf: Es kann Ihnen helfen, Ihre Vorstellung von Liebe zu klären. Wenn Sie Silber mögen, sollten Sie sparsam damit umgehen, denn Silber kann die Empfindsamkeit von Wasser-Menschen noch zusätzlich erhöhen. Die wenigsten Menschen können sich den Luxus echter Goldobjekte oder auch nur echten Goldschmucks leisten. Solange aber Gold als Farbe in Ihrer Einrichtung vertreten ist – als Anstrich oder in Form von Messing- oder Kupfertöpfen –, sind weitere Metall-Hilfsmittel überflüssig.

Idealerweise gehört zur Farbgestaltung Ihres Zuhauses eine kräftige Farbe wie Fuchsienrot oder Türkis. Wenn Sie Rot als Hauptfarbe für Ihr Schlafzimmer wählen oder in einer rein weißen Umgebung mit Farben dramatische Kontraste setzen, um die Leuchtkraft von Feuer zu simulieren, bringt die Energie Ihre innere Schönheit zum Leuchten.

Holz

Feuer ist ein magisches und kreatives Element für Holz. Wenn Sie können, sollten Sie deshalb einen Kerzenleuchter, Kronleuchter oder eine Lampe in leuchtenden Farben aufhängen. Befindet sich Ihr Beziehungsbereich in der Küche, ist eine helle Beleuchtung wichtig, wenn Sie kochen oder Gäste haben. Ein anderes bewährtes Feuer-Hilfsmittel ist es, in der Küche neben der Hintertür eine Kette mit getrockneten Chilischoten aufzuhängen. Auf diese Weise bringen Sie das Feuer in Ihrer Liebesbeziehung zum Brennen und Schwung in die Kommunikation mit einem Partner, mit dem Sie schon lange zusammen sind. Wenn Sie keinen offenen Kamin haben, hängen Sie Bilder oder Fotos auf, auf denen irgendeine Form von Feuer zu sehen ist – das kann ein harmloses herbstliches Kartoffelfeuer oder eine Sternenexplosion im Weltall sein. Wenn sich Ihr Beziehungsbereich im Badezimmer befindet, nehmen Sie ein Bad, zünden Sie Kerzen an und hören Sie passende Musik – zum Beispiel »Smoke gets in your eyes« oder Händels Feuerwerksmusik! Auf diese Weise vereinen Sie in Ihrem Beziehungsbereich Feuer und Holz zu einem großen Energieausbruch. Wenn Sie Feng-Shui-Prinzipien auf Ihr Schlafzimmer anwenden, versuchen Sie ein altes Stück bemaltes Glas zu finden, das Sie so ins Fenster stellen, daß es die Morgen- und Abendsonne einfängt.

Holz braucht außerdem ein einfaches Wasser-Hilfsmittel im Beziehungsbereich. Das kann zum Beispiel ein Aquarium, ein Glas mit einem Goldfisch darin oder einfach eine schöngeformte Badewanne oder Dusche oder ein elegantes Waschbecken sein. Genießen Sie es, wenn Sie einen Teich im Garten haben; wenn Sie in einer Wohnung oder einem kleinen Apartment wohnen, zeichnen Sie das Bild eines Teiches, so wie er Ihrer Idealvorstellung entspräche, oder besorgen Sie sich alte Drucke von Libellen oder Fröschen. Terracottatöpfe in der Küche oder ein paar Kieselsteine vor der Haustür sind einfache Möglichkeiten, den Ort Ihrer Liebe mit bodenständiger Erde-Energie zu erfüllen.

Metall-Stilmittel sollten Sie im Beziehungsbereich besser vermeiden: Sie wirken zerstörerisch auf Holz und können dazu führen, daß Sie den Wert persönlicher oder intimer Beziehungen unterschätzen. Sinnvoll ist es dagegen, wenn Sie Ihren erlesenen Lebensstil durch Metallschmuck unterstreichen. Farben wie Königsblau, Tintenblau oder Blauschwarz, die dem Wasser zugeordnet sind, helfen Ihnen, ein besseres Gespür für Ihre Gefühle zu entwickeln. Wählen Sie außerdem eine oder zwei Erde-Farben wie Ocker, Schlammbraun oder Kaffee- oder Teetöne, um Ihre Beziehung auszubalancieren und Ihre körperliche und sinnliche Ausdrucksfähigkeit zu stärken.

8. Wie Sie eine dynamische Beziehung aufbauen

In diesem Kapitel finden Sie eine Übersicht von Hilfsmitteln, die mehr Leben in Ihre Partnerschaft bringen. Wenn Sie bereits in einer glücklichen oder relativ harmonischen Beziehung leben, können Sie sie mit diesen Stilmitteln noch weiter verbessern.

Testen Sie Ihre Beziehung

Mit dem Test können Sie den Zustand Ihrer Beziehung analysieren und – das ist vielleicht noch wichtiger – einschätzen, ob Sie Ihre Beziehung verändern möchten oder nicht. Wir alle kennen das Problem: Nach der Phase der romantischen Essen zu zweit und der sexuellen Leidenschaft verblassen die Spiralnebel von Liebe und Idealismus und die Beziehung fängt an, eine eher lineare Entwicklung zu nehmen. Am Anfang gibt es Höhen und Tiefen, Konflikte und Leidenschaft, Haß und Neid, Nähe und Fremdheit. Normalerweise leben wir dieses Gefühlskarussell aus, während wir einander in den Armen liegen. Leider endet das Abenteuer, eine Partnerschaft aufzubauen, oft damit, daß der Traum von Romantik und Leidenschaft zerplatzt und wir uns auf dem nackten Boden der Tatsachen wiederfinden. Manche Menschen haben damit keine Probleme: Sie können auch ohne Konflikte, Dramen, Schmerz und Liebesleid gut leben. Viele Menschen aber leiden darunter, wenn sie merken, daß eine Beziehung – kaum daß sie ihren Höhepunkt erreicht hat – schal zu werden beginnt, daß es keine Konflikte und Risiken mehr gibt und Auseinandersetzungen nur noch der Form halber stattfinden.

Im folgenden Abschnitt finden Sie zunächst eine Liste der Eigenschaften, die typisch für schal gewordene Beziehungen sind.

Die schale Beziehung

1. *Keine Geheimnisse:* Es gibt keinen Teil Ihrer Persönlichkeit, den Sie für sich behalten.
2. *Eindimensionale Sozialkontakte:* Sie gehören beide den gleichen sozialen Gruppen an, haben die gleichen Freunde und treten immer zu zweit auf. (Manche Paare ziehen sich sogar gleich an.)
3. *Festgeschriebene Rollenverteilung:* Sie übernimmt immer die Rolle der Mutter, Hausfrau, Sekretärin, Madonna, der Verletzten, der Vernünftigen; er spielt immer den Vater, Ernährer, Chef, Rudolfo Valentino (wenn Sie Glück haben), den Alkoholiker, den Vielbeschäftigten.
4. *Keine Ziele:* Höchstes Ziel ist es, warm und sicher im gemeinsamen Nest zu sitzen.
5. *Selbsttäuschung:* Sie glauben, Ihre augenblickliche Art zu leben wird für immer andauern und sich niemals verändern.
6. *Fehlende Romantik:* Leidenschaften, Ärger oder Emotionen werden nicht gezeigt.
7. *Statischer Lebensstil:* Es gibt unverrückbare Routinen – im Alltag und im Bett.
8. *Begrenzte Kommunikation*
9. *Machtkämpfe:* Einer spielt die Rolle des Aufpassers; der andere wehrt sich gegen die Kontrolle.
10. *Keine Risikobereitschaft*
11. *Gegenseitige Abhängigkeit:* Ein Partner übernimmt die Elternrolle, der andere die Kinderrolle. Überbehütung.
12. *Unzertrennlichkeit oder ständiger Wunsch nach mehr Nähe.*

Wenn Sie sich in dieser Beschreibung wiedererkennen und den Wunsch haben, mehr Leben in Ihre Beziehung zu bringen, sollten Sie sich die folgende Liste ansehen, die die Eigenschaften einer reifen Partnerschaft beschreibt. Vielleicht finden Sie dort die Qualitäten, die Sie in Ihrer Beziehung vermissen. Wenn es Ihnen gelingt, eine schal gewordene Beziehung um einige der dort genannten Eigenschaften zu bereichern, eröffnen Sie ihr neue Entwicklungsmöglichkeiten.

Wenn Sie das Gefühl haben, Ihrer Beziehung fehle die eine oder andere Eigenschaft einer reifen Partnerschaft, lesen Sie unter »Die fehlenden Eigenschaften« weiter. Dort erfahren Sie, welchen Bagua-Bereich Sie verbessern müssen. Legen Sie die Bagua-Skizze über den Plan Ihres Hauses, Ihrer Wohnung oder Ihres Zimmers, stellen Sie fest, wo in Ihrem Zuhause die fragliche Bagua-Energie fließt, und nehmen Sie dort die beschriebenen Veränderungen vor.

Die reife Beziehung

1. *Geheimnisse:* Sie behalten einen Teil Ihrer Persönlichkeit für sich.
2. *Soziale Interaktion und Vielfalt:* Sie haben gemeinsame Freunde, aber auch eigene Bekannte.
3. *Flexible Rollenverteilung:* Sie kann Geld verdienen, und er macht den Haushalt; er darf Gefühle haben, und sie ihren Freiraum.
4. *Positive Ziele:* Beide Partner möchten, daß sich die Beziehung entwickelt, wächst, sich verändert und erotisch bleibt.
5. *Vertrauen:* Beide Partner akzeptieren den Freiraum und die Grenzen des anderen; sie sind bereit, loszulassen, und wissen, daß Beziehungen sich verändern.
6. *Eros ist lebendig und ungestüm:* Leidenschaft, Zorn und

Schmerz sind notwendige Begleiter einer dynamischen und lebendigen Beziehung.

7. *Dynamischer Lebensstil:* Das heißt nicht, daß Sie ununterbrochen Sex haben oder pausenlos durch die Welt jetten müssen. Sondern daß Bewegung, Fluß, Entwicklung in Ihrem Leben ist und Sie in der Beziehung aktiv und lebendig sind.

8. *Gute Kommunikation:* Die Bereitschaft, ohne Vorurteile zuzuhören und das Weltbild anderer zu respektieren.

9. *Aktiv, offen für Veränderungen:* Sie lassen Ihren Partner ihn selbst sein, und umgekehrt.

10. *Risikobereitschaft:* Sie geben sich die persönliche Freiheit, Ihre Gefühle, Ihre Bedürfnisse, Ihre Persönlichkeit auszudrücken.

11. *Unabhängigkeit.*

12. *Akzeptanz, ohne den ständigen Wunsch nach mehr.*

Die fehlenden Eigenschaften

Wenden Sie für jede Eigenschaft, die in Ihrer Beziehung fehlt, die beschriebenen Hilfsmittel in den entsprechenden Teilen Ihres Hauses oder Ihrer Wohnung an. Denken Sie daran: Sie brauchen nicht alle Hilfsmittel auf einmal zu nutzen.

Fehlende Geheimnisse: Veränderungen im Erde-Bereich

Fehlt es in Ihrer Beziehung an Geheimnissen, können Veränderungen im Erde-Bereich des Bagua notwendig sein.

Gut sind silbrigglänzende Stoffe oder ein cremeweißer Wandanstrich, weiche, gedeckte Farben wie ein sanftes Rosa oder ein Buttermilchton, geschmiedete Kerzenhalter oder Möbel aus

Eisen oder einem anderen Metall. Liegt der Erde-Bereich im Schlafzimmer, können Sie Schmuck aus Echtgold oder Goldimitat über die Bettpfosten hängen. Falls sich der Erde-Bereich in der Küche befindet, hängen Sie Töpfe und Pfannen aus Edelstahl auf. Dabei ist es wichtig, auch ein paar Küchenutensilien aus Metall aufrecht in Krügen aufzubewahren, damit sich »fallende« Metall-Energie und »aufstrebendes« Metall die Waage halten. Planzen mit einer stark vertikalen Anmutung – bleistiftdünner Bambus oder schnellwachsende Lilien (am besten in weiß) – sind ein Blickpunkt in der Küche und bringen ein Gefühl des »Etwas-für-sich-selbst-Behaltens« in Ihre Beziehung. Wenn sich der Erde-Bereich im Bad oder WC befindet, sorgt etwas Goldfarbe in der Nähe der Toilette dafür, daß Sie nicht alle Ihre Geheimnisse in den Abfluß spülen.

Fehlende soziale Interaktion: Veränderungen im Donner-Bereich

Fehlt es in Ihrer Beziehung an sozialer Interaktion, können Veränderungen im Donner-Bereich notwendig sein.

Wenn Sie und Ihr Partner fast ausschließlich gemeinsame Freunde haben, sollten Sie ein Goldfischglas im Donner-Bereich Ihres Hauses aufstellen. Sammeln Sie Muscheln oder getrockneten Seetang, wenn Sie das nächstemal an den Strand kommen. Basteln Sie ein Bild aus Muscheln oder füllen Sie Muscheln in ein Gefäß, das Sie auf das Fensterbrett im Donner-Bereich stellen. Wenn sich der Donner-Bereich im Bad oder WC befindet, hängen Sie Seetang über den Badspiegel. Achten Sie darauf, daß auf dem Spülkasten keine Pflanzen stehen. Stellen Sie eine ungewöhnliche Holzskulptur oder eine Bronzestatue im Donner-Bereich auf. Sie ermutigt Sie, sich nicht ausschließlich auf die Gesellschaft Ihres Partners zu verlassen und Freunde und Bekannte danach auszuwählen, ob sie *Ihnen* gefallen und ob *Sie* gerne mit ihnen zusammen sind. Ein Windspiel fördert die Zirkulation guter Energie und verhindert, daß sich negative Energie staut. Mit einem Wandspiegel, der das Windspiel reflektiert, bringen Sie ein Gefühl von Überfluß und Üppigkeit in den Donner-Bereich. Einladungen zum Abendessen bekommen eine neue Qualität, wenn Sie daran denken, eine gelbe Kerze als Tischdekoration aufzustellen, die von Papierdrachen oder Glücksbringern umgeben ist. Im alten China dienten Glücksbringer dieser Art oft als Talisman, der das Leben durch hilfreiche Freunde bereichern sollte. Abbildung 21 zeigt einen Talisman, den Sie für jeden Gast einmal kopieren können. Rollen Sie die Kopien zusammen und lassen Sie sie neben

Abbildung 21: Shou, ein Talisman für langes Leben und das Glück, viele Freunde zu haben

der Kerze liegen, bis das Essen beendet ist. Geben Sie beim Abschied jedem Gast einen Talisman.

Unflexible Rollenverteilung: Veränderungen im Himmel-Bereich

Wenn die Rollenverteilung in Ihrer Beziehung fest zementiert ist, sind Veränderungen im Himmel-Bereich Ihres Hauses notwendig.

Wenn Ihre Rolle auf die der Hausfrau oder des Ernährers festgeschrieben ist, scheint Selbstverwirklichung oft nur außerhalb des Hauses stattfinden zu können. Um eine neue Rolle zu spielen, brauchen Sie aber weder eine neue Garderobe noch Schauspielunterricht, sondern den Willen, sich und Ihren Partner aus einer anderen Perspektive wahrzunehmen. Rollenveränderung bedeutet zu sagen: »Schau, das bin ich, ich, nicht nur eine Köchin, nicht nur eine Mutter. Ich kann alles sein, was ich sein möchte. Das heißt aber nicht, daß ich mich über Nacht in einen Werwolf verwandeln muß.« Sie dürfen weder Ihren Partner noch sich selbst in eine Kategorie einklassifizieren. Wir alle müssen Köche und Kindermädchen, Ehefrauen und Ehemänner, Sekretärinnen und Chefinnen usw. sein, aber wir dürfen dabei nicht unsere wahre Identität aufgeben. In einer engen Beziehung verliert man leicht das Gefühl für sein wirkliches Ich.

Der Himmel-Bereich in Ihrem Zuhause ist der Ort, an dem Sie Ihr Gefühl für Ihre Identität und die Ihres Partners stärken. Mit Hilfe der folgenden Veränderungen setzen Sie einen Prozeß der stärkeren Ich-Bezogenheit in Gang. Eine weiße Kerze oder ein großer Kristall aus weißem Quarz kann den Himmel-Bereich beleben. Lebhafte Farben sorgen dafür, daß Sie beide sich Ihrer selbst stärker bewußt werden. Verwenden Sie in allen Himmel-Bereichen Ihres Zuhauses reiche Rottöne und kühne Primärfarben, damit Sie geistig wach und aktiv bleiben. Kopieren Sie den Talisman in Abbildung 17 und zeichnen oder malen Sie ihn auf die Tür, die aus Ihrem Himmel-Bereich hinausführt, um die Energiezirkulation zu stärken.

Falls sich der Himmel-Bereich in der Küche befindet, müssen Sie darauf achten, daß der Herd viel natürliches Licht abbekommt. Sorgen Sie abends und nachts für dramatisches und ausdrucksstarkes oder für warmes, von innen heraus leuchtendes Licht, um eine Atmosphäre zu schaffen, die Ihr wahres Ich widerspiegelt.

Fehlende positive Ziele:
Veränderungen im Erde-Bereich

Falls es in Ihrer Beziehung an positiven Zielen fehlt, können Veränderungen im Erde-Bereich Ihres Zuhauses angezeigt sein.

Wenn Ihre Beziehung wie ein stiller Teich ist, fühlen Sie sich möglicherweise antriebslos und gelangweilt: vom Sex, von den Kindern, vom Leben im allgemeinen. Es spielt keine Rolle, wie lange Sie sich kennen: Eine Beziehung kann nach sechs Monaten genauso zum Stillstand kommen wie nach sechs Jahren. Denken Sie daran: Nichts ist einfacher, als sich in einen weichen Sessel fallen zu lassen und die Außenwelt zu vergessen.

Wenn Sie sich eine wachsende und bereichernde Beziehung wünschen und mehr über sich und Ihren Partner erfahren möchten, sind Verbesserungen im Erde-Bereich Ihres Zuhauses ein Anfang, Veränderung und Vielfalt in Ihrem Liebesleben zuzulassen. Als erstes sollten Sie sich einen Lapislazuli- oder Azurit-Stein besorgen. Stellen Sie den Stein in ein Fenster des Erde-Bereichs oder wenigstens auf einen Tisch, der viel natürliches Tageslicht abbekommt. Wenn Sie keinen der beiden Steine bekommen können, verwenden Sie statt dessen Kieselsteine oder Muscheln oder füllen Sie Terracottatöpfe mit duftenden Geranien. Evokative Düfte strahlen die gleiche Kraft und Sinnlichkeit aus wie Kristalle. Erweitern Sie die Farbstimmung Ihres Raumes durch eine erotische Farbe: weinrote Seidenlaken im Schlafzimmer, mitternachtsblaue oder himbeerfarbene Kissen und Vorhänge im Wohnzimmer. Falls sich der Himmel-Bereich bei Ihnen in der Küche befindet, achten Sie darauf, daß immer eine Schale mit Feigen, Passionsfrüchten, Aprikosen oder Pfirsichen auf dem Tisch steht. Wachteleier galten im alten China als erotische Delikatesse. Wenn Sie keine rohen Eier mögen, können Sie alternativ dazu ein Ei aus Holz mit Blattgold bemalen und es in einer Ecke des Erde-Bereichs aufhängen, um die Erotik in Ihrer Partnerschaft zu beleben.

Mit Hilfe von nachgemachten Tierfellen oder Bildern von Tigern und wilden Tieren im Erde-Bereich schließlich kehren Drama und Romantik in eine müde gewordene Beziehung zurück.

Fehlendes Vertrauen: Veränderungen im Wind-Bereich

Falls es in Ihrer Beziehung an Vertrauen fehlt, können Veränderungen im Wind-Bereich angezeigt sein. Wenn Sie nicht das Gefühl haben, Ihrem Partner vertrauen zu können, wie können Sie dann sich selbst vertrauen? Eines der hilfreichsten Mittel gegen Eifersucht und Mißtrauen ist der Halbedelstein Peridot. Stellen Sie ein Stück davon in den Wind-Bereich Ihres Zuhauses. Weil sein strahlendes Hellgrün mit Sonnenstrahlen aufgeladen werden muß, braucht er einen Platz mit viel natürlichem Tageslicht. Wenn Sie diesen Stein nirgends bekommen können, verwenden Sie statt dessen gelbe Murmeln oder Glasstücke in einer Glasschale. Eine weitere Möglichkeit, fehlendes Vertrauen in Ihre Beziehung zurückzubringen: Stellen Sie eine Schale mit Kiefernzapfen oder Pinienkernen in Fensternähe auf. Oder fahren Sie hinaus in die Natur oder ans Meer und suchen Sie nach sturmzerzausten Ästen oder Strand- und Wrackgut. Streichen

Sie Ihre Wohnung in gedämpftem Grün, Taubenblau oder Ockergelb und wählen Sie dazu Stoffe in den gleichen Farben. Unverzichtbar sind Windspiele: Sie leiten schlechte Energie um und verstärken die Harmonie guter Schwingungen. Glasperlen sind eine weitere wunderbare Möglichkeit, Ihr Herz mit mehr Vertrauen zu erfüllen: Lassen Sie sie von einer Tischleuchte herunterhängen, so daß eine Art Kronleuchter-Effekt entsteht. Die Perlen können beliebige Farben haben; allerdings sollten Sie darauf achten, möglichst viele gelbe und grüne und möglichst wenig weiße oder durchscheinende Perlen zu wählen.

Fehlende Erotik:
Verbesserungen im See-Bereich

Mangelt es in Ihrer Beziehung an Erotik, können Verbesserungen im See-Bereich angezeigt sein.

Erotik gehört zu den Dingen, die wir sehr schnell vermissen, wenn sie in einer Beziehung fehlen. Leider schwindet mit den Jahren oft auch die sexuelle Leidenschaft. Wir leben in der Illusion, eine Ehe oder Lebensgemeinschaft müsse automatisch mit Romantik verbunden sein. In Wahrheit ist das nicht immer der Fall. So wie sexuelle Lust und körperliches Begehren uns zueinander hinziehen, können sie auch einen Keil zwischen uns treiben.

Ihr Sexualleben ist außerordentlich wichtig. Es lohnt sich deshalb, wenn Sie mit Hilfe der Bagua-Skizze den See-Bereich in Ihrem Haus ermitteln und dort eine magische Ecke mit einer Auswahl der im folgenden genannten Stilmittel einrichten. Der See-Bereich Ihres Hauses wird so zu einem Ort der Stärke und Kreativität.

Sinnlichkeit und Sexualität sind zwei verschiedene Dinge. Mit Düften und Blumen, Edelsteinen, Kristallen und aufregenden Farben im See-Bereich des Hauses locken Sie die Erotik in eine laue oder abflauende Beziehung zurück. Die besten Düfte zur Belebung der sexuellen Leidenschaft sind Patschuli oder Opium (nicht das Rauschgift, sondern ein Duft, der aus der gleichen Mohnsorte gewonnen wird). Auch Holzdüfte wie zum Beispiel Sandelholz sind eine gute Wahl. Die alten Chinesen verbrannten mit Begeisterung Weihrauch, vor allem wenn sie versuchten, durch Sexualität Unsterblichkeit zu erlangen. Möglicherweise füllt das Verbrennen von Räucherstäbchen Ihre Lungen mit Rauch, statt die Luft zu reinigen und Ihr Inneres mit Energie zu erfüllen: In diesem Fall tupfen Sie etwas Parfum auf Ihre Kissen, Ihre Laken und Ihren Körper, falls sich der See-Bereich im Schlafzimmer befindet. Ist das nicht der Fall, sollten Sie den See-Bereich Ihres Schlafzimmers ermitteln und dort Düfte oder Duftkerzen verwenden. Befindet sich der See-Bereich im Badezimmer, baden Sie in exotischen Ölen oder nehmen Sie würzig duftende Schaumbäder. Öle, wie sie in der Aromatherapie eingesetzt werden, eignen sich perfekt als Bade- oder Duschzusatz.

Die Chinesen verwendeten Früchte und Blumen als Heilmittel und sexuelle Verstärker. Dafür kommen vor allem Feigen, Granatäpfel und Pfirsiche in Frage. Stellen Sie eine Schüssel mit getrockneten Gewürznelken und Granatapfelkernen im See-Bereich auf. Im Sommer können Sie einen Krug mit wildem Mohn so auf das Fensterbrett stellen, daß die herunterfallenden Blätter im See-Bereich liegen. Wenn die Blütenstempel vertrocknet sind, geben Sie die Samen in die Schüssel zu den Gewürznelken und Granatapfelkernen. Weil Sie Mohn nur zu einer bestimmten Jahreszeit bekommen, sollten Sie einen Schrank oder eine Wand mit Mohnblüten bemalen oder ein Bild mit wildem Mohn aufhängen. Wenn sich Ihr See-Bereich in der Küche befindet und Sie Geschirr besitzen, das mit Blumen wie Pfingstrosen, Mohn, Lilien oder Magnolien bemalt ist, sollten Sie es für Ihre täglichen Mahlzeiten benutzen. Man glaubt, daß sich die sexuellen Eigenschaften dieser Blumen auf das Essen auf Ihrem Teller übertragen – das hieße, Sie würden sie mit dem Essen zu sich nehmen. Können Sie sich eine schnellere Möglichkeit vorstellen, Ihren Partner mit erotischer Energie zu erfüllen? Gartenkürbisse symbolisieren wie kaum etwas anderes die Einheit von Himmel und Erde oder die sexuelle Vereinigung von Mann und Frau. Kürbisse in einer Schale auf dem Fensterbrett können den See-Bereich Ihres Hauses mit guter sexueller Energie erfüllen.

Wenn sich in Ihrer Nachbarschaft ein Pfirsich- oder Pflaumenbaum befindet, schneiden Sie im Frühjahr behutsam ein paar Blütenzweige ab und arrangieren Sie sie im See-Bereich Ihres Zuhauses. Pfirsichblüte ist der kreativen sexuellen Energie besonders förderlich. Im Winter stellen Sie im See-Bereich eine Schale mit duftenden Hyazinthen als Energie des Wachstums auf. Außerdem sollten Sie einen Hügel aus Kieseln oder schöngeformten Steinen neben der Haustür oder neben dem Eingang zum See-Bereich aufschichten.

Kerzen sind wunderbare sexuelle Verstärker. Nutzen Sie die unglaubliche Auswahl an Kerzen, die es heute gibt, und gönnen Sie sich den Luxus, rote, orangefarbene, karminrote oder sogar schwarze Kerzen in möglichst vielen Formen zu sammeln. Verwandeln Sie den See-Bereich Ihres Zuhauses in einen Dschungel aus Kerzen (mindestens zwanzig!) und lieben Sie sich auf dem Fußboden. Das Geheimnis heißt Mut zum Risiko!

Tauchen Sie den See-Bereich in dramatische Farben – eine Melange aus Schwarz, Brombeerfarben, Himbeerfarben, Kobaltblau, Tiefrot und Türkis! Verwenden Sie weinrote und mitternachtsblaue Töne, um einen Hauch aristokratischer Unkonventionalität in den See-Bereich zu bringen und erotische Leidenschaften zu wecken.

Wenn Sie sich nach zärtlicher Liebe und schwärmerischer Leidenschaft sehnen, stellen Sie ein Stück Rosenquarz im Herz des See-Bereichs auf. Ihre Umarmungen werden an Liebe und Harmonie gewinnen.

Fehlende Dynamik: Veränderungen im Feuer-Bereich

Fehlt es in Ihrer Beziehung an Dynamik, können Veränderungen im Feuer-Bereich hilfreich sein.

Eine Beziehung ist kreativ, wenn sie in Bewegung ist, wenn wir aktiv nach Veränderung streben und uns unserer Ziele bewußt sind. Der Begriff »dynamisch« bezeichnet eine vorwärtsstrebende Kraft, Wachstum und Veränderung. Wenn Sie und Ihr Partner das Gesetz der Trägheit außer Kraft setzen möchten, müssen Sie aktiv werden. Ob wir es wollen oder nicht, ist Routine ein Teil des Lebens. Manche Menschen fühlen sich auch sehr wohl dabei, jederzeit zu wissen, wann sie zu Bett gehen, essen und sich lieben werden. Wenn es Sie glücklich macht, in allen Lebensbereichen nach der Uhr zu leben, so ist das in Ordnung. Wenn Sie dagegen bereit sind, langweilige Routinen abzuschütteln und Ihr Liebesleben mit mehr Spontaneität und Impulsivität zu erfüllen, sollten Sie ein paar Veränderungen im Feuer-Bereich Ihres Zuhauses vornehmen.

Verbinden Sie starke Farben wie Rot und Gold. Spiegel, vor allem Spiegel mit Goldrahmen, sind im Feuer-Bereich unverzichtbar. Falls der Feuer-Bereich bei Ihnen im Wohnzimmer liegt und Sie einen offenen Kamin haben, kaufen Sie den größten Spiegel, den Sie bekommen können, und hängen Sie ihn über die Feuerstelle. Stellen Sie Gegenstände aus Silber in den Feuer-Bereich Ihres Hauses und achten Sie darauf, daß das Silber von einem Spiegel zurückgeworfen wird. Damit verdoppeln Sie seine energiespendenden Eigenschaften. Befindet sich Ihr Feuer-Bereich in der Küche, bewahren Sie Küchengeräte aus Edelstahl in Krügen auf der Arbeitsfläche auf. Befindet sich der Feuer-Bereich in der Toilette, stellen Sie eine Schale mit Silbermünzen auf den Spülkasten. Achten Sie darauf, daß der Toilettendeckel geschlossen ist; die Energie entschwindet sonst durch den Abfluß. Hängen Sie einen Weißquarz-Kristall ins Fenster. Je weniger perfekt der Stein geschliffen ist, desto besser reflektiert er das Licht. Die entstehenden Lichtspiele und Regenbogenfarben leiten die dynamische Energie in Ihr Leben zurück.

Fehlende Kommunikation: Veränderungen im Berg-Bereich

Fehlt es in Ihrer Beziehung an Kommunikation, sind Veränderungen in den Berg-Bereichen Ihres Zuhauses erforderlich.

Kommunikation ist in jeder Beziehung ein wichtiges Thema. Wenn Sie merken, daß Sie nicht mehr so wie früher miteinander reden, oder wenn es jedesmal, wenn Sie den Mund aufmachen, zu Spannungen und Streitigkeiten kommt, müssen Sie die Berg-Bereiche stärken.

Mit Wasser-Hilfsmitteln erreichen Sie, daß die Berg-Energie richtig fließen kann. Eine Glasschüssel, die mit gefärbtem Wasser und Meermuscheln gefüllt ist, kann die Qualität Ihrer Kommunikation verbessern. In vielen chinesischen Wohnungen und Büros gibt es Aquarien, in denen ein Schwarm glänzender tropischer Fische das Wasser mit Energie durchflutet. Allerdings sind Fische nicht jedermanns Sache. Auch ein einsamer Goldfisch in einem Wasserglas ist nicht besonders empfehlenswert: Er würde ein armseliges Dasein fristen, und das würde sich auch auf Ihre kommunikative Energie negativ auswirken. Wenn ein Aquarium nicht für Sie in Frage kommt, sollten Sie statt dessen Bilder von Fischen und Meerestieren aufhängen. Einen Berg-Bereich im Bad oder in der Toilette können Sie mit Muscheln, Bildern von Fischen, Fliesen mit Seeanemonen- oder Seetang-Dekor oder mit Bildern von Delphinen, Walen oder Meerjungfrauen beleben.

In einem Berg-Bereich, der in der Küche liegt, wirken sich die Farben des Wassers – tintenblau oder violett – positiv aus. Bilder von Meerlandschaften, Wasserfällen, Flüssen, Stränden, Klippen und schäumenden Wellen stimulieren den Energiefluß und eignen sich deshalb sehr gut dafür, Wasser zu verstärken. Wenn Sie das Glück haben, am Meer oder einem Fluß zu leben, sollten Sie Ihre Lieblingscouch, Ihre Küchenstühle oder Ihr Bett möglichst so plazieren, daß Sie von dort aus die Aussicht aufs Wasser genießen können. Wenden Sie Wasser niemals den Rücken zu: Das wäre so, als würden Sie im Watt laufen, ohne an die herankommende Flut zu denken. Wenn Sie die Möbel nicht so stellen können, daß Sie dem Wasser zugewandt sitzen, legen Sie ein Stück Bernstein auf das Fensterbrett: Es wird problematische, von außen kommende Energien anzuziehen. Bernstein ist eigentlich kein Kristall, sondern fossiles Harz, das vor Millionen von Jahren erstarrt ist und oft schöne Insekten und Kleinlebewesen einschließt. Seine Kraft ist unvergleichlich. Bernstein, der einige Zeit auf einem Fensterbrett gelegen hat, beginnt manchmal anzulaufen. Das ist ein Zeichen dafür, daß er seine Wirkung tut. Um zu verhindern, daß der Bernstein die schwierige Energie, die er absorbiert hat, wieder abgibt, sollten Sie ihn hin und wieder behutsam reinigen: Die aufgenommene Energie wird in das Putzwasser abgeleitet.

Bei einem Berg-Bereich in der Diele oder im Gang sorgen Bilder von Flugenten für einen guten Energiefluß. Übrigens: Alle Vogelbilder sind ausgezeichnete Kommunikationsverstärker.

Fehlende Offenheit für Veränderungen: Veränderungen im Feuer- und Himmel-Bereich

Wenn Ihre Beziehung zu wenig offen für Veränderung ist, sind Hilfsmittel im Feuer- und Himmel-Bereich notwendig. Beide Bereiche sind für die Harmonie einer Beziehung wichtig und sollten deshalb durch geeignete Stilmittel gestärkt werden.

Selbstlose Liebe heißt, daß wir keine Besitzansprüche auf andere Menschen erheben und keine Rechte auf ihre Lebensgestaltung und ihre Gefühle ableiten dürfen. Es ist schwierig, diese Vision von Liebe in einer monogamen Beziehung zu leben, und die meisten Menschen können nur mühevoll das Ideal einer Beziehung verwirklichen, die beiden Partnern ihre Freiheit beläßt. Oft sind zu hohe Ansprüche an eine einzige Beziehung der Grund dafür, daß eine Ehe nicht gelingt. Wenn Sie es schaffen, Ihren Partner so zu akzeptieren, wie er ist, und sich und ihm den benötigten Freiraum zu geben, kommen Sie einer erwachsenen Form der Liebe ein gutes Stück näher.

Subtile Verbesserungen im Feuer- und Himmel-Bereich helfen Ihnen, den Weg für eine offenere Partnerschaft zu bereiten. Holz-Hilfsmittel sind ausgezeichnet dazu geeignet, Harmonie zu schaffen und gleichzeitig ein Gefühl der Freiheit und des Freiraums zu vermitteln. Wenn Sie möchten, können Sie exotische Pflanzen aufstellen: Sie sind der vielleicht einfachste Weg, Freiheit in den Feuer- und Himmel-Bereich zu bringen. Auch ein Stück Turmalin oder Aquamarin bringt neue Energie. Turmalin ist einer der schönsten Steine; er hilft uns, die energiespendende Eigenschaft des Universums mit einem gestärkten Selbstwertgefühl zu verbinden. Stellen Sie ein Stück Turmalin neben den Eingang oder die Tür des Feuer- und des Himmel-Bereichs. Bücher in einem der beiden Bereiche sind ebenso unverzichtbar wie ein Bild, das eine Treppe oder Reise darstellt. (Reisen führen Sie wie Treppen an einen anderen Ort.) Ein Gemälde oder ein Foto, das eine Holztreppe zeigt, oder eine echte Treppe, die in den Himmel-Bereich hinein oder aus ihm herausführt, kann Energie bringen, die Machtspiele beendet und das Geben und Nehmen in einer Beziehung ausbalanciert. Zur Stärkung des Holz-Elements genügen Accessoires aus Papier: Papierblumen, Origami-Figuren oder Papierskulpturen haben die gleiche Wirkung wie schwere Eichenmöbel. Eicheln sind behutsame Verstärker und helfen Ihnen, Ihr Bewußtsein für sich selbst zu entwickeln. Eicheln wachsen zu Eichen heran, so wie wir zu Persönlichkeiten.

Fehlende Risikobereitschaft: Veränderungen im Wasser-Bereich

Fehlt es in Ihrer Beziehung an Risikobereitschaft, können Veränderungen im Wasser-Bereich angezeigt sein.

Risiko heißt nicht, daß Sie Affären hinter dem Rücken Ihres Partners haben oder Ihr Geld oder Ihr Herz aufs Spiel setzen. Risiko hat vielmehr mit überraschenden Gedanken und spontaner Sexualität zu tun. Es bedeutet, auch einmal ein Wagnis einzugehen, wenn Ihnen die Zeit fehlt, eine Entscheidung minutiös zu planen und alle ihre Implikationen zu analysieren und zu sezieren. Risiko meint den Nervenkitzel, nie zu wissen, was als nächstes passieren wird. Bringen Sie also ein Stück Risiko in Ihr Liebesleben zurück.

Möglicherweise stellen Sie mit der Bagua-Skizze fest, daß sich der Wasser-Bereich in der Diele oder im Windfang befindet. In diesem Fall sollten Sie darauf achten, daß die Treppe gut beleuchtet ist, nichts neben der Tür herumsteht und Schlüssel und Türschlösser gut funktionieren. Wenn sich die Tür nicht mühelos öffnen oder schließen läßt, kann die gute Energie nicht in Ihre Wohnung hinein und die schlechte nur schlecht aus Ihrem Zuhause heraus. Erfüllen Sie den Bereich mit Hilfe leuchtender Farben mit Begierde und Leidenschaft. Das Rot von Fuchsien und Himbeeren, das Grün von Limonen oder das Gelb von Butterblumen sind dafür gut geeignet. Wählen Sie eine Farbe, die Sie anspricht, wenn Sie durch die Tür kommen! Eine Kombination aus Türkis, Gold und Rot fördert den spontanen Fluß der Gedanken. Hängen Sie verspiegelte Kerzenhalter an der Wand auf. Immer wenn Sie nach Hause kommen oder das Haus verlassen, belebt das reflektierte Kerzenlicht den Bereich mit Energie. Bringen Sie Spiegel auf keinen Fall so an, daß sich der Garten in ihnen spiegelt: Die Energie würde sich im Spiegel verfangen und nach draußen entwischen. Damit die Energie eine positive Wirkung entfalten kann, muß sie sorgfältig kanalisiert werden. Stellen Sie ein Stück Blutstein oder Karneol gegenüber dem Spiegel auf, um Impulsivität und Zügellosigkeit in Ihre Beziehung zurückzubringen.

Vielleicht gibt es im Wasser-Bereich Ihres Hauses einen offenen Kamin. Verbrennen Sie Holz darin, keine Briketts, und werfen Sie ein paar Gewürznelken, Zimtstangen oder etwas Weihrauch auf das Feuer, um den Raum mit einem geheimnisvollen Duft zu erfüllen. Falls sich der Wasser-Bereich Ihres Schlafzimmers an der Stelle befindet, wo Ihr Bett steht, hängen Sie üppige Gemälde oder Japan- oder China-Drucke mit erotischen Szenen über das Bett. Steht Ihr Bett an einer anderen Stelle, versuchen Sie, ob Sie es nicht in den Wasser-Bereich des Schlafzimmers stellen können – vielleicht kehren auf diese Weise Spontaneität und Aufregung in Ihr Liebesleben zurück. Umgeben Sie alle Wasser-Bereiche Ihres Zuhauses mit einem Hauch von Abenteuer, um Ihre Leidenschaft für Risiken und Herausforderungen neu zu beleben.

Fehlende Unabhängigkeit: Veränderungen in der Mitte

Einem Mangel an gegenseitiger Unabhängigkeit wirken Veränderungen im Bereich der Mitte entgegen.

Sind in einer Beziehung die erste Begeisterung und das Gefühl, Tag und Nacht mit dem anderen zusammensein zu müssen, erst einmal abgeklungen, so besinnen sich manche Menschen bald wieder auf ihre eigene Identität, ihren Individualismus. Anderen dagegen fällt es schwer, sich aus der gegenseitigen Abhängigkeit zu lösen. Die Folge kann unter anderem eine klassische Eltern-Kind-Beziehung sein, in der der eine Partner die Elternrolle, der andere die Kinderrolle übernimmt.

Unabhängigkeit heißt, daß Ihr Wohlbefinden nicht von anderen abhängt. Sie brauchen keine Anerkennung von außen, um sich mit sich selbst im Einklang zu befinden. Unabhängigkeit hat mit Autonomie und Selbstachtung zu tun, Respekt vor sich selbst und Respekt für andere. Wenn es Ihnen gelingt, sich in einer Beziehung ein gesundes Selbstwertgefühl zu erhalten, so daß sie auch alleine funktionieren können, wenn Sie wissen, daß Sie nein sagen können, und wenn Sie zu Ihren eigenen Bedürfnissen und Werten stehen, können Sie unabhängig von anderen sein und sie zugleich um ihrer selbst willen lieben.

Die Hilfsmittel für fehlende Unabhängigkeit müssen im Bereich der Mitte aufgestellt werden. Wenn Sie in allem und jedem von Ihrem Partner abhängig sind, wählen Sie einen Tisch oder eine andere Stellfläche, auf die viel Sonne fällt, und legen Sie einen Diamanten oder ein Stück Selenit oder Weißquarz auf einen weißen Stoff, zum Beispiel weißen Samt oder weiße Seide. Das Licht muß die Facetten des Kristalls mit Energie erfüllen können, und die weiße Oberfläche hat den Vorteil, die für Sie bestimmte Energie nicht aufzusaugen. Um Ihre Selbstachtung und Ihre Autonomie zu stärken, hängen Sie einen Spiegel in einem Gold- oder Silberrahmen auf und stellen Sie eine weiße Kerze davor. Wenn Sie sich verletzlich fühlen, zünden Sie die Kerze an. Ein Säckchen mit alten Münzen oder ein paar silberne Ketten, die Sie ins Fenster hängen, unterstützen Sie, Ihre Bedürfnisse und Werte ernstzunehmen. Befindet sich der Bereich der Mitte in der Küche, verhelfen Ihnen Küchenutensilien, die in Gefäßen stecken, Töpfe mit Kupferboden, die an den Wänden hängen, oder eine einfache Metallskulptur zu mehr Unabhängigkeit. Liegt der Bereich der Mitte im Schlafzimmer, leisten Sie sich ein Himmelbett aus Metall, in dem Sie zusammen schlafen – aber machen Sie sich bewußt, daß Sie auch alleine sehr gut schlafen können!

Fehlende Akzeptanz: Veränderungen im Berg-Bereich

Fehlt es in Ihrer Beziehung an Akzeptanz, können Veränderungen im Berg-Bereich Abhilfe schaffen.

Akzeptanz hat damit zu tun, andere nicht nach den eigenen Vorstellungen verändern zu wollen. Wir alle stürzen uns gelegentlich mit der vagen und vergeblichen Hoffnung in eine Beziehung, einen anderen ummodeln zu können. Dahinter steckt das Bedürfnis, die Identität dieses Menschen zu kontrollieren und ihn nach unseren eigenen Projektionen zu formen. Gelingt uns das nicht, müssen wir entweder mit den Folgen leben oder wir ziehen uns zurück, beenden die Beziehung und finden eine neue Liebe. Wir müssen lernen, daß wir andere Menschen nicht verändern können, wenn sie selbst es nicht wollen. Wir müssen sie akzeptieren, so wie sie sind.

Wenn es Ihnen schwer fällt, die Andersartigkeit Ihres Partners zu akzeptieren, oder wenn Sie merken, daß niemand Ihren Idealvorstellungen gerecht werden kann, müssen Sie möglicherweise den Berg-Bereich Ihres Zuhauses verändern. Natürliche Hilfsmittel wie Kieselsteine, Edelsteine oder Farben, die der Natur entnommen wurden, lassen sich problemlos in den Berg-Bereich integrieren. Streichen Sie Ihre Wände oder Möbel in Farben wie Aprikose, Karamel, Pfirsich, Kamelie, Koralle, Mandel oder Klee. Stellen Sie eine Schale mit gefärbtem Wasser ins Sonnenlicht oder zumindest an eine Stelle, wo sie viel natürliches Tageslicht abbekommt. Mondstein und Opal sind besonders gut geeignet, die wechselseitige Akzeptanz in Ihrer Beziehung zu verbessern. Schmücken Sie einen Spiegel im Berg-Bereich mit einer Kette aus Mondsteinen oder Opalen, um ein stärkeres Verantwortungsgefühl für die Gefühle anderer zu entwickeln. Befindet sich der Berg-Bereich in Bad oder Toilette, so sollten Sie darauf achten, daß keine Pflanzen auf dem Spülkasten stehen oder von einem Regal herabhängen. Das wäre der sicherste Weg, jeden Rest von Akzeptanz wegzuspülen. Außerdem können Sie im Bad Bilder aufhängen, die Bäume, Landschaften, Meer oder Muscheln zeigen oder Sie in ihren Farben an die Unvorhersagbarkeit des Wetters und die Wildheit des Ozeans erinnern. Um die wechselseitige Akzeptanz in einer Beziehung zu beleben, müssen wir unsere Vorstellungen einerseits erden, ihnen andererseits aber erlauben zu fließen. Liegt der Berg-Bereich in der Küche, sollten Sie die Backofentür stets geschlossen halten. Durch die offene Ofentür würde die Energie in den Backofen gelangen und, sobald der Ofen aufgeheizt wird, bei 200 Grad verbrennen. Darüber hinaus sollten Sie es vermeiden, sich in der Nähe eines eingeschalteten Mikrowellenherds aufzuhalten: Seine Energie läßt sich nur schwer beherrschen. Wenn Sie trotzdem nicht auf einen Mikrowellenherd verzichten wollen, hängen Sie einen Knoblauchzopf an der dahinterliegenden Wand auf, um seine störende Energie zu zerstreuen.

9. Hilfsmittel zur Verbesserung der sexuellen Harmonie

Wenn Sie mit einem Partner, einer Partnerin zusammenleben, führt dieses Kapitel Sie auf eine außerordentliche Reise, die in eine kreativere und reichere sexuelle Beziehung mündet. Sie wissen mittlerweile, welches Element Sie sind, und kennen vermutlich auch das Element Ihres Partners. In dem Abschnitt, der die Kombination Ihrer beiden Elemente beschreibt, erfahren Sie, wie Sie Ihre körperliche Beziehung harmonisieren und beleben können. Die meisten der beschriebenen Hilfsmittel wirken am besten, wenn Sie sie im Schlafzimmer anwenden. Lesen Sie das Kapitel aber auch, wenn Sie alleine leben. Wenn Sie den Weg für eine neue Liebe bereitet und eine magische Ecke für eine neue Person in Ihrem Leben eingerichtet haben, wird die Zeit des Wartens mit neuer Weisheit erfüllt sein.

Dieses Kapitel soll Ihnen Spaß machen. Denken Sie daran: Ihr Element ist ein Archetyp und kann wie jede Astrologie nur Anhaltspunkte liefern. Darüber hinaus spielen viele andere Faktoren eine Rolle für Ihr Liebesleben.

Metall/Metall

Diese Energiekombination kann elektrisierend sein und mündet oft in Beziehungen, in denen Sexualität und Körperlichkeit eine übergroße Rolle spielen. Die Aufladung zweier kollidierender Metall-Menschen kann bewirken, daß in Ihrem Zuhause, vor allem in Ihrem Bett, Unmengen von Energiewirbeln zugange sind.

Sie haben das Gefühl, in einen Sog der Leidenschaft gezogen zu werden, der Sie den Boden unter den Füßen verlieren läßt. Vielleicht ringen Sie beide pausenlos darum, dem anderen zu beweisen, wer nun wirklich die Oberhand hat. Gleichzeitig herrscht in Metall-Beziehungen oft eine sexuell aufgeladene, magnetische Anziehungskraft.

Metall-Beziehungen haben den Ehrgeiz, kreative und intellektuelle Leistungen zu vollbringen. Falls jedoch einer von Ihnen die Beziehung beendet, weil er sie als zu extrem empfindet, sind Sie beide in der Lage, sich wieder zu fangen. Zwei Einzelgänger können ein starkes Team bilden, das sich aber selbst zerstört, wenn das Bedürfnis beider Partner nach Autonomie nicht gewahrt bleibt. Metall/Metall ist eine extrem erotische Beziehung, die sich allerdings genauso schnell verzehren kann wie sie begonnen hat.

Für sexuelle Harmonie

Achten Sie auf eine sanfte Beleuchtung und abgerundete Möbel im Schlafzimmer. Die Energie muß in Wirbeln und Kurven fließen können, um wirksam zu sein; scharfe Kanten erschweren den Energiefluß. Weich fallende Musselinvorhänge vor offenen Fenstern erlauben es dem Chi, ungehindert zu zirkulieren und die metallische Reibung zwischen Ihnen etwas zu dämpfen. Einige wenige, sparsam eingesetzte Feuer-Hilfsmittel halten Ihre Sinne wach. Rote Kerzen und Patschuli- oder Jasminöle helfen Ihnen, sich darüber klarzuwerden, wohin Sie beide gehen.

Wasser-Hilfsmittel sorgen dafür, daß alles fließt. Kaufen Sie ein Bett, das sich leicht umstellen läßt, so daß Sie Decke und Wände immer wieder aus einem anderen Blickwinkel sehen. Auch ein Aquarium ist eine gute Sache, wenn Sie Platz und Sinn dafür haben. Falls nicht, legen Sie, wenn Sie sich lieben, eine

CD auf, auf der ein reißender Strom oder ein plätschernder Bach zu hören sind. Kommen Sie Ihrem starken wechselseitigen Bedürfnis nach sexueller Beherrschung entgegen und bringen Sie Spiegel an, so daß Sie sich selbst bei der Liebe beobachten können. Dabei sollten Sie es allerdings vermeiden, direkt unter oder vor einem Spiegel zu schlafen: Negative Energie würde Ihren Schlafrhythmus belasten. Leisten Sie sich eine rote daunengefüllte Zudecke oder Seidenlaken als Erinnerung daran, daß Sinnlichkeit eine Kunst ist.

Um Ihre Beziehung auf emotionaler Ebene zu harmonisieren, sollten Sie das Element Erde verstärken und eine heitere und elegante Stimmung in Ihrem Haus schaffen. Sinnlichkeit ist ein Muß; Massage- und Aromatherapieöle oder duftende Schaumbäder bewirken Wunder für Ihren Tastsinn. Streichen Sie die Wände mit beruhigenden Tönen wie Aprikose, Koralle oder Kamelie, um liebevolle zärtliche Gefühle wachzurufen, die gerade eine Metall-Partnerschaft kultivieren sollte.

Metall/Feuer

Beziehungen zwischen Metall und Feuer sind oft unbeständig und unberechenbar, weil zwei ganz unterschiedliche Energien aufeinanderprallen. In Feng Shui ist Feuer ein Widersacher von Metall, härtet und stärkt es aber in seinen Eigenschaften. Der brennende Wunsch des Feuer-Partners nach Begierde und Leidenschaft löst im Metall-Partner oft Melancholie und Rückbesinnung auf die eigenen Ziele aus. Eine starke chemische Anziehung trägt zum Gelingen der Beziehung bei, sofern beide Elemente lernen, einander Raum zu lassen, mit ihren heftigen Leidenschaften klarzukommen. Kommt jede sexuelle Begegnung der Explosion eines Vulkans gleich, so kann die Beziehung das verkraften, wenn Sie sich beide einig sind, in anderen Lebensbereichen getrennte Wege zu gehen.

Metall ist zielstrebig, Feuer fordernd; Metall ist erotisch und mächtig, Feuer kühn und dynamisch. Schon diesen Adjektiven ist zu entnehmen, daß in einer Metall-Feuer-Beziehung zwei Menschen aufeinandertreffen, die sich ihrer selbst in hohem Maße bewußt sind. Bei entsprechender Behutsamkeit kann daraus eine aufregende und dramatische Beziehung erwachsen. Ihre Intensität birgt jedoch immer die Gefahr in sich, daß die Beziehung über kurz oder lang an sich selbst scheitern wird. Feuer geht es um das eigene Ich und sonst nichts. Feuer ist extrem egoistisch und will alles jetzt und sofort, während Metall versucht, die Welt zu beherrschen und zu missionieren. Metall-Menschen haben das Zeug zu Diktatoren oder zu Heiligen.

Für sexuelle Harmonie

Was Sie brauchen, sind Erde-Hilfsmittel – in hohen Dosen! Tupfen und sprühen Sie Parfums und Düfte auf die Laken, die die Erinnerung an die natürliche Sinnlichkeit des Lebens in Ihnen wachrufen. Sie sind beide leidenschaftliche Individualisten und müssen deshalb darauf achten, daß Liebe und Zärtlichkeit nicht unversehens in Wettkämpfe oder hitzige Diskussionen über die Kopfkissen hinweg umschlagen.

Legen Sie sich eine Sammlung von Filmkomödien zu, die Sie sich vor dem Einschlafen ansehen. Humor ist in unbeständigen, flüchtigen Beziehungen ein unverzichtbares Element. Betrachten Sie Sex als Spaß, lachen Sie über Ihre Körper, berühren Sie sich. Reden Sie miteinander, bevor Sie zur Sache kommen. Achten Sie darauf, daß neben Ihrem Bett immer eine Schale mit verlockenden Früchten wie Pfirsichen, Aprikosen, Mangos und Melonen steht. Eines der belebendsten Hilfsmittel für Metall-Feuer-Beziehungen ist ein Stück Turmalin oder Rosenquarz in der Nähe des Bettes, in dem Sie beide schlafen. Es hilft Ihnen, sich Ihrer Liebe zu anderen und zu sich selbst stärker bewußt zu werden.

Wenn Sie eine Beziehung aufgebaut haben, die über das rein Körperliche hinausgeht, bringen Sie mit Farben wie Gelb, Ocker oder Rostrot und natürlichen Materialien Erde in Ihr Zuhause. Wählen Sie Pflanzen, die wie Skulpturen wirken, Kunstgegenstände mit sanft verlaufenden Linien, Versteinerungen, Muscheln, Darstellungen von Formen und Landschaften. Verzichten Sie auf abstrakte Bilder oder Gemälde mit dramatischen Szenen und setzen Sie Wasser-Elemente nur behutsam ein. Drücken Sie in Ihrer Umgebung lieber die Idee des Fließens aus – zum Beispiel durch fließende Vorhänge oder wogende Daunendecken, die an Wasser oder an das Meer erinnern. Hängen Sie im Badezimmer Bilder von Wellen oder Meerestieren auf. Vermeiden Sie stehendes Wasser: Es kann Sie deprimieren und Ihre Energien nach innen kehren, bis eine ohnehin überbeanspruchte Sicherung durchbrennt.

Metall/Holz

Im Zusammenspiel der Elemente zerstört Metall Holz. Metall kann zwar die Leidenschaft der von Natur aus zurückhaltenden und charmanten Holz-Persönlichkeit erwecken. Genausogut aber kann es passieren, daß der starke, unberechenbare Einfluß von Metall Holz verschlingt. Wegen der gegensätzlichen Wertvorstellungen der Partner – Metall geht es um Autonomie und Ehrgeiz, Holz um humanitäre Gesinnung und Freiheit – ist die Beziehung oft von Zusammenbruch und Neuanfang, Ambivalenz und Distanz begleitet. Körperlich kann eine Metall-Holz-Beziehung sehr kreativ sein, wenn die Partner ihre gegenseitigen Standpunkte zu akzeptieren beginnen und einen gemeinsamen Mittelweg finden.

Leider haben Metall-Menschen ein großes Bedürfnis nach Durchsetzung und Selbstbehauptung, ein Verhalten, das Holz-Menschen wenig schätzen. Über kurz oder lang führt dies zu offen gezeigter Wut auf seiten von Metall und distanzierter Selbstzufriedenheit bei Holz. Jede Polarität der Elemente kann enorme Spannungen auslösen. Der Widerspruch zwischen dem Hunger von Metall nach erotischen Experimenten und dem Bedürfnis von Holz nach losgelöster Selbstverständlichkeit kann deshalb die Energie einer Metall-Holz-Beziehung beeinträchtigen. Während Metall die Intensität einer verbotenen Affäre genießt und schweigt, hält Holz einen intensiven Kontakt zu Expartnern und Verflossenen und schwelgt nach Partys in den wiederbelebten Erinnerungen an frühere Liebhaber.

Für sexuelle Harmonie

Lieben Sie sich bei geöffneten Fenstern. Dadurch können gute Energiewirbel in die Metall-Holz-Beziehung gelangen. Stellen Sie Ihr Bett so, daß es nach Norden zeigt. Falls das nicht möglich ist, streichen Sie die Wände in Wasser-Farben – Schattierungen, in die Blau oder Tintenschwarz gemischt sind – und kontrastieren Sie die Wasser-Farbe mit einer warmen Feuer-Farbe wie dem Rot von Fuchsien oder Geranien. Wasser-Hilfsmittel sind für Ihre Beziehung unverzichtbar: Sie fördern eine bessere Kommunikation und unterstützen den Energiefluß zwischen Ihnen. Lieben Sie sich unter der Dusche oder in der Badewanne – oft! Diese Form des Liebesspiels kommt sowohl dem Wunsch von Metall nach Erotik als auch dem Bedürnis von Holz nach kühler Losgelöstheit entgegen. Holz-Menschen experimentieren gerne, während Metall-Menschen eher konventionell denken. Wählen Sie deshalb einen Mittelweg und lieben Sie sich in einer Umgebung, die Sie durch Düfte und Kerzen mit Harmonie erfüllt haben. Mit Räucherstäbchen, die nach Zitrus durften, und roten oder schwarzen Kerzen schaffen Sie erotische Energie. Feuer-Hilfsmittel unterstützen Sie dabei, wärmere Gefühle füreinander zu entwickeln: Genießen Sie, wie die Sonne auf Ihren Rücken scheint, oder stellen Sie ein Stück Karneol neben Ihr Bett.

Spiegel sind ein unverzichtbares Mittel zur Verbesserung Ihrer Beziehung. Hängen Sie Spiegel mit schwarzen Rahmen auf, um Energie zu stimulieren. Beschaffen Sie sich einen Spiegel, der auf beiden Seiten verspiegelt ist, und stellen Sie ihn so auf, daß die eine Seite das Südlicht, die andere das Nordlicht reflektiert. Der Schlüssel einer erfolgreichen Verbindung ist Einfachheit: Beziehen Sie Ihr Bett deshalb mit weichen Stoffen und Samtkissen. Ein Hauch von Seide oder Satin regen Ihren Tastsinn an; ein grüner Drache, den Sie über die Tür malen, sorgt für aufregende Leidenschaft.

Metall/Erde

Diese beiden Elemente können sich ohne große Probleme aufeinander einstellen. Beide wissen intuitiv um ihre Bedürfnisse, und gelegentlich bestürzen sie den Partner durch ihr selbstsüchtiges oder unflexibles Verhalten. Metall-Menschen lernen jedoch schnell, ihre sexuelle Energie in der sinnlichen, offenen Art von Erde auszudrücken. Sollte der Metall-Partner einmal nicht bereit sein, sich dem Fluß des Liebesaktes hinzugeben, hilft das Beharrungsvermögen des Erde-Partners. Metall und Erde geben einander Sexualität und Romantik, und ihre Beziehung ist, wenn sie erst einmal gefestigt ist, nicht leicht zu erschüttern.

Die Kombination aus Problembewußtsein und Vision bewirkt, daß die Liebe in einer Metall-Erde-Beziehung ein trag- und ausbaufähiges Fundament bildet. Sexuelle Energie verbindet sich mit dem gegenseitigen Bedürfnis nach einer soliden Basis und einer Fähigkeit, die verführerischen Eigenschaften des anderen zu erspüren. Wenn Gefühl und Intensität langsam und behutsam aufgebaut werden, kann daraus die perfekte sexuelle Partnerschaft entstehen.

Erde ist die verkörperte Sinnlichkeit, Metall die verkörperte Erotik. Erde kann den sexuellen Größenwahn von Metall leicht akzeptieren, weil beide Elemente sich selbst innerhalb der Beziehung ausleben wollen. Daß sie sich ihrer selbst und des anderen sicher fühlen, ist der stimulierendste Aspekt ihrer Sexualität.

Für sexuelle Harmonie

Verwenden Sie die sanfteren Töne aus der Palette der Wasser-Farben – türkis, jade und taubenblau –, um Ihre Kommunikation und Vorstellungskraft zu stärken. Für eine mitreißende, aber nicht verschlingende Sexualität sorgen Feuer-Hilfsmittel: leuchtend rote oder gelbe Stoffe oder fantasievolle Bilder. Fotos oder Zeichnungen von Wasserfällen, Brunnen oder Regenbogen bringen einen Hauch Verwegenheit in eine ansonsten auf sich selbst bezogene Beziehung.

Neue Positionen, neue Ideen, vertauschte Rollen – Veränderung und Entdeckung sind wichtige Aspekte in einer Metall-Erde-Beziehung. Ergreifen Sie die Initiative, zünden Sie ein paar Duftkerzen an, vor allem solche, die mit berauschenden, exotischen Düften wie Zinnober, Sandelholz oder Patschuli parfümiert sind. Stimulieren Sie Ihre Sinne und vergessen Sie Geldsorgen oder berufliche Probleme. Erde-Metall-Paare verbringen oft mehr Zeit damit, über ihre Geldangelegenheiten und beruflichen Ziele zu diskutieren, als sich einander leidenschaftlich hinzugeben.

Machen Sie etwas Verrücktes und lieben Sie sich auf einem Bett aus knisternden Fünfzig-Mark-Scheinen (wenn Sie nicht soviel Geld zu Hause herumliegen haben, nehmen Sie Monopoly-Geld!): Für eine Metall-Erde-Beziehung könnte das der ultimative Kick sein!

Da in dieser Beziehung das Feuer nie ausgehen darf, müssen Sie es gelegentlich schüren. Anderenfalls verglimmt die Glut und läßt sich nicht mehr entfachen. Beziehen Sie Ihr Bett mit roten Seiden- oder Satinlaken, hören Sie pathetische Opern- oder Filmmusik und hängen Sie Spiegel auf, die den Sonnenaufgang widerspiegeln. Denken Sie lieber an heiße französische Nächte, rotes Licht und roten Wein als an kühles Leinen und gekühlten Weißwein. Alle diese Hilfsmittel verstärken die Eigenschaften, die in Ihrer Beziehung fehlen: Flexibilität und das Aufgehen im Partner. Legen Sie gegen schlechte Energien ein Stück Bernstein auf Ihr Fensterbrett, und für völlige Hingabe ein Stück Amethyst neben Ihr Bett.

Metall/Wasser

Diese Beziehung sprüht vor Energie. Trotzdem können ihre Sicherungen leicht durchbrennen, wenn Sie sich der unterschiedlichen und herausfordernden Gefühle nicht bewußt sind, die Ihrer Beziehung zu schaffen machen.

Metall und Wasser gehen mit viel Gefühl durchs Leben; das drückt sich bei beiden aber ganz anders aus. Wasser ist romantisch, reagiert feinfühlig auf jede Stimmungsveränderung und paßt sich dem Fluß an. Metall erfaßt Stimmungen seismografisch, verändert aber deswegen nicht den eigenen Kurs. Merken Sie den Unterschied?

Wasser-Menschen lassen sich durch einen Metall-Partner

wahrscheinlich am ehesten zu unbekannten sexuellen Abenteuern verführen. Metall will überwältigen und sich in jeder Sekunde aktiv in den Liebesakt einbringen. Obwohl Metall-Menschen nach außen hin oft gefühlskalt wirken, kann Wasser ihre tieferen Instinkte zutage fördern. Wasser-Menschen sind keine Tiefseetaucher, sondern ähneln in ihrer scheuen Art eher Meerjungfrauen und Wassermännern, Wesen, die tief im Ozean leben und doch auch in der Luft zu Hause sein können und sich jedem sicheren Zugriff entziehen.

Die flüchtigen, schwer faßbaren sexuellen Wünsche von Wasser sind dazu angetan, den energischen, zupackenden Metall-Partner zu irritieren. Andererseits kann sich gerade die widersprüchliche Sexualität von Wasser als unwiderstehliche Herausforderung für Metall erweisen.

Für sexuelle Harmonie

Nacht und Dunkelheit bilden die erotische Atmosphäre, in der die Metall-Wasser-Beziehung am besten gedeiht. Achten Sie darauf, daß Betten und Möbel keine harten Kanten haben, die den Fluß des Chi stören könnten. Richten Sie sich in sanften Farben wie Pistazie, Pfefferminz, Mandelblüte, Lavendel, Salbeigrün oder dem unglaublichen Blau der Kornblumen ein; wählen Sie bauschige Musselinvorhänge für die Fenster und fließende Stoffe wie Voile und Seide als Bettwäsche. Stellen Sie Pflanzen auf, die in starken Linien nach oben wachsen, zum Beispiel große Kakteen oder schnell wachsende Gummibäume. Die Energie aufrecht wachsender Pflanzen hilft Ihnen, Ihre Sexualität zu entwickeln, statt auf der Stelle zu treten. Hängepflanzen können Ihre Energie nach unten ziehen. Die Folgen wären Verunsicherung beim hochsensiblen Wasser-Partner und Depression beim Metall-Partner.

Spielen Sie den Vamp; ziehen Sie sich Reizwäsche oder ein

aufregendes Kleid an, um den Stimmungen und Schwingungen Ihrer ungewöhnlichen Beziehung die Anspannung zu nehmen. Achten Sie darauf, daß der Metall-Partner auf der linken Seite des Bettes schläft und daß der Wasser-Partner sich ausruht und entspannt, ehe der Metall-Partner das Spiel von vorne beginnt. Denken Sie daran: der Metall-Partner ist sexuell leicht erregbar! Metall-Wasser-Beziehungen sind unberechenbar – im Bett, aber auch sonst. Geheimnisse und Heimlichkeiten sollten deshalb ein Teil des Liebesspiels sein. Lieben Sie sich an ungewöhnlichen Orten und Sie werden feststellen, daß Sie zusammen auf immer abenteuerlichere Ideen kommen, denn Wasser ist raffiniert und Metall erfinderisch.

Möglicherweise müssen Sie durch Funde wie Versteinerungen oder Naturstein mehr Holz und Erde in Ihr Zuhause bringen. Auch Bettdecken oder Stoffe, die im Knüpfbatikverfahren hergestellt sind, können Ihre Beziehung verbessern. Diese Art von Muster ist ein altes chinesisches Rezept zur Stärkung der männlichen Sexualität. Dahinter stand der Gedanke, durch geistige Anregung die Potenz und Kreativität des Mannes zu fördern. Außerdem sollten Sie ein Stück Lasurstein (Azurit) neben das Bett stellen, um alte Erinnerungen und Energien zu vertreiben, die den Verstand vernebeln oder das Herz verdunkeln.

Wasser/Wasser

Wegen der unbeständigen Natur beider Partner ist Wasser-Wasser-Beziehungen oft etwas kaum Greifbares eigen, das Außenstehende nur schwer nachvollziehen können. Weil beide Partner zu Wechselhaftigkeit und verstiegenen Träumen neigen, ist die Sexualität in solchen Beziehungen unwirklich und fast körperlos. Anders als in robusteren Beziehungen gründet sie nicht in der Realität.

Wasser-Menschen besitzen ein ausgeprägtes Gespür für ihre wechselseitigen Stimmungen. Deshalb ist es für die Partner manchmal schwierig, ihre Gefühle auseinanderzuhalten. Hin und wieder schaffen sie es aber, die gewohnten Rollen zu vertauschen und in romantischen Fantasien zu schwelgen, die sie den Alltag vergessen lassen.

Für sexuelle Harmonie

Der Energie, die zwischen den beiden Wasser-Elementen fließt, wohnt etwas Zauberhaftes inne. Unterstützen Sie diesen Vorzug durch einen ungewöhnlichen Lichteinfall im Schlafzimmer: Montieren Sie Fensterläden statt Vorhänge, verschleiern Sie Ihr Bett verschwenderisch mit Musselinstoffen oder hängen Sie Japanrollos auf, die das Licht weich abdämpfen. Wasser-Menschen lieben sich gern im hellen Tageslicht. Stimmungswechsel beleben das Liebesspiel, können aber Konflikte verursachen, wenn Sie gerade beide neurotisch sind. Für Wasser-Menschen ist es manchmal unvorstellbar schwierig, sich klarzumachen, daß auch sie ein Teil dieser Welt sind.

Ihre Reaktionen beschleunigen sich und Ihre sexuelle Energie fließt am besten, wenn Sie von Musik umgeben sind, oder Tönen, die Ihre Ohren mit Harmonie erfüllen. Vermeiden Sie es, unter einer Luftverkehrsstraße zu wohnen oder zu schlafen: Dies würde die Pfade stören, über die Sie beide intuitiv in Verbindung mit Ihren tief in Ihnen schlummernden Leidenschaften treten. Wenn Sie keine Wahl haben, legen Sie ein Stück Bernstein in Ihr Schlafzimmer, das die Schwingungsenergien anzieht, die Ihre sexuelle Reaktionsfähigkeit blockieren könnten. Holz-Hilfsmittel erinnern Sie an die Realität der natürlichen Welt: Suchen Sie ein Stück Treibholz oder eine geschnitzte Holzstatue und legen Sie einen Stapel Bücher in den Feuer-Bereich Ihres Schlafzimmers.

Am besten wäre es, wenn Sie vom Bett aus auf Bäume, einen Wald, Gärten oder – falls Sie mitten in der Stadt leben – einen Park in der Ferne blicken könnten. Ist das nicht möglich, richten Sie Ihr Schlafzimmer mit Bildern ein, die Wälder, Landschaften oder Pflanzen zeigen. Wählen Sie verträumte Aquarelle, Stoffe aus Webpelz und exklusive antike oder moderne Kunstgegenstände, die Sie in eine gelöste Stimmung versetzen.

Es ist schwierig für Wasser-Menschen, die Spannungen und Probleme des Alltags zu vergessen. Deshalb kann Ihre Wohnumgebung gar nicht genug Ruhe und Heiterkeit ausstrahlen. Harmonische, in sich geschlossene Räume, weiße Wände und weiche Stoffe in Gold oder Silber erfüllen Ihre Beziehung mit Erotik; viele rote und grüne Kerzen sorgen für die ruhige Gelassenheit von Holz und die Leidenschaft von Feuer. Achten Sie darauf, die Türen offen zu lassen, so daß gestaute Energie entweichen kann. Wasser verliert sich leicht in seinen trüben Untiefen und reißt andere mit sich in den Abgrund. Damit Sie sich beide Ihre körperliche und emotionale Flexibilität bewahren, sollten Sie Fotos oder Bilder aufhängen, die an fließendes Wasser erinnern. Wählen Sie eine Landschaft mit einem Gebirgsfluß oder eine leidenschaftliche Szene aus der Mythologie, um Feuer in Ihrer beider Herzen zu entfachen.

Wasser/Feuer

In dieser Beziehung kann es keinen problemlosen Fluß der Energie geben, denn mit Wasser und Feuer stehen feinfühlige Empfindsamkeit und leidenschaftliche Dynamik einander gegenüber. Andererseits können Wasser-Feuer-Beziehungen sehr aufregend sein, wenn beide Partner mit der unterschiedlichen Art des anderen zu lieben und zu leben souverän umgehen können. Meistens ist es so, daß die ausgeprägte sexuelle Empfänglichkeit und Anpassungsfähigkeit des Wasser-Partners dem Feuer-Partner den Kopf verdreht. Denn: Je williger jemand auf die Avancen des Feuer-Partners eingeht und sich seiner fordernden Leidenschaft hingibt, desto weniger muß er sich um die Bedürfnisse des anderen kümmern. Instinktiv scheint Wasser zu wissen, wie man Feuer am besten nimmt.

Am Anfang der Beziehung ist die Begeisterung von Feuer so ansteckend, daß Wasser das Feuerwerk genießt und sich vom Rausch der Beziehung mitreißen läßt. Aber: Feuer stürmt im Sauseschritt voran – um irgendwann feststellen zu müssen, daß Wasser mit diesem Tempo auf Dauer nicht mithalten kann. Möglicherweise reagiert Feuer auch eifersüchtig auf die Bereitwilligkeit, mit der Wasser sich die Probleme anderer in epischer Breite anhört und mit der ganzen Welt mitfühlt: Feuer will selbst immer und zu jeder Zeit im Mittelpunkt der Aufmerksamkeit stehen! In der Liebe nimmt sich Feuer keine Zeit für kreative Spiele, während der kapriziöse Wasser-Partner seine Launen und Fantasien bis zur Neige auskosten will.

Wasser-Menschen sind die geborenen Zuhörer, ohne viel von sich selbst preiszugeben. Sie sind Balsam auf den Wunden anderer, wenn sie aber mit ihrem inneren Selbst nicht im Einklang sind, fühlen sie sich leicht als Opfer und Märtyrer. Feuer dagegen will jederzeit wissen, was im Kopf seines Partners, seiner Partnerin vorgeht. Es ist für den leidenschaftlichen Feuer-Partner nicht einfach, in die emotionalen Untiefen der sexuellen Ambivalenz des Wasser-Partners vorzudringen – Wasser-Menschen wissen selbst nicht so recht, was sie eigentlich wollen.

Für sexuelle Harmonie

Vermeiden Sie Feuer-Elemente in Ihrem Zuhause. Kerzen sind in Ordnung, solange sie nicht rot sind. Zu viele Spiegel können Wasser das Gefühl geben, im Enthusiasmus von Feuer zu ertrinken. Für den impulsiven Feuer-Partner kann das Bedürfnis von Wasser, zu flüchten und Szenen zu vermeiden, unglaublich frustrierend, aber gleichzeitig sehr aufregend sein. Denn natürlich reizt den Feuer-Partner das am meisten, was er nur schwer bekommen kann.

Achten Sie darauf, daß sich in Ihrem Schlafzimmer Erde- und Holz-Hilfsmittel befinden, so daß das Gespräch bis in die frühen Morgenstunden hinein anhält. Danach werden Sie beide aus unterschiedlichen Gründen Lust auf Liebe haben. Wenn Sie es sich leisten können, sollten Sie sich ein Himmelbett anschaffen, um Holz in Ihr Schlafzimmer zu bringen. Ist das nicht möglich, hängen Sie Poster, Fotos oder Bilder von Bäumen und Wäldern auf. Bemalen Sie die Wand hinter Ihrem Bett mit Dschungelmotiven, die Sie an »Die Schöne und das Biest« erinnern. Mit Holzmöbeln bringen Sie die Elemente Erde und Holz ins Schlafzimmer. Wählen Sie aber Möbel mit gerundeten Kanten, damit die positive Energie ungehindert im Raum zirkulieren kann.

Terracotta-Töne und natürliche Farben wie das dunkle Purpur der Maulbeere, Salbeigrün oder Ocker beleben sowohl die Energie des Feuer-Partners als auch die des Wasser-Partners. Wenn Sie diese Farben nicht mögen, sollten Sie statt dessen eine kleine Bibliothek einrichten. Obwohl Bücher nicht auf den ersten Blick als Holz-Hilfsmittel erkennbar sind, können Bücherstapel unter dem Bett oder in einem Regal unter dem Fenster einen Raum mit frei zirkulierender Energie erfüllen. Seien Sie erfinderisch und geben Sie sich gemeinsam Ihren Fantasien hin oder lieben Sie sich an wechselnden Orten, um das immer gleiche Szenario zu vermeiden. Das ist besonders für den Wasser-

Partner wichtig: Für ihn sind Langeweile und Routine Stolpersteine auf dem Weg zu wahrer sexueller Hingabe und Leidenschaft. Denken Sie daran: In Ihrer Beziehung ist alles möglich – Feuer schreckt vor nichts zurück, und Wasser liefert die Fantasie dazu.

Inspiration liefert ein kleines Stück Jade oder Rauchquarz, das Sie in einem Samtsäckchen aufbewahren und unter Ihr Kopfkissen legen, während Sie schlafen.

Wasser/Holz

In dieser Kombination der Elemente sind alle Voraussetzungen für eine zärtliche sexuelle Beziehung gegeben. Wasser und Holz sind sich auf unterschiedliche Weise der Bedürfnisse anderer Menschen bewußt. Weil beide Partner achtsam und gelassen sind, sich gegenseitig nicht einengen und ihre persönliche Freiheit schätzen, reift ihre Beziehung oft erst im Laufe der Zeit heran – so ähnlich wie ein guter Brie. Sexuell passen Holz und Wasser gut zusammen, denn beide sind eher kühl und gleichmütig. Der Holz-Partner, den allzu viel Intimität abstößt, fühlt sich in den zurückhaltenden Armen von Wasser wohl und entspannt. Der Wasser-Partner kann sich angesichts der Ambivalenz von Holz treiben lassen, ohne Angst haben zu müssen, plötzlich im Rampenlicht der Aufmerksamkeit zu stehen. Es ist für Wasser-Menschen schwierig, sexuell den aktiven Part zu übernehmen, denn sie können sich nicht so recht entscheiden, wer sie sind und was sie wollen. Ungeachtet aller Ideale über eine partnerschaftliche Beziehung zieht es Holz in der Regel vor, die Verantwortung über das Wo, Wann und Wie, das Oben und Unten zu übernehmen. Umgekehrt sind Wasser-Menschen aufgrund ihres Einfühlungsvermögens und ihrer außerordentlichen

Intuition jederzeit bereit für eine neue Position oder einen uner-
warteten Richtungswechsel des Liebesspiels. Wasser weiß instinktiv, daß Holz-Menschen nach neuen sexuellen Erfahrungen streben. Zusammen bilden Wasser und Holz eine starke,
von Intuition getragene Verbindung. Genußvolle, wohlige Sexualität ist ein Teil ihrer Beziehung. Damit Sie nicht Gefahr laufen, sich bei aller Harmonie miteinander zu langweilen, können
Sie mit Erde- und Metall-Hilfsmitteln etwas mehr Temperament
in Ihre Beziehung bringen.

Für sexuelle Harmonie

Fehlende Erde läßt sich leicht durch den sinnlichen Luxus der
Aromatherapie ergänzen, vor allem wenn Sie natürliche
Pflanzenöle wählen. Weil Sie von Natur aus kopfgesteuert sind,
braucht Ihre Haut Stimulation. Verwöhnen Sie sich und sinken
Sie in ein duftendes Bad und danach in luxuriöse Kissen und
Laken. Seide oder Satin vermitteln Ihnen ein Gefühl des Schwe-
bens; Räucherstäbchen oder exotische Duftkerzen bringen das
fehlende Feuer in Ihre Beziehung.

Stellen Sie Ihr Bett so, daß Sie von dort aus auf den Mond
und die Sterne blicken, nicht auf das Garagendach Ihrer Nachbarn. Ist das nicht möglich, bemalen Sie die Decke mit einem
Sternenhimmel. Wohnen Sie, wenn irgend möglich, nicht in einem Kellergeschoß oder in einer Gegend mit lärmenden Nachbarn – dröhnende Radios und Autos, die morgens um 6 gestar-
tet werden, schaden den Schwingungen von Holz und Wasser.
Wenn Sie in einem Kellerapartment wohnen, ist ein Grüner Turmalin, den Sie in der Mitte Ihres Zuhauses aufstellen, das beste
Hilfsmittel. Dieser Stein schlägt eine Brücke zwischen Himmel
und Erde und besitzt eine starke schützende Energie. Wenn Sie
lärmenden Nachbarn nicht entkommen können, stellen Sie einen Lapislazuli-Stein in Ihren Mitte-Bereich. Vermeiden Sie

Möbel aus Metall: Dieses Element ist in Holz-Wasser-Beziehungen mit Vorsicht zu genießen. Denken Sie daran: Metall hat mit Autonomie zu tun – alle für einen, nicht einer für alle – und könnte eine Störung für das Streben von Holz nach Frieden auf der Welt bedeuten. Subtil und überlegt eingesetzt (eine Stärke von Holz) dagegen ist Metall eine Bereicherung für diese empfindsamste und ästhetischste aller Beziehungen. Hängen Sie Goldfäden über das Betthaupt oder Silberketten über ein in Gold gerahmtes Bild.

Wasser/Erde

Erde-Menschen fehlt der Bezug zu Fantasie, Vorstellungskraft und Illusion, und es fällt ihnen schwer, das Unvorhersehbare zu akzeptieren. Sie vertrauen lieber auf die Kraft der Energie und die Bedeutung des natürlichen Lebens. Erde-Menschen suchen in der Sexualität nach Beständigkeit und Ausdauer. Auch in der Liebe wollen sie wissen, wo sie stehen und wohin sie gehen; Stabilität, Sinnlichkeit, Verläßlichkeit und Bodenständigkeit sind deshalb sehr wichtig für sie. Wasser-Menschen dagegen lehnen das allzu Faßbare ab und verlieren sich lieber in romantischen Träumereien, deren Ausdauer und Intensität selbst das Stehvermögen von Erde überfordern! Im Idealfall wirken die beiden Elemente zusammen wie der Lehm und die Drehscheibe des Töpfers: Die Zentrifugalkraft von Wasser kommt in Schwung, der Realitätssinn von Erde nimmt Form an, zwei völlig unterschiedliche Elemente verschmelzen zu einer Einheit. Im schlechtesten Fall ähneln die beiden Elemente einem schlammigen Teich, der im Sommer austrocknet und immer kleiner wird.

Wasser muß fließen, Erde Bewegung körperlich spüren können. Ihr Energiefluß läuft aber Gefahr, mehr oder weniger zum

Erliegen zu kommen, wenn Sie sich nicht die Zeit nehmen, über Ihre unterschiedlichen Gefühle zu sprechen. Während nämlich Wasser-Menschen Spiele spielen und verführen wollen, kommen Erde-Menschen am liebsten schnell zur Sache und genießen Sexualität ganz unkompliziert. Für sie ist die Erregung der Sinne wichtiger als die Erregung der Gefühle, die sich wie Seetang in den wechselhaften Stimmungen und unberechenbaren Eskapaden von Wasser verstricken können.

Für sexuelle Harmonie

Wenn Erde und Wasser ihre unterschiedlichen Bedürfnisse kennen und verstehen, besteht die Chance, daß sie sich auf der Drehscheibe des Töpfers zu einer handgefertigten Vase vereinen. Mehr als alles andere sorgt Musik dafür, daß die Scheibe sich unermüdlich dreht: Einfühlsame Musik im Hintergrund, ein Windspiel oder eine Kassette mit den Geräuschen von Walen, die sich paaren, sorgt dafür, daß die sexuelle Energie in Bewegung bleibt.

Ein niedriges Bett bewirkt, daß Wasser die Bodenhaftung nicht verliert und beide Partner sich näher kommen. Verführen Sie sich gegenseitig bei einem Abendessen bei Kerzenschein, aber achten Sie darauf, daß Ihre Gefühle im Gleichklang bleiben: Sonst kann es passieren, daß Wasser einfach romantisch im Kerzenlicht schwelgen will, während Erde die leidenschaftliche Umarmung sucht, noch ehe der erste Gang beendet ist. Erde-Menschen assoziieren Träumen mit Schlafen und sonst nichts.

Bringen Sie Feuer in Ihr Energiefeld – durch ein offenes Feuer, Kerzen, glühende Räucherstäbchen oder durch warm-rotes, gedämpftes Licht. Verteilen Sie Ihre schönsten Kerzen auf den ganzen Raum und beziehen Sie das Entzünden der Kerzen in das Liebesspiel ein. Metall kann Ihnen helfen, sich Ihrer unterschiedlichen Rhythmen besser gewahr zu werden. Allerdings sollten Sie Silber und Gold nur sparsam einsetzen: zum Beispiel als eine von mehreren Farben in der Bettwäsche oder als schmale Umrandung eines Spiegels. Was Ihre Beziehung braucht, ist nicht mehr Kultiviertheit, sondern mehr Leidenschaft. Wählen Sie erdige Metalle, zum Beispiel Kerzenhalter aus Schmiedeeisen oder Becher aus Bronze oder Zinn, in die Sie Duftkerzen stellen. Stellen Sie eine ungewöhnlich geformte Metallskulptur auf das Fensterbrett und lassen Sie sich durch einen Malachitstein oder einen Weißquarz in Ihrer Wäscheschublade inspirieren.

Feuer/Feuer

Ein Schwelbrand zwischen zwei Feuer-Partnern läßt sich nicht einfach mit ein paar Eimern Wasser löschen. Zwei Feuer-Partner, die füreinander entbrannt sind, sind wie ein Waldbrand, der sich so schnell ausbreitet, daß nichts und niemand seiner atemberaubenden Energie und Schnelligkeit Einhalt gebieten kann. Feuer-Menschen neigen dazu, sich impulsiv, Hals-über-Kopf zu verlieben, und ihre Leidenschaft bedarf ständig neuer Nahrung, so daß sie beide nach kurzer Zeit das Repertoire der sexuellen Möglichkeiten nach neuen Erfahrungen und Entdeckungen durchforsten.

Die Stärke von Feuer-Menschen ist ihre Initiative und die Kühnheit, mit der sie sich in eine neue Liebe stürzen und sich gegenseitig in sexuelle Ekstase treiben. Ihre Schwäche (denn zwei Dosen eines Elements zusammen produzieren oft zu viel des Guten) ergibt sich daraus, daß sie beide stur und ungeduldig sind. Es kann deshalb eine Zeit kommen, in der einer der Partner ruhelos wird und sich impulsiv in jemand anderen verliebt, einfach um der Herausforderung willen. Solange aber bei beiden die Flamme der Leidenschaft brennt, heizen sie sich gegenseitig auf wie in einem glühenden Ofen, und es ist für Außenstehende praktisch unmöglich, die Beziehung zu gefährden. Feuer-Menschen wissen immer, was sie von der Liebe erwarten oder welche sexuelle Fantasie sie als nächstes ausleben wollen, aber es dauert oft lange, bis sie am Ziel ihrer Wünsche ankommen. In ihrer Lust nach unverbrauchten Erfahrungen erforschen sie Sex in allen Variationen und provozieren sich dabei gegenseitig zu immer neuen Taten.

Feuer braucht vor allem Fantasie; der emotionale Kontakt spielt eine untergeordnete oder keine Rolle. Feuer und Feuer sind von Natur aus Draufgänger und verstehen es, einander rasend zu machen: sie lieben sich an den gewagtesten Orten und setzen sich mit Worten und Gesten (erotischen Anrufen, zum Beispiel) regelrecht unter Strom. Wenn Sie und Ihr Partner beide Feuer sind: Genießen Sie den Spaß, den Sie miteinander haben. Es gibt kaum eine andere Kombination der Elemente mit so viel Drive und Tempo.

Für sexuelle Harmonie

Fehlende Erde muß ergänzt werden, um die flüchtige Seite dieser Beziehung zu erden. Wenn Sie nicht in der Nähe von Bäumen leben, sollten Sie zumindest ein paar Zimmerpflanzen in Ihrem Schlafzimmer aufstellen, falls es der Hauptschauplatz Ihrer sexuellen Aktivitäten ist. Sie beide drücken Ihre Sexualität leidenschaftlich und zügellos aus. Um Ihre Flexibilität und Sensibilität zu erhöhen, legen Sie Muscheln oder farbige Glassplitter in eine wassergefüllte Glasschüssel: das belebt das Ozeanische Ihres Energiefelds. Stellen Sie Ihr Bett möglichst so auf, daß es nach Süden zeigt. Falls das nicht möglich ist, hängen Sie einen Spiegel an die Wand gegenüber der Südseite, der die Reinheit des Sonnenlichts in Ihr Haus holt. Ziehen Sie die Vorhänge zurück und verstärken Sie das Metall-Element mit weißen Kerzen und Spiegeln in Silberrahmen. Sie haben beide das Bedürfnis, oben zu sein – beim Sex ebenso wie in der Beziehung. Deshalb müssen Sie hin und wieder Kompromisse schließen: Wer im Bett die Führung übernimmt, aber auch, wer das Frühstück macht. Erweitern Sie Ihr Liebesspiel mit kulinarischen Leckereien. Damit der Sex zwischen Ihnen sinnlicher wird, sollten Sie in der freien Natur zelten und Kartoffeln am Lagerfeuer braten. Ein Hauch Erde sorgt dafür, daß Sie mit der Größe der Natur in Kontakt bleiben. Stellen Sie eine Schale mit Pfirsichen, Feigen und Aprikosen in Ihr Schlafzimmer. Oder essen Sie Pinienkerne und Austern als Aphrodisiakum.

Eine gegenseitige Massage ist eine wunderbare Einstimmung auf eine Nacht voller Leidenschaft – je exotischer die Öle oder Düfte, mit denen Sie sich umgeben, desto mehr steigern Sie die Vorfreude. Es ist wichtig, das Potential und die Potenz von Feuer wach und lebendig zu halten. Die Flammen Ihrer Leidenschaft können so schnell verbrennen, daß das große sexuelle Crescendo aus und vorbei ist, ehe Sie es sich versehen. Feuer liebt die Fantasie: Lesen Sie sich deshalb im Bett erotische Geschichten vor – eine gute Bibliothek mit Erotikliteratur ist unverzichtbar!

Feuer/Erde

Obwohl sich Feuer und Erde in ihrem Energiefluß, ihren Grundbedürfnissen und ihren Werten wenig ähnlich sind, ergibt diese seltsame Mischung aus Optimismus und Vorsicht oft eine leidenschaftlich schwelende Glut. Es entsteht eine langanhaltende Wirkung, so als würde man Herbstlaub auf ein prasselndes Feuer im Garten werfen. Feuer und Erde haben ein ausgesprochenes Talent dafür, ihre gegenseitige Lust zu schüren.

Eine wichtige Rolle dabei spielt die Sinnlichkeit von Erde: Auch wenn Erde-Menschen gelegentlich der sexuellen Kaspereien des Feuer-Partners müde sind, fasziniert sie doch seine kühne, alles wagende Originalität. Feuer trägt die bodenständig-verläßliche Sexualität von Erde mit in die Lüfte der Fantasie, ohne jemanden zu überfordern – am allerwenigsten die heitere Gelassenheit von Erde. Wohltuende Anregung, nicht emotionale Intensität ist das Kennzeichen dieser ungewöhnlichen Verbindung. Allerdings bedarf die Energie der Feuer-Erde-Beziehung zusätzlicher Unterstützung: Nicht weil es Feuer an Energie fehlen würde, sondern weil es für den Feuer-Partner frustrierend sein kann, wenn der Erde-Partner mit seinem Tempo nicht Schritt hält.

Für sexuelle Harmonie

Sex im Freien ist das wohl beste Rezept für Ihre Partnerschaft. Erde genießt den Kontakt zur Natur, Feuer liebt den Reiz des Verbotenen. Je ausgefallener und riskanter die Orte sind, an denen Sie sich lieben, desto mehr läßt Feuer Erde die Führungsrolle übernehmen – eine Abwechslung, die für beide Partner befriedigend ist. Auch ein paar Bücher über tantrischen Sex können Ihre Sexualität um eine neue Dimension erweitern und das Wesen der Metall-Energie als harmonisierenden Ausgleich in Ihre Beziehung bringen. (Metall hat mit Kontrolle zu tun, und beim tantrischen Sex geht es in erster Linie darum, den Orgasmus durch Yoga und Atemübungen zu steuern.)

Weil Wasser Ihrer sexuellen Leistungsfähigkeit und Ihrer Psyche schaden kann, sollten Sie sich nicht im Wasser lieben – es sei denn, Sie können die Dusche blitzschnell abdrehen! Der

Feuer-Partner sollte seine voranstürmende Leidenschaft lieber dazu nutzen, die Sinne des Erde-Partners zu betören, als ständig neue Positionen und Szenarien auszuprobieren. Um das zu erreichen, ist ein Holz-Hilfsmittel unverzichtbar, zum Beispiel ein Himmelbett oder eine geschnitzte Figur. Eines der besten Rezepte für Erde und Feuer ist ein Onyx-Stein unter dem Bett, weil er Ihr Bewußtsein füreinander stärkt und Ihrer Beziehung mehr Stabilität verleiht.

Um die sexuelle Lust zu beleben, ziehen Sie sich so spät wie möglich oder am besten gar nicht aus. Kümmern Sie sich nicht um Fetische oder verführerische Unterwäsche. Je reiner und idealistischer Sie sich dem Liebesspiel hingeben, desto mehr werden Sie es genießen. Stellen Sie Kletterpflanzen (aber keine Hängepflanzen) auf das Fensterbrett und wählen Sie Möbel mit gerundeten Kanten, damit der Fluß der positiven Energie in Spiralen durch Ihr Herz fließen kann.

Feuer/Holz

In dieser Beziehung verbinden sich die Energien auf geradezu ideale Weise. Zusammen können Sie eine Form der sexuellen Harmonie erreichen, um die Sie viele Menschen beneiden werden. Ihre Energie fließt ruhig und zügig; sie weckt Erinnerungen an leidenschaftliche Filme und berauschende Liebesgeschichten und ist wie eine köstliche Melange aus Kaffee und Milch. Trotzdem kann es in Feuer-Holz-Beziehungen genau wie in allen anderen Beziehungen Probleme geben.

Als erstes müssen Sie lernen, Ihre Bedürfnisse klar zu äußern, so daß Sie sich gegenseitig unterstützen können. Machen Sie sich klar, daß Ihre Beziehung eine flüchtige Mischung aus Luft und Feuer darstellt: Holz schürt das Feuer und setzt seine Visionen und Ideale in die Tat um. Ihre sexuellen Vorlieben treten schnell zutage: Dafür sorgen die sexuellen Ideen, die Holz in ungeschminkten Worten äußert, und das ausgeprägte Bedürfnis von Feuer, alles auszuprobieren, ganz gleich, was es ist. Holz liebt Feuer, weil Feuer ohne einen Moment das Zögerns zur Tat schreitet. Liebe und Sex haben auch etwas mit Spaß und der Freude an riskanten Unternehmungen zu tun. Holz findet in Feuer oft den perfekten Seelenpartner in einer ganz und gar ungezwungenen Atmosphäre. Beide Partner sind nicht übermäßig an der emotionalen Komponente ihres Liebeslebens interessiert und haben deshalb kein Problem damit, sich gegenseitig ihre Freiheit zu lassen. Extravertiert, wie sie sind, blühen sie auf bei verrückten, ausgelassenen Sexspielen an den unmöglichsten Orten. Der Gedanke, Veränderungen an der Wohnungseinrichtung vorzunehmen, mag Feuer als zu mühsam und zeitaufwendig erscheinen, während Holz die Idee großartig findet, aber die ganze Nacht mit der Überlegung zubringen kann, ob sich der Aufwand lohnt.

Für sexuelle Harmonie

Umgeben Sie sich mit erotischen Bildern, um Ihre sexuellen Schwingungen zu beleben. Bilder sind unverzichtbar für Sie: Wählen Sie entweder abstrakte Gemälde oder erotische Schwarzweißfotografien, die eine kühle, klare, kultivierte und ästhetische Stimmung verbreiten. Denken Sie daran: Erotik heißt Sinnlichkeit, nicht Pornographie.

Experimentieren Sie mit schwarzen und gelben Stoffen auf dem Bett, Metallmöbeln und Metallskulpturen. Metall kann Ihnen helfen, sich besser auf Ihre körperlichen Wünsche zu konzentrieren, über die Sie manchmal sprechen, die Sie aber nicht immer verwirklichen können.

Wenn sich Feuer und Holz zusammen zu einem rasenden Inferno aufschaukeln, wirkt die Hitze manchmal beklemmend. Es ist deshalb ratsam, das Wasser-Element zu ergänzen, das in Ihrer Umgebung fehlt. Lassen Sie ein paar Eiswürfel auf der Haut Ihres Partners entlanggleiten und lecken Sie die Tropfen ab. Noch besser ist es, Eiswürfel aus Champagner herzustellen und ihren Geschmack auf der Zunge zu spüren. Eine Glasschüssel mit gefärbtem Wasser, die das Sonnenlicht einfängt und reflektiert, wirkt auf Sie beide entspannend.

Ihre Sexualität braucht Humor und Erfindungsreichtum. Kaufen Sie sich ein paar verrückte Accessoires: Lederstrapse oder einen witzig geformten Vibrator. Umgeben Sie sich mit Dutzenden weißer Kerzen und hängen Sie Musselin über das Bett und bauschige Vorhänge an die Fenster. Musik kann ein wirksames Rezept gegen abschweifende Gedanken sein und weckt die Gefühle, die Sie voreinander verborgen halten. Legen Sie Ihr Lieblingskonzert auf und tanzen Sie, bevor Sie sich zu nahe kommen. Ein derartiges Vorspiel wirkt auf Feuer unter Umständen elektrisierender als die sexuelle Vereinigung selbst. Es kann sein, daß Holz Intimität fürchtet und lieber alleine tanzt. Wählen Sie deshalb eine Musik, die Ihr Begehren widerspiegelt, ohne Ihre Träume zu verraten.

Legen Sie einen Kristall aus Weißquarz oder einen Diamanten, falls Sie einen besitzen, unter das Fenster: Er wird die Energie brechen und der Kraft Ihrer Instinkte Glanz verleihen.

Holz/Holz

So sehr Holz auf Freiheit in einer Beziehung pochen mag: Der Tag wird kommen, an dem jemand die gefürchtete Frage nach einer engeren Bindung stellt – es sei denn, auch der andere Partner ist Holz. Holz-Holz-Verbindungen funktionieren gut, wenn beide Partner gleich viel Wert darauf legen, ihr eigenes Leben zu leben.

Wenn beide Partner aus starkem Holz geschnitzt sind, d. h., wenn ihre Selbstlosigkeit echt ist und nicht eine Folge von Schuldgefühlen, und wenn sie die Freiheit, die sie für sich selbst fordern, auch dem anderen gewähren, so kann die Mischung aus idealistischer und nicht besitzergreifender Harmonie aus einem Kinderlied eine Orchestersynphonie erstehen lassen.

Holz-Holz-Beziehungen sind nur mit einem einzigen Problem konfrontiert: Weil beide Partner ihre eigenen humanitären Ziele verfolgen, bleibt ihnen für die Liebe nicht allzu viel Zeit. Dabei fühlen sich beide zunächst vor allem durch Romantik zueinander hingezogen, ein Gefühl, das sich leider nur schwer aufrechterhalten läßt: Beide Partner sind geborene Romantiker und wünschen sich, daß der anfängliche Idealismus für immer währt. Weil die Routine und Monotonie des Zusammenlebens im Alltag Gift für die Romantik sind, ist es für Holz-Partner am besten, wenn sie so oft wie möglich durch berufliche oder gesellschaftliche Verpflichtungen voneinander getrennt sind: Auf diese Weise können sie immer wieder das Wiedersehen nach der Trennung und dem ungebundenen Alleinleben genießen. Holz-Menschen schätzen weder Rosengirlanden an der Haustür noch bereitgestellte Pantoffeln neben dem Feuer. Holz-Menschen erwarten von der Liebe Finesse. Unkompliziertheit allein genügt ihnen nicht: Liebe muß bewußt gestaltet und kultiviert sein – obwohl das paradoxerweise nie ausgesprochen wird. Für Holz muß Liebe Sinnlichkeit und rein sexuelles Begehren transzendieren. Sie muß viel mehr sein, als sich mit Worten ausdrükken läßt.

Holz-Partnern fällt es schwer, über ihre Bedürfnisse zu reden, weil beide Angst haben, ihr Inneres zu sehr offenzulegen. Holz würde am liebsten mit dem Wind fliegen und Körperlichkeit gegen Weisheit eintauschen! Wenn Sie Holz sind, verstehen Sie vermutlich die Wunschvorstellung, die eigenen Ideale in alle Welt zu tragen. Oft gibt es unter zwei Holz-Partnern eine stillschweigende Übereinkunft, ein intuitives Wissen: Was immer der andere tut, wie immer er sich entscheidet – es wird seine Richtigkeit haben.

Holz-Menschen wissen, wie man verführt, worauf es in der Liebe ankommt und wie man alle erdenklichen Spiele miteinander spielt. Gleichzeitig suchen sie unentwegt nach einem Ideal. Reden ist ihre wahre Leidenschaft. Vielleicht kann die tiefste Übereinstimmung zwischen ihnen bei einer Partie Scrabble oder bei einem Telefongespräch entstehen. Gespräche wirken auf die Psyche von Holz-Menschen hochgradig erregend, obwohl sie Angst haben, über ihre Gefühle zu sprechen. Sie verstehen einander in ihren abstrakten Konzepten. Trotzdem müssen sie lernen, mehr aus sich herauszugehen und zu spüren, wie sich die Erde bewegt!

Für sexuelle Harmonie

Für ein kreatives Sexualleben brauchen Sie die visuellen Reize der Natur. Stellen Sie Ihr Bett so, daß es dem Fenster gegenüber steht und Sie auf Bäume, Hügel, Flüsse oder Seen blicken. Wenn Sie vom Schlafzimmer aus keinen Blick auf einen Park oder Ihren Garten haben, bringt ein Glasgefäß mit Versteinerungen, Muscheln oder Kieselsteinen, das Sie unter Ihr Bett oder ein niedriges Regal daneben stellen, mehr Sinnlichkeit in Ihr Liebesleben. Versteinerungen, Muscheln oder Kieselsteine stimulieren die Erde-Energie, die Ihnen beiden fehlt. Wenn Sie in der Stadt leben, sollten Sie so oft wie möglich aufs Land fahren – gehen Sie zelten oder lieben Sie sich unter dem Sternenhimmel.

Wählen Sie einfache Farben für Ihr Schlafzimmer – Weiß und Cremefarben oder Taubenblau und Koralle –, um Ihre sexuelle

Energie zu erden und zu kultivieren und ein besseres Gespür für Ihre Bedürfnisse zu entwickeln. Kaufen Sie sich eine dramatische Metallskulptur oder hängen Sie Bilder in Goldrahmen auf. Gold versorgt unverbesserliche Romantiker mit wertvollen Energien: Malen Sie Goldmuster auf die Wände, wählen Sie Bettwäsche oder Vorhänge mit Goldfäden und gönnen Sie sich den Luxus eines riesigen, goldgerahmten Spiegels, der das Tageslicht reflektiert. Stellen Sie einen Bonsai-Baum auf das Fensterbrett: Er befreit Sie von der Zwangsvorstellung, jede sexuelle Begegnung zwischen Ihnen müsse perfekt sein! Geerdeter Sex ist wichtig für Sie: Wenn Sie also im zehnten Stock wohnen, sollten Sie Ihre sexuelle Energie beleben und sich lieber auf dem Fußboden lieben als im Bett. Um die sexuelle Harmonie zwischen Ihnen zu verbessern, legen Sie tagsüber einen Rosenquarz unter Ihr Kopfkissen, den Sie nachts oder wenn Sie schlafen, neben das Fenster stellen.

Holz/Erde

Die zurückhaltende, kritische Energie von Erde ist nicht gerade die Art von Liebe, die Holz in seinem Freiheitsdrang sucht. Holz ist im Grunde seines Wesens extravertiert und flexibel, während sich Erde-Menschen engstirnig und abwartend verhalten und lieber umworben werden statt selbst zu werben. Möglicherweise gerät Holz auf seiner immerwährenden Suche nach den universalen Wahrheiten des Lebens und der Liebe unversehens in den Bannkreis von Erde. Obwohl Holz eigentlich gar nicht die Absicht hat, sich zu verlieben, erweist sich die Begegnung mit dem sinnlichen Charme von Erde als eine Offenbarung, der es nicht widerstehen kann. Dazu kommt: Gegensätze ziehen sich an und fühlen sich trotz all ihrer Konflikte magnetisch zueinander hingezogen.

Wenn Holz mit der hartnäckigen Sturheit von Erde klar-kommt, können beide zusammen erotische Seligkeit und sexu-elle Ekstase erleben. Das setzt allerdings voraus, daß Holz wirk-lich an einer Beziehung mit Erde interessiert ist: Dann nämlich weiß Holz instinktiv, wie Erde fühlt, und paßt sich ihren Stim-mungen und Launen problemlos an. Andererseits können die grandiosen Visionen und Ideale des Holz-Partners und sein Wunsch, mit dem Sein zu verschmelzen, das Bedürfnis des Erde-Partners zerstören, in der Beziehung der Nehmende zu sein. Ein weiteres Problem: Erde und Holz bewegen sich oft in unterschiedlichen gesellschaftlichen Kreisen. Als Paar kann es deshalb schwierig für sie sein, außerhalb des Bettes ihre Bedürf-nisse aneinander anzupassen. Aber auch dort sind Konflikte möglich: Erde wünscht sich Erotik, während es Holz genügt, in Gedanken davon zu träumen. Erde-Menschen können sich tief in sich selbst zurückziehen, während Holz dem verborgenen Selbst von Erde, geschweige denn seinem eigenen Ich, lieber nicht zu nahe kommt. Deshalb kann es sein, daß die Selbstbil-der von Holz und Erde miteinander kollidieren. Andererseits kann sich gerade daraus eine außergewöhnliche, pulsierende Leidenschaft entwickeln, zumindest dann, wenn die varianten-reiche Sexualität von Feuer die träge Natur von Erde wachrüt-telt.

Für sexuelle Harmonie

Essen ist ein gutes Mittel, Ihr sexuelles Chi zu beleben. Frühstük-ken Sie im Bett, essen Sie im Bett zu Abend, essen Sie im Bett, wann immer Sie wollen (oder picknicken Sie unter dem Ster-nenhimmel) – solange Sie es nur gemeinsam tun! Benetzen Sie sich gegenseitig mit Zitronensorbet und entwickeln Sie Fantasie darin, es vom Körper Ihres Partners abzulecken. Versinken Sie zusammen in ein tiefes Schaumbad und teilen Sie sich dabei eine Flasche Wein. Wasser ist ein wichtiges Element für die Balance in Ihrer Partnerschaft: Unter-Wasser-Sex in der Badewanne, in der Dusche oder im Meer ist deshalb sehr empfehlenswert. Investieren Sie in ein Wasserbett, wenn der Gedanke daran Sie erregt. Achten Sie darauf, daß Ihr Bett nach Osten zeigt und daß Sie von Ihrem Kopfkissen aus die Sterne oder wenigstens ein Stück Himmel sehen können. Räumen Sie Metall nicht allzuviel Platz in Ihrem Haus ein: Es schadet Holz. Erde dagegen reagiert positiv auf Metall; wenn Sie also den Eindruck haben, Metall könnte den Erde-Partner von seinem Materialismus befreien, sollten Sie silberne oder goldene Windspiele in Ihrem Liebesnest aufhängen.

Darüber hinaus tun Ihnen Musik und das Geräusch von Wasserfällen oder reißenden Flüssen gut. Plätschernde Springbrunnen können sehr erregend sein! Stellen Sie einen Krug Wasser auf das Fensterbrett oder neben das Bett – sie werden überrascht sein, wie schnell das Wasser in der Hitze einer Holz-Erde-Beziehung verdunstet. Feuer-Hilfsmittel bringen Sie beide zum Glühen; sorgen Sie deshalb für Kerzen und Räucherstäbchen. Verwenden Sie rote Kerzen, um die Leidenschaft zu entfachen. Wenn Sie nicht völlig miteinander im Einklang sind, können dunkelblaue oder schwarze Kerzen Ihre Beziehung verzaubern. Wählen Sie Tapeten und Stoffe in Rot, Mitternachtsblau und Tintenschwarz, um jede sexuelle Begegnung mit einem Hauch Romantik und Abenteuer zu umgeben. Um Ihre Energie zu beleben, so daß sie Tag für Tag fließt, stellen Sie einen Amethyst in Ihr Schlafzimmer. Geben Sie ihm einen Platz, an dem das Sonnenlicht den Kristall zum Strahlen bringt und Ihr Bewußtsein für Ihre wechselseitigen Wünsche erhöht.

Erde/Erde

Auf Außenstehende kann die intensive Erotik dieser Partnerschaft überwältigend wirken. Für zwei Erde-Partner steht es dagegen außer Frage, daß die körperliche Verschmelzung und das gemeinsame sinnliche Erleben oberste Priorität in ihrem Leben haben. Beide können sich ungewöhnlich gut in die Wünsche des anderen einfühlen. Sexuelle Übereinstimmung ist für sie deshalb in der Regel schneller und leichter zu erreichen als in jeder anderen Kombination der Elemente. Sexualität ist für zwei Erde-Partner ein Ziel an sich, und ihre Freude am Körper beruht auf Gegenseitigkeit. Liebe ist für Erde-Menschen ein schwer definierbares Wort. Es bedeutet nicht das gleiche wie Sex; andererseits ist Sex zu haben für sie meistens das gleiche, wie sich zu lieben. Das einzige echte Problem für Erde-Partner besteht darin, daß sie Berührung brauchen und daß ihr Selbstwertgefühl davon abhängen kann, ob sie sie bekommen. Vorsicht ist ein Schlüsselwort in ihrem sexuellen Wortschatz, und aus Angst, sich zu exponieren, unterdrücken sie oft ihren Wunsch nach Esprit, Spontaneität und Risiko.

Ihre beiderseitige Liebe zur Natur bedeutet, daß sie Nacktheit und Körperlichkeit ohne Wenn und Aber als schön empfinden. Ihr Wunsch, eins mit der Natur zu werden, entspringt nicht einem plötzlichen Impuls, sondern will geplant und sorgfältig vorbereitet sein. Picknicks im Park können zu einem Fest der Sinne werden, und verstohlene Blicke und heimliche Berührungen auf Partys erinnern beide Erde-Partner daran, daß ihre Verführungskraft andere ebenso inspirieren kann wie sie selbst. Da bleibt Eifersucht nicht aus, denn Erde-Menschen sind sehr besitzergreifend. Allerdings kann Streit bei Erde-Partnern trotz ihrer Hartnäckigkeit und Beharrlichkeit so schnell in Sex umschlagen, daß sie sich nicht einmal die Zeit nehmen, die Vorhänge zuzuziehen.

Für sexuelle Harmonie

Musik ist sehr wichtig: Gönnen Sie sich deshalb einen CD-Player oder ein Radio im Schlafzimmer. Außerdem sollten Sie darauf achten, daß Ihre Umgebung von Wasser erfüllt ist. Wenn Sie Aquarien mit blubbernden Fischen ablehnen, hängen Sie Bilder von Wasserfällen, Meeren, Flüssen oder auch einer Regenlandschaft auf. Andere gute Wasser-Hilfsmittel sind Muscheln, Versteinerungen und Bilder von tropischen Fischen. Farben sind eine weitere Möglichkeit, das Wasser-Element zu verstärken: Streichen Sie die Wände tiefblau, falls Sie den Mut dazu haben, oder wählen Sie Samtvorhänge oder dunkle, üppige Stoffe für Ihr Bett. Feuer-Hilfsmittel erfüllen Ihr Liebesspiel mit Glanz und Spontaneität: Bringen Sie Spiegel an, so daß Sie sich bei der Liebe sehen können. Allerdings sollten die Spiegel Sie nicht während des Schlafs reflektieren, weil Ihrer inneren Energien sonst verlorengehen. Hängen Sie einen Wandspiegel so auf, daß er das Sonnenlicht widerspiegelt, das durch das Fenster oder die Tür hereinströmt. Wählen Sie Decken aus Webpelz für den Winter und Bettwäsche aus Seide für den Sommer. Umgeben Sie sich mit Schwarz-, Grün- oder Purpurtönen und füllen Sie den Raum mit Antiquitäten und Skulpturen oder Kunstgegenständen aus Metall. Um mehr Leichtigkeit und Verspieltheit in Ihre sexuelle Bindung zu bringen, hängen Sie Musselinstoffe und hauchdünne Vorhänge auf, die das Mondlicht durchscheinen lassen und mit der leisesten, sinnlichsten Musik, die Sie finden können, verschmelzen. Ein Stück Azurit sorgt dafür, daß die Vergangenheit ihre Bedeutung verliert und Sie einer inspirierenden Liebe immer näher kommen.

10. Feng Shui bei zwei Haushalten

Leben Sie in einer festen Beziehung, aber in getrennten Wohnungen? Oder haben Sie gerade die Liebe Ihres Lebens getroffen, sich aber noch nicht entschlossen, zusammenzuziehen? Dann eröffnet Ihnen dieses Kapitel einen weiteren Weg, mehr Harmonie in Ihr Zuhause zu bringen. Wenn Ihr Partner oder Ihre Partnerin auch bei sich in der Wohnung mehr Harmonie schaffen möchte, können Sie beide – jeder für sich – diesen Weg beschreiten. Hält Ihr Partner, Ihre Partnerin dagegen nicht allzu viel von Feng Shui, sollten Sie ihn oder sie auch nicht dazu drängen. Um mehr Harmonie in Ihr Liebesleben zu bringen, sind Sie nicht unbedingt auf Ihren Partner angewiesen – obwohl es Ihr Leben natürlich bereichert, wenn Sie beide sich für Feng Shui entscheiden. Andererseits: Wenn Sie versuchen, jemanden zu zwingen, in seiner Wohnung Feng Shui zu praktizieren, schaffen Sie möglicherweise mehr Probleme als Sie lösen.

Wenn Ihr Partner sich für Feng Shui begeistert und Sie beide den folgenden Test mit unterschiedlichem Ergebnis absolvieren, sollte jeder von Ihnen sein persönliches Ergebnis in seiner Wohnung umsetzen. Versuchen Sie nicht, die Wahrnehmung zu verändern, die Ihr Partner von seiner Beziehung zu Ihnen hat. Und denken Sie daran: Wenn Sie beide Harmonie im gleichen Bagua-Bereich schaffen müssen, so heißt das nicht, daß in beiden Wohnungen der gleiche Raum betroffen ist.

Die Zahlen des magischen Quadrats

Zahlen haben sowohl im chinesischen Mystizismus als auch in der europäischen Wahrsagerei eine symbolische Bedeutung. Im Bagua stehen sie für starke Energien, die mittlerweile meistens durch Worte, seltener durch Zahlen ausgedrückt werden. Das magische Quadrat ist, wie sein Name es sagt, magisch!

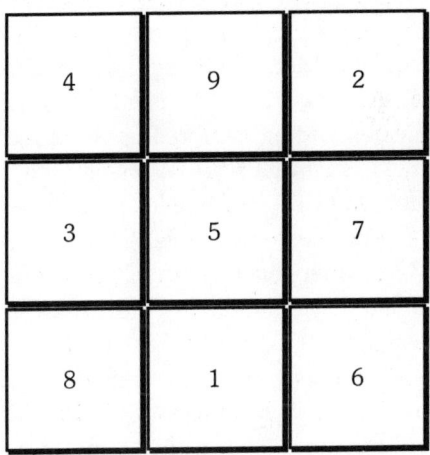

Abbildung 22: Das magische Quadrat. Welche der folgenden Eigenschaften bringt das Wesen Ihrer Beziehung, so wie sie heute ist, auf den Punkt? Erweitern Sie die Liste gegebenenfalls um die Eigenschaft, die Ihre Beziehung am besten beschreibt.

Leidenschaftlich	Flüchtig	Unsicher
Sexuell erregend	Statisch	Entspannt
Erotisch	Trist	Frei
Stimulierend	Gelangweilt	Verwirrt
Bereichernd	Ruhelos	Engagiert

Ihre Beziehungszahl. Legen Sie das magische Quadrat aus Abbildung 22 vor sich, lesen Sie die Liste der Eigenschaften durch und wählen Sie den Begriff, der Ihre Beziehung, so wie sie heute ist, am besten in einem einzigen Wort beschreibt. Zählen Sie dann mit Hilfe des Code in Abbildung 23 (ein alter Symbolschlüssel für Buchstaben und Zahlen) die Ziffern für die verschiedenen Buchstaben nach dem folgenden System zusammen: Angenommen, Sie haben das Wort »frei« gewählt. Wenn Sie den Buchstaben des Wortes die entsprechenden Ziffern des im folgenden abgebildeten pythagoräischen Zahlensystems zuordnen, kommt heraus: 6 + 9 + 5 + 9 = 29; addieren Sie dann 2 + 9 = 11 und dann 1 + 1 = 2. Am Ende steht eine Ziffer zwischen 1 und 9. Ihre aktuelle Beziehungszahl ist also die 2.

1	2	3	4	5	6	7	8	9
A	B	C	D	E	F	G	H	I
J	K	L	M	N	O	P	Q	R
S	T	U	V	W	X	Y	Z	

Abbildung 23: Das pythagoräische Zahlensystem

Ihre Hausnummer. Im Feng Shui ist der Ort, wo Sie wohnen, ein Teil Ihrer selbst. Deshalb müssen Sie auch Ihre Adresse mitberücksichtigen. Wenn Sie zum Beispiel in der Hochstraße 12 wohnen, errechnen Sie auch dafür eine einstellige Zahl: 1 + 2 = 3.

Wenn Sie in einer Wohnung oder einem Apartment leben, das eine eigene Nummer hat, so rechnen Sie diese in die Adresse mit ein. Angenommen, Sie wohnen in der Nibelungenstraße 32, Wohnung 2. Dann rechnen Sie: 3 + 2 + 2 = 7.

Ihre persönliche Zahl. Zusätzlich müssen Sie noch Ihre persönliche Zahl ermitteln, die sich aus Ihrem Geburtsdatum ergibt. Wenn Sie zum Beispiel am 15. Oktober 1962 geboren sind, addieren Sie 1 + 5 + 10 (Oktober ist der 10. Monat des Jahres) + 1 + 9 + 6 + 2 = 34. Rechnen Sie dann 3 + 4 = 7.

Ihre magische Zahl. Schließlich addieren Sie Ihre persönliche Zahl, Ihre Hausnummer und Ihre Beziehungszahl. Zählen Sie die einzelnen Zahlen der Summe solange zusammen, bis Sie auf eine einstellige Zahl kommen. Das Ergebnis ist Ihre magische Zahl.

Legen Sie jetzt die Bagua-Skizze über den Plan Ihres Hauses und stellen Sie fest, welches Zimmer oder welcher Teil eines Zimmers sich mit Ihrer magischen Zahl deckt (siehe Abbildung 3A).

Wenn Ihr Partner ebenfalls seine magische Zahl errechnet hat, stellen Sie möglicherweise fest, daß Sie sich auf unterschiedliche Bereiche Ihrer Wohnungen konzentrieren müssen. Es kann aber auch sein, daß sich eine Übereinstimmung ergibt – sei es der Zahlen oder der Zimmer. Aber unabhängig davon: Wenn Sie beide Harmonie durch Feng Shui schaffen möchten, sollten Sie versuchen, ähnliche Hilfsmittel zu verwenden. Wenn

Sie Feng Shui alleine praktizieren, weil Ihr Partner sich nicht dafür interessiert, dann genießen Sie es, die Hilfsmittel für Sie beide auszuwählen.

Hilfsmittel für die neun magischen Zahlen

Zahl 1: Der Wasser-Bereich des Bagua

Hängen Sie in diesem Bereich Ihrer Wohnung nach Möglichkeit einen Spiegel an der Wand auf, die nach Süden zeigt. Sorgen Sie für warmes, strahlendes Licht, hängen Sie Bilder auf, die Sie an heiße Sommertage erinnern, oder Fotos von Vulkanen oder stellen Sie eine Statue aus echtem Bronze neben die Tür. Um ein Hilfsmittel im Schlafzimmer anzuwenden, ermitteln Sie mit Hilfe der Bagua-Skizze, wo im Schlafzimmer Ihr Wasser-Bereich liegt; um die Harmonie des Raumes zu vertiefen, zünden Sie bei Neumond eine Duftkerze oder ein Räucherstäbchen an, das nach Opium riecht.

Zahl 2: Der Erde-Bereich des Bagua

Hängen Sie in diesem Bereich Ihres Hauses, wenn es geht, einen Spiegel auf, der nach Nordosten zeigt. Ein weiteres unverzichtbares Hilfsmittel sind Windspiele, am besten solche aus Holz, weil gedämpfte Töne besonders positiv wirken. Um Ihre Vitalität und Ihre Beziehung zu Ihren Freunden zu stärken, stellen Sie ein Stück Malachit unter ein Fenster, wo es das Sonnenlicht widerspiegelt.

Zahl 3: Der Donner-Bereich des Bagua

Wenn sich der Donner-Bereich in Ihrem Schlafzimmer befindet, ist es besonders wichtig, einen Spiegel an der Wand anzubringen, die nach Westen zeigt. Silber und Gold sind ein wichtiges Hilfsmittel für Sie: Wählen Sie Bilder in Goldrahmen oder hängen Sie silberne Ketten, Ringe oder Armreifen an einem Haken oder Türgriff auf. Hängen Sie ein Bild mit dem Lebensbaum auf oder malen oder sticken Sie ihn auf eine Tages- oder Tischdecke. Bilder des Lebensbaums bekommen Sie oft in Chinageschäften. Alternativ können Sie einen anderen Sukkulenten wählen, zum Beispiel einen Geldbaum oder einen Bonsai.

Zahl 4: Der Wind-Bereich des Bagua

Bringen Sie in diesem Bereich – wenn möglich – einen Spiegel an, der nach Nordwesten zeigt. Stellen Sie eine Holzskulptur auf oder ein geschnitztes Holzmöbel. Stecken Sie Räucherstäbchen in einen Holzkrug oder eine weiße Kerze in einen hölzernen Kerzenhalter. Zünden Sie die Räucherstäbchen oder die Kerzen bei Vollmond an. Sorgen Sie für etwas grüne Farbe im Wind-Bereich; ein besonders günstiges Hilfsmittel für Harmonie ist ein grüner Drache – ein Bild oder eine Drachenfigur aus Pappmaché, wie sie manchmal in Chinaläden zu finden sind.

Zahl 5: Der Mitte-Bereich des Bagua

Der Mitte-Bereich Ihres Zuhauses eignet sich besonders gut dafür, die tieferen Energien Ihrer Beziehung zu harmonisieren. Stellen Sie deshalb in diesem Bereich die größten und schönsten Kerzen auf, die Sie finden können. Befestigen Sie, wenn das möglich ist, zwei Wandkerzenhalter an gegenüberliegenden Wänden. Wählen Sie weiße, silberne oder goldene Kerzen. Darüber hinaus sollten Sie darauf achten, daß nicht zu viele Möbel im Mitte-Bereich stehen, der ein besonderer Platz für Sie ist.

Zahl 6: Der Himmel-Bereich des Bagua

Hängen Sie, wenn das möglich ist, einen Spiegel an der Wand auf, die nach Südosten zeigt. Eines der schönsten Hilfsmittel zur Harmonisierung des Himmel-Bereichs ist ein Stück Selenit, das Sie vor dem Fenster aufhängen, so daß es das Tageslicht einfängt. Dieser herrliche Stein spendet Energie für telepathische Übereinstimmung und verbindet Sie mit Ihrem Partner. Wenn Sie keinen Selenit bekommen, verwenden Sie ein Stück Weißquarz, das an beiden Enden spitz zuläuft – so verdoppelt sich die stärkende Wirkung des Kristalls auf die intuitive Kommunikation in Ihrer Partnerschaft.

Zahl 7: Der See-Bereich des Bagua

Dieser sinnliche Bereich bedarf der Ausgeglichenheit und Heiterkeit. Wählen Sie besser einen konvexen, runden oder ovalen Spiegel als einen quadratischen oder rechteckigen. Hängen Sie ihn – wenn möglich – an der Wand auf, die nach Osten zeigt. Auch dieser Bereich profitiert von einem Kristall, den Sie im Fenster aufhängen; ein Rosenquarz fördert die reine, selbstlose Liebe, ein pinkfarbener Turmalin aktiviert Ihre Gefühle und Ihre tiefvergrabenen Wünsche.

Zahl 8: Der Berg-Bereich des Bagua

Den Berg-Bereich erfüllen Sie mit mehr Energie, wenn Sie einen Spiegel an der Wand aufhängen, die nach Südwesten zeigt. Eine wertvolle Energiequelle liefert eine Schale oder ein Steingefäß mit Kieselsteinen oder winzigen Kristallen in einer Farbe Ihrer Wahl. Stellen Sie die Schale auf den Boden, wo die Strahlen der Sonne und möglichst auch das Licht des Mondes auf sie fallen, um den Fluß der natürlichen Rhythmen und Zyklen der Planeten in Ihr Heim zu holen.

Zahl 9: Der Feuer-Bereich des Bagua

Liebevolle Zuwendung im Feuer-Bereich ist für Ihre Beziehung besonders wichtig. Hängen Sie als erstes einen Wandkerzenhalter auf (oder einen Spiegel, vor den Sie eine Kerze stellen). Die Wand hinter dem Spiegel mit der Kerze sollte in einer leuchtenden Farbe gestrichen oder dekoriert sein: mit roten, purpurfarbenen oder goldenen Wandbehängen oder Tapeten oder einem üppig-schweren Stoff. Alternativ dazu können Sie den Feuer-Bereich mit einem Weißquarz und einem Karneol beleben, die Sie nebeneinander auf eine Oberfläche legen, wo sie das Tageslicht einfangen und die ihnen innewohnende perfekte Harmonie an den Raum abgeben können.

11. Wie Sie Probleme lösen

Dieses Kapitel beschreibt verschiedene Möglichkeiten, Feng Shui zur Lösung von Beziehungsproblemen einzusetzen – unabhängig davon, ob Sie allein oder mit einem Partner leben.

Die in der Einleitung vorgestellte Katzenspirale ist die einfachste Möglichkeit herauszufinden, welcher Bereich Ihres Hauses eine Problemquelle darstellen könnte. Stellen Sie sich vor, Sie sind eine Katze, die sich verlaufen hat und den Weg nach Hause sucht. Vielleicht erinnern Sie sich noch daran, daß Katzen nach Hause finden, indem sie – ausgehend von einer Kreismitte – solange in einem immer weiter werdenden Kreis herumlaufen, bis sie ihr Territorium wiedererkennen. Das kann Monate oder sogar Jahre dauern. Ich habe erlebt, wie mehrere meiner Katzen verschwunden waren, um nach längerer Abwesenheit wieder zurückzukommen; ein entlaufener Siamkater, den wir schon verloren gegeben hatten, tauchte nach über einem Jahr in unserem alten Haus wieder auf, das drei Kilometer von unserem neuen Domizil entfernt lag. Vierzehn Monate hatte er gebraucht, um sein altes Energiezentrum und Territorium wiederzufinden.

Sie werden Ihren Weg mit Hilfe der Katzenspirale viel schneller finden: Wir werden nämlich schummeln. Stellen Sie sich als erstes vor, Sie befinden sich wie eine entlaufene Katze in der Mitte der Katzenspirale, in anderen Worten, im Zentrum der Bagua-Skizze. Wenn Sie wirklich eine Katze wären, müßten Sie nun alle neun Bagua-Energien durchlaufen, bis Sie Ihr Zuhause erreichen. Manche von uns würden dazu sehr lange brauchen. Ich habe mir deshalb eine Abkürzung überlegt, die Sie unverzüglich zu dem Teil Ihres Zuhauses führt, der am dringendsten der Aufmerksamkeit und Zuwendung bedarf.

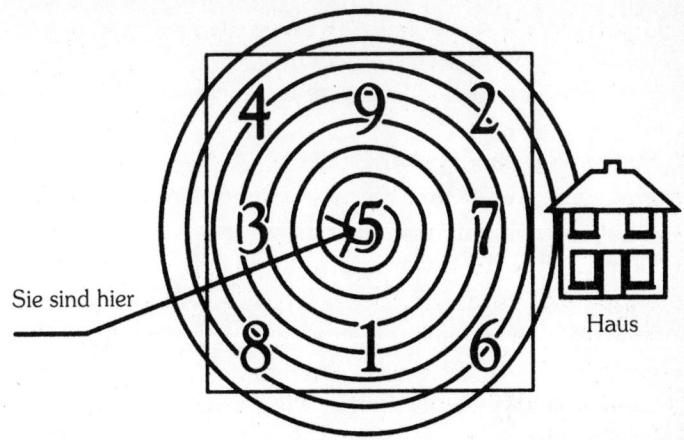

Abbildung 24: Katzenspirale

Lesen und beantworten Sie die folgenden Fragen:
1. Haben Sie sich gerade von Ihrem Partner getrennt? (Hat er Sie verlassen? Haben Sie ihn verlassen? Oder haben Sie die Entscheidung gemeinsam getroffen?)
2. Haben Sie sich gerade »entliebt«?
3. Sind Ihnen Ihre eigenen Wünsche wichtiger als die Ihres Partners oder Ihrer Partnerin?
4. Sind Ihnen die Wünsche Ihres Partners oder Ihrer Partnerin wichtiger als Ihre eigenen Wünsche?
5. Ist es schwierig für Sie, miteinander zu reden?
6. Ist Ihre sexuelle Beziehung abgeflaut?
7. Haben Sie den Verdacht, es könnte eine andere/ein anderer im Spiel sein?
8. Sind Sie selbst in eine Dreiecksbeziehung verwickelt? Betrügen Sie Ihren Partner oder Ihre Partnerin in irgendeiner Form?

9. Haben Sie das Gefühl, in einer Falle zu sitzen?
10. Haben Sie Angst, sich zu binden?
11. Wünschen Sie sich eine engere Bindung, als Ihr Partner sie möchte?
12. Streiten Sie ständig über Geld?
13. Sind Geld, Besitz und Karriere wichtige Themen und/oder Streitpunkte in Ihrer Beziehung?
14. Überschatten die Erwartungen Ihrer Herkunftsfamilien Ihre Beziehung?
15. Reden Sie lieber mit Ihrer Mutter als mit Ihrem Partner, Ihrer Partnerin?
16. Haben Sie das Gefühl, immer wieder auf die Falschen hereinzufallen?
17. Haben Sie viele flüchtige Beziehungen oder One-Night-Stands?
18. Fühlen Sie sich einsam, verloren und verwirrt?
19. Möchten Sie Kinder haben?
20. Steht Ihre Karriere Ihrer Beziehung/Ihrem Liebesleben entgegen?
21. Haben Sie Leichen im Keller, die Ihre Beziehung zerstören könnten?

Abbildung 25 zeigt Ihnen, welches Problem mit welchem Bagua-Bereich verbunden ist. Zu jeder Frage, die Sie mit »ja« beantwortet haben, gibt es einen Bereich Ihres Zuhauses, der eine Problemquelle darstellen kann. Wenn Sie öfter als einmal mit »ja« geantwortet haben, sollten Sie überprüfen, ob die Probleme miteinander zusammenhängen – vielleicht berühren sie den gleichen Bagua-Bereich. Konzentrieren Sie sich auf das Problem, das Sie momentan als das drängendste empfinden. Wenn Sie keine der Fragen mit »ja« beantwortet haben, müssen Sie Ihrem Liebesleben lediglich etwas Glanz verleihen oder eine gute gefestigte Beziehung neu beleben. Haben Sie dagegen das Gefühl, etwas fehle in Ihrem Liebesleben, sollten Sie im nächsten Kapitel weiterlesen.

Frage	Bagua-Bereich	Frage	Bagua-Bereich
1	Wasser 1	12	Wind 4
2	Donner 3	13	Wind 4
3	Berg 8	14	Donner 3
4	Berg 8	15	Erde 2
5	Berg 8	16	Erde 2
6	See 7	17	See 7
7	Donner 3	18	Erde 2
8	Donner 3	19	Feuer 9
9	Wind 4	20	Himmel 6
10	Wind 4	21	Himmel 6
11	Wasser 1	22	Feuer 9

Abbildung 25: Die Auflösung der Katzenspirale

Nachdem Sie jetzt wissen, welchem Bagua-Bereich Sie Ihre Aufmerksamkeit schenken müssen, legen Sie die Bagua-Skizze über den Plan Ihres Hauses, um zu sehen, in welchem Raum Korrekturen notwendig sind. Die folgenden Abschnitte erklären, wie Sie einen Problembereich mit neuer Balance und Harmonie erfüllen. Lesen Sie zunächst den ersten Abschnitt über die Umgebung des Hauses: Veränderungen im Innenbereich können nur Wirkung zeigen, wenn auch die äußere Umgebung stimmt.

Draußen vor der Tür

Im traditionellen Feng Shui sind die Außenbereiche des Hauses, vor allem der Platz vor der Haustür, der Vorgarten und der Zaun neben der Gartentür, sehr wichtig. Dieser Bereich heißt der Rote Vogel. Richtig gestaltet geht eine überaus positive Wirkung von ihm aus.

Erstens: Liegt Ihr Haus, Ihre Wohnung oder Ihr Zimmer am Ende einer Straße, zum Beispiel einer Sackgasse? Zweitens: Läuft eine Straße oder ein Weg direkt auf Ihr Haus zu (siehe

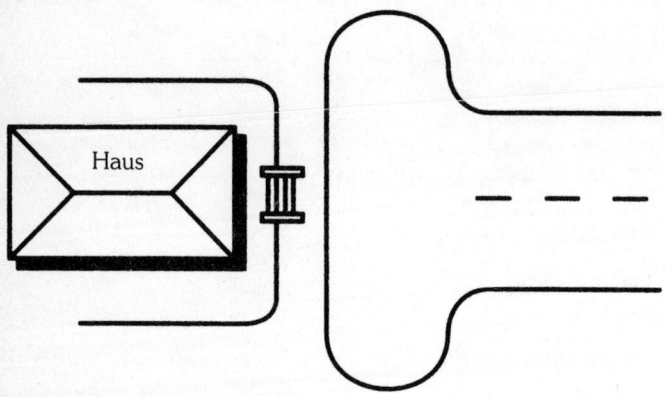

Abbildung 26: Ein Haus am Ende einer Sackgasse befindet sich in einer ungünstigen Position. Abhilfe ist notwendig.

Abbildung 26 und 27). Ist beides der Fall, müssen Sie unverzüglich etwas unternehmen, um Abhilfe zu schaffen. All die Energie, die mit der Straße direkt auf Sie zuläuft, ist nicht sehr günstig! Im Feng Shui heißt diese Art des Chi »Verborgener Pfeil«. Ihn wollen wir unserem Haus möglichst fern halten!

Die Energie des verborgenen Pfeils läßt sich leicht abwenden: Falls Sie eine Veranda haben, bringen Sie dort Windspiele an. Alternativ dazu stellen Sie zu beiden Seiten der Haustür Pflanzen auf oder Sie legen, wenn Sie Platz dafür haben, einen Teich mit einem Springbrunnen an. Wofür Sie sich entscheiden, bleibt Ihrem Geschmack überlassen. Wenn Sie darüber hinaus eines der Hilfsmittel für Ihr Element aufstellen, lenken Sie die Energie des verborgenen Pfeils und ihre negativen Schwingungen ab. Ihr Wohn- und Wohlgefühl bekommt so einen guten Start.

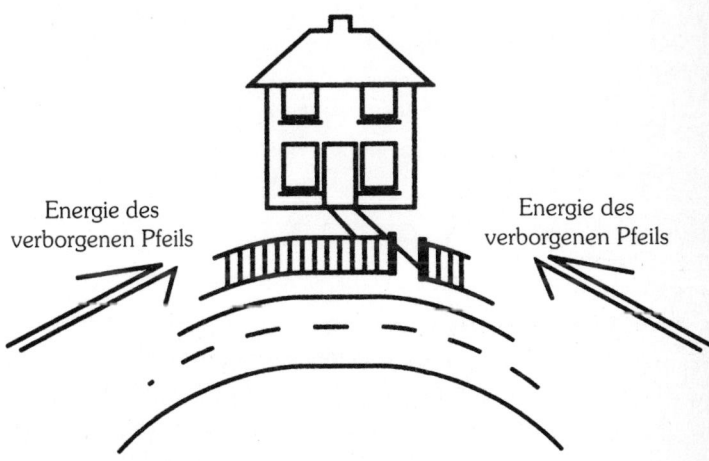

Abbildung 27: Dieses Haus ist anfällig für die Energie des verborgenen Pfeils.

Befindet sich der Garten in einem guten Zustand? Ist der Vorgarten von Unkraut überwuchert oder voller Müll? Verläuft der Weg zum Haus in sanften Kurven oder ist er die kürzeste Verbindung zwischen Straße und Haustür? Die meisten Menschen, die in der Stadt wohnen, haben entweder einen kerzengeraden oder überhaupt keinen Weg. Möglicherweise spiegeln Müll und ungeschnittene Pflanzen Ihren Seelenzustand wider. Wenn Sie ständig Entschuldigungen finden, warum Sie das Laub nicht kehren und herumliegendes Papier neben den Eingangsstufen nicht wegräumen, finden Sie möglicherweise auch Entschuldigungen für Ihr Leben. Das Schneiden der Bäume und das Entfernen von Müll kann eine bemerkenswerte Wirkung auf Ihre Beziehung haben!

Wenn auf dem Weg zu Ihrem Haus ein langer, gerader Pfad oder steile Stufen zurückzulegen sind, können Sie negative Energie durch ein ganz einfaches Hilfsmittel ablenken: Hängen Sie Blumenampeln vor der Tür auf oder stellen Sie Töpfe mit Winterstiefmütterchen neben die Haustür. Wenn Sie in einer Wohnung leben, die am Ende eines langen Ganges liegt, hängen Sie ein Windspiel vor die Tür oder stellen Sie einen großen Terracotta-Topf mit Zweigen neben den Fußabstreifer.

Küche

Wenn Ihr Problembereich die Küche ist, sollten Sie sich gründlich darin umsehen und die folgenden Veränderungen vornehmen. Es gehört zu den grundlegenden Erkenntnissen des traditionellen Feng Shui, daß Wasser und Feuer entgegengesetzte Energien sind: Der Herd verkörpert das Feuer, die Spüle das Wasser. Deshalb sollten Herd und Spüle nicht direkt nebeneinander stehen. Wenn Sie, wie die meisten von uns, eine Einbauküche haben, ist eine Trennung der Wasser- und der Feuer-Stelle schwierig oder sogar unmöglich.

Dann müssen Sie mit einem Holz-Hilfsmittel Abhilfe schaffen, das die beiden intensiven Energiequellen Feuer und Wasser voneinander abgrenzt: Dafür eignet sich eine kleine Pflanze auf einem Regal, ein Holzlöffel, der an der Wand zwischen Herd und Spüle hängt, oder ein Foto oder Bild, auf dem Bäume oder der Regenwald zu sehen sind. Sie sorgen dafür, daß die Energie sich harmonisiert und verhindern, daß Ihr Problem sich unnötig aufheizt!

Der chinesischen Philosophie zufolge ist die Küche der kreativste und energiespendendste Raum des Hauses. Auch wenn Sie sich lieber im Schlafzimmer oder Bad aufhalten, ist die Küche der Raum, in dem das Leben mit Energie versorgt wird: Hier wird gekocht, und der Prozeß, Zutaten zu mischen und etwas Neues daraus entstehen zu lassen, ist eine rätselhafte, aufregende Erfahrung. In einer Zeit, in der Kochen vor allem darin besteht, Tiefkühl-Pommesfrites in den Backofen oder Fischstäbchen in die Mikrowelle zu schieben, mag das absurd klingen. Aber denken Sie einmal darüber nach: Wenn Sie sich verliebt haben oder wenn Ihr Nestinstinkt durchschlägt – was machen Sie dann am liebsten (außer miteinander ins Bett zu sinken)? Sie kochen ein romantisches Dinner für zwei. Wenn Ihre Küche unter schmutzigem Geschirr und leeren Dosen begraben ist und sich im Kühlschrank nur angeschimmelte Reste und Joghurts mit abgelaufenem Verfallsdatum befinden, ist es an der Zeit, Ordnung zu schaffen. Ein romantisches Abendessen kocht sich nicht von selbst, sondern Ihr Inneres und Ihr Zuhause müssen dafür bereit sein. Wenn Sie also alleine leben und sich eine neue Liebe wünschen, sollten Sie erst einmal Ihre Küche auf den Prüfstand stellen. Denn: Wenn wir es schaffen, unsere Küche mit guter Energie zu erfüllen, bekommen wir auch unsere Beziehungsprobleme in den Griff.

Nachdem Sie den Müll beseitigt und Ofen und Spüle durch ein Hilfsmittel voneinander getrennt haben, sind eine Reihe weiterer Veränderungen notwendig, um Ihr Heim zu harmonisieren und Ihre Probleme zu lösen. Der Herd sollte der stärksten Lichtquelle gegenüberstehen, d. h. nach Süden zeigen. Wenn Sie es sich nicht leisten können, den Herd auf die andere Seite der Küche zu verlegen, hängen Sie einen Spiegel mit abgeschrägten Ecken oder einen Weißquarz-Kristall auf: Sie werfen das natürliche Licht auf den Ofen zurück.

Nach dem Schlafzimmer ist die Küche einer der wichtigsten Orte für gesunde, starke Beziehungen. Nachdem Sie die genannten Veränderungen realisiert haben, können Sie zusätzlich noch das in Kapitel 5 beschriebene Hilfsmittel für Ihr Element aufstellen. Falls in Ihrer Küche alles zu stimmen scheint, und das Problem trotzdem fortbesteht, wenden Sie zusätzlich eines der Hilfsmittel an, die in Kapitel 7 Beziehungsbereiche beschrieben sind.

Bad und Toilette

In vielen Fällen ist das Bad eine echte Problemquelle. Es sieht vielleicht nicht so aus, aber die Toilette ist der Ort, wo Ihre Partnerschaft den Bach hinuntergehen kann, wenn Sie nicht aufpassen! Natürlich ist das Bad ein Raum, in dem Sie größere Veränderungen kaum ohne Klempner vornehmen können. Wenn Sie befürchten, mit den Überresten Ihres schönen Essens für zwei könnte auch Ihre gute Energie durch den Abfluß rauschen, sollten Sie es erst einmal mit den folgenden Korrekturen versuchen, ehe Sie einen größeren Umbau ins Auge fassen.

Achten Sie vor allem darauf, den Klodeckel und die Tür zur Toilette nach Gebrauch immer zu schließen. Stellen Sie keine Hängepflanzen auf den Spülkasten. Pflanzen, die Sie auf den Boden stellen, müssen mindestens über die Toilette hinausragen. Anderenfalls würde Energie angezogen und weggeschwemmt, sobald Sie die Spültaste drücken.

Liegt Ihr Problembereich im Badezimmer, umgeben Sie sich beim Baden mit Kerzen, um eine positive und belebende Energie zu schaffen; verbrennen Sie Räucherstäbchen aus Sandelholz und stellen Sie einen Rosenquarz im Bad auf – aber nicht auf den Spülkasten!

Schlafzimmer

Zur Verbesserung Ihrer sexuellen Beziehung müssen Sie Ihr Schlafzimmer mit Energie erfüllen. Eine Glas- oder Steinpyramide eignet sich ausgezeichnet als Energiespender in einem Schlafzimmer, das ein Problembereich ist. Trotz ihrer spitz zulaufenden Kanten hat die Pyramide die Kraft, Energie, die schlecht fließt, umzulenken und anzuziehen. Als nächstes sollten Sie sicherstellen, daß der Raum aufgeräumt ist, daß das Fußende des Bettes nicht direkt in Richtung Tür zeigt, und daß sich über Ihrem Kopf keine Balken befinden. (Falls das doch der Fall sein sollte: Kapitel 13 erklärt das Problem von Energiezentren und wie man damit umgeht.) Um Ihr persönliches Problem zu lösen, hängen Sie Windspiele ins Fenster und bringen Sie einen ovalen oder runden Spiegel an, der die Schlafzimmertür und eventuell vorhandene andere Türen reflektiert, die dem Schlafzimmer gegenüber liegen.

Wohnzimmer

Neben der Küche ist das Wohnzimmer der wichtigste Raum für den Empfang und die Bewirtung von Gästen. Es ist der Raum, in den wir die Außenwelt einladen – Freunde, Verwandte, Fremde. Es ist gewissermaßen unser Schaufenster, ein Spiegel unserer Selbst. Wenn man erst einmal einige Zeit in einem Haus oder einer Wohnung gelebt hat, gewöhnt man sich an seine Umgebung und nimmt fettige Fingerabdrücke und unappetitliche Kaffeeflecken nicht mehr wahr. Besucht man dagegen andere Menschen in ihrem Zuhause, so setzt sich der erste Eindruck, den man dort gewonnen hat, für lange Zeit fest – ähnlich wie der erste Eindruck, wenn Sie sich verlieben, oder wenn Ihr Blick in einem Raum voller Menschen dem eines Fremden begegnet. Eindrücke können negativ sein und manchmal erfüllen uns das Denken und der Lebensstil anderer mit Unbehagen. Wir alle reagieren auf die eine oder andere Weise auf fremde Wohnumgebungen, und wir alle machen uns Gedanken darüber, was die öffentlichen Räume unseres eigenen Hauses über uns aussagen.

Versuchen Sie einmal, Ihr Wohnzimmer mit objektiven Augen zu sehen. Das Wohnzimmer ist der Raum, der Sie und Ihre Beziehung atmet. Es ist die Schwelle Ihres Selbst! Wenn Ihr Problembereich im Wohnzimmer liegt, sollten Sie deshalb das Sofa so stellen, daß es dem Fenster gegenübersteht. In der Mitte des Raumes lassen Sie eine Fläche frei, durch die Freunde und Fremde hindurchgehen können, ohne den Energiefluß des Raumes zu stören, der an den Wänden entlang zirkuliert.

Für die Wohnzimmermöbel empfehlen sich gerundete Beine, Armlehnen und Kanten. Hängen Sie einen Spiegel auf, der möglichst viel Tageslicht einfängt und reflektiert. Wählen Sie warme, einladende Farben, zum Beispiel weiche Terracottatöne, Salbeigrün, Aprikose oder ein sanftes Rosa.

Falls Ihr Problembereich in einem hier nicht genannten Raum liegt, zum Beispiel der Diele, einer Galerie, einer Treppe oder einem Abstellraum, dann sollten Sie sicherstellen, daß der Raum sauber und aufgeräumt ist. Hängen Sie einen Weißquarz in das Fenster, durch das am meisten Licht hereinströmt, oder in den hellsten Teil des Raumes.

12. Wenn etwas fehlt oder stört

Fehlt etwas in Ihrem Liebesleben?

Können Sie nicht so recht sagen, warum etwas in Ihrem Leben schief läuft? Meinen Sie, in Ihren Beziehungen gäbe es keine echte Chance auf mehr Harmonie? Möglicherweise sind Ihre Probleme darauf zurückzuführen, daß in Ihrem Haus oder Ihrer Wohnung bestimmte Bagua-Bereiche einfach nicht vorhanden sind. Das sehen Sie, wenn Sie die Bagua-Skizze über den Grundriß Ihres Hauses legen.

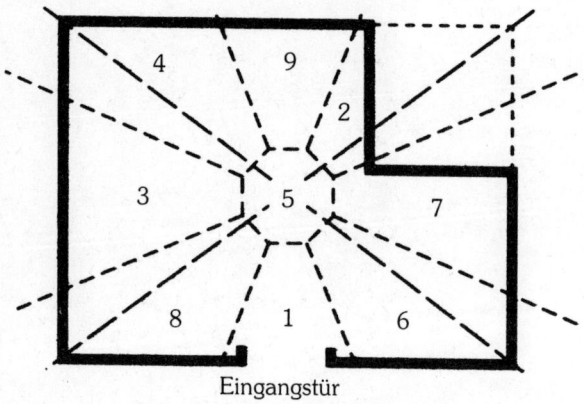

Eingangstür

Abbildung 28: Fehlendes Bagua. In diesem Beispiel fehlt ein großer Teil von Erde.

In Abbildung 28 zum Beispiel fehlt der Erde-Bereich des Bagua. Wenn auch in Ihrem Haus ein Bagua-Bereich fehlt, müssen Sie versuchen, ihn zurückzugewinnen. Bei Häusern mit ungewöhnlichen Formen oder Auskragungen sind oft ein oder mehrere Bagua-Bereiche nicht vorhanden. Mit einem Spiegel läßt sich das Problem sehr einfach korrigieren.

Bringen Sie an der Wand, wo der Bagua-Bereich fehlt, einen Spiegel an; auf diese Weise entsteht die Illusion, der Raum setze sich weiter fort, als das in Wirklichkeit der Fall ist, und die Energie kehrt in den durch den Spiegel vorgetäuschten Raum zurück. Befindet sich dort, wo der Bagua-Bereich fehlt, eine Tür oder ein Fenster, hängen Sie einfach einen kleinen konvexen Spiegel an das Türblatt oder ins Fenster.

Ist Ihr Liebesleben Störungen ausgesetzt?

Eine andere Übung: Lehnen Sie sich in Ihren Lieblingssessel zurück, legen Sie die Füße hoch, schließen Sie die Augen und stellen Sie sich vor, wie Sie sich in den verschiedenen Zimmern Ihres Hauses oder Ihrer Wohnung fühlen. Wenn Sie in einem Einzimmerapartment leben oder nur einen Raum zur Verfügung haben, visualisieren Sie sich in verschiedenen Teilen des Zimmers. Um herauszufinden, was in Ihrer sexuellen Beziehung fehlt, stellen Sie sich vor, wie Sie in verschiedenen Lagen in Ihrem Bett liegen.

Lesen Sie die folgenden Fragen und lassen Sie für jeden Raum Ihrer Wohnung die entsprechenden Bilder an Ihrem Auge vorbeiziehen:
1. Fühlen Sie sich in dem Zimmer (a) wohl oder (b) unwohl?
2. Empfinden Sie es als (a) warm und einladend oder als (b) dunkel und bedrohlich?

3. Vermittelt es Ihnen (a) ein Gefühl der Freiheit und Zielstrebigkeit oder (b) fühlen Sie sich dort von Erinnerungen verfolgt?
4. Empfinden Sie es als (a) offen und großzügig oder als (b) klaustrophobisch?
5. Erleben Sie dort (a) Friede und Harmonie oder (b) innere Unruhe und Lärm von draußen?

Wenn Sie eine dieser Fragen mit (b) beantwortet haben, sollten Sie das betreffende Zimmer auf der Stelle putzen und aufräumen.

Wenn Sie während der Visualisierung einen der Räume als irgendwie unangenehm empfinden, sollte Ihnen das zu denken geben. Als nächstes legen Sie nun die Bagua-Skizze über den Grundriß Ihres Hauses. Stellen Sie fest, welcher Bereich des Bagua und Ihrer Beziehung eine Quelle störender Energie darstellen könnte. Vielleicht empfinden Sie Ihr Schlafzimmer als einen Ort, in dem Sie Erinnerungen an die Vergangenheit einholen. Wenn Sie anschließend anhand der Bagua-Skizze feststellen, daß der Donner-Bereich in diesem Raum liegt, ist die Sache ganz einfach: Stellen Sie einfach ein Donner-Hilfsmittel auf, um die Harmonie wiederherzustellen.

Im folgenden finden Sie eine Liste der Bagua-Hilfsmittel, die Sie in einen Raum oder Bereich mit störenden Energien stellen:

Wenn der Raum mit Wasser korrespondiert: Füllen Sie ein Glas- oder Steingefäß mit Quellwasser. Versprühen Sie jeden Abend etwas Lavendelduft oder Rosenwasser.

Wenn der Raum mit Erde korrespondiert: Stellen Sie ein Stück Malachit oder Rauchquarz auf ein Fensterbrett oder in das direkte Sonnenlicht.

Wenn der Raum mit Donner korrespondiert: Stellen Sie ein Stück Treibholz oder einen abgebrochenen Zweig neben die Tür.

Wenn der Raum mit Wind korrespondiert: Hängen Sie ein kleines Windspiel ins Fenster. Achten Sie bei seiner Auswahl auf einen angenehmen Klang.

Wenn der Raum mit Mitte korrespondiert: Stellen Sie ein Stück Rosenquarz in der Raummitte oder in der Mitte eines Tisches auf.

Wenn der Raum mit Himmel korrespondiert: Stellen Sie eine hohe Solitärpflanze an einem hellen oder schattigen Platz auf. Allerdings: Ein Kaktus ist für diesen Zweck ungeeignet, weil sein stacheliges Aussehen unharmonische Energie schafft.

Wenn der Raum mit See korrespondiert: Das einfachste Hilfsmittel ist ein einzelner Blutstein. Falls Sie keinen Blutstein bekommen, stellen Sie eine rote Kerze auf, die Sie Abend für Abend anzünden.

Wenn der Raum mit Berg korrespondiert: Hängen Sie einen Spiegel gegenüber dem Fenster auf, um das Licht der Sonne und des Mondes anzuziehen.

Wenn der Raum mit Feuer korrespondiert: Zünden Sie Räucherstäbchen an, wann immer Sie sich darin aufhalten, um die starke Energie im Raum zu reinigen und zu läutern.

13. Energiezentren in Ihrer Wohnung

Dieses Kapitel beschreibt, wie Sie mit Energiezentren umgehen. Erinnern Sie sich: Gute Energie fließt in Wirbeln, negative Energie – die verborgenen Pfeile – geradlinig. Kurven bedeuten freundliches Yin, weil die Spirale die Energie in unserem Herzen hält; die angriffslustigen Pfeile der Yang-Energie dagegen können dazu führen, daß wir unsere Liebe verlieren und uns leer und ausgebrannt fühlen – so als hätte ein Pfeil unser Herz durchbohrt.

In Ihrem Haus gibt es Stellen, in denen starke Energien entstehen können, gute wie schlechte. Eine Balance erreichen Sie, wenn Sie die guten Energien fördern und den schlechten Energien Raum geben, sich aufzulösen. Das spiegelt die seelischen Vorgänge wider, die in Ihnen ablaufen: Wenn Sie allen Ärger in sich aufstauen, statt Dampf abzulassen, wird er Sie von innen her zerfressen. Die Unfähigkeit, Ärger auszudrücken, ist ein Grund für Beziehungsprobleme aller Art. Da aber Ärger niemandem erspart bleibt, müssen wir eine Möglichkeit finden, damit umzugehen.

Vielleicht sind Sie ein leidenschaftlich-sinnlicher Mensch und brauchen es einfach, ab und zu ein Glas gegen die Wand zu werfen, während Ihr Partner Aggressionen eher intellektuell durch Worte und Gespräche bewältigt. Bei dieser Konstellation sind Probleme vorprogrammiert. Ganz egal, wie Sie Ihre Gefühle ausdrücken: Eine Balance der starken Energiefelder Ihres Zuhauses hilft Ihnen, Ihren Ärger sinnvoll zu kanalisieren.

Die Küche ist einerseits das problematischste, andererseits

aber auch das verheißungsvollste Energiezentrum des Hauses. Das liegt daran, daß wir mit der Essenszubereitung Harmonie um uns herum schaffen: Natürlich sind Küche und Kochen ein Symbol für Ernährung, Stärkung und Verwöhnung. Der Vorgang des Kochens steht für die Verschmelzung zwischen Ihnen und Ihrem Partner – hier zeigt sich, ob es Ihnen gelingt, aus ein paar Grundzutaten ein knusprig-duftendes Brot zu backen!

Energie in der Küche

Die Küche ist ein wichtiger Ort für die Pflege und den Erhalt von Beziehungen. Wir haben in Kapitel 11 kurz über den Herd gesprochen. Die Lebendigkeit Ihrer Beziehung kann aber auch davon abhängen, wieviel Leben in Ihrer Küche herrscht.

Feuer sorgt für Erleuchtung und zeigt uns den Weg nach vorne. Wenn Sie in Ihrer Küche kochen, essen und glücklich sind, können Sie auch lieben und Ihre Beziehung positiv verändern. Das wichtigste Energiezentrum ist der Herd – ganz gleich, ob sie einen Elektroofen, Gasherd, Aga, Campingkocher oder eine Mikrowelle haben. (Eine Mikrowelle als einzige Kochstelle ist allerdings wenig empfehlenswert. Sie ist kalte Energie – nicht Feuer, sondern Metall. Wenn Ihnen an einer schwierigen Beziehung gelegen ist: Ständige Mahlzeiten aus der Mikrowelle sind ein sicherer Weg dorthin.)

In chinesischen Häusern gehörte das Aufstellen des Herdes zu den wesentlichen Voraussetzungen für gutes Feng Shui. Viele Feng-Shui-Meister sehen sich als erstes den Herd an und prüfen, ob sein Platz und seine Ausrichtung günstig für das Haus und seine Bewohner gewählt sind.

Checkliste

1. Befindet sich der Herd unter einem Fenster? Falls ja, müssen Sie ihn an einem anderen Platz aufstellen. Anderenfalls entschwindet seine Energie schneller durchs Fenster hinaus, als Sie ein Streichholz anzünden können. Ist es nicht möglich, den Herd umzustellen, hängen Sie ein paar Pflanzen ins Fenster. Oder bringen Sie ein Holzgitter an, an das Sie Kochlöffel oder Paletten aus Holz hängen, die die Energie aufnehmen und wieder in die Küche zurückleiten. (Holz ist das Element, das das Feuer schürt.)

2. Steht der Herd genau gegenüber der Tür? Falls ja, müssen Sie möglicherweise einen anderen Platz für ihn finden. Die Chinesen stellen den Herd vernünftigerweise immer so auf, daß sie die Hintertür im Blick haben. Das gilt übrigens für alle Möbel, an denen Sie stehen oder auf denen Sie sitzen oder liegen. Wenden Sie niemals Ihre verletzlichste Stelle einer offenen Tür zu: Es ist genauso gefährlich, etwas den Rücken zuzuwenden, das von hinten hereinkommen könnte, wie jemandem den Rücken zuzuwenden, der Sie gleich überfallen wird. Die verborgenen Pfeile des dunklen und bedrohlichen Chi stechen Ihnen und Ihrer Beziehung in den Rücken, wenn Sie Ihnen die Gelegenheit dazu bieten.

3. Bekommt der Herd genügend Licht? Feuer erzeugt Licht; aber die meisten modernen Herde haben keine offene Flamme mehr, die während des Garens das Essen bescheint. Deshalb müssen Sie dafür sorgen, daß viel natürliches Licht in Ihre Küche strömt und beim Kochen die Lebensmittel in einen hellen Schein taucht. Ist das nicht möglich, sollten Sie einen Spiegel aufhängen, der das Licht so reflektiert, daß es auf das Essen fällt. (Bei uns im Norden heißt das, daß der Herd nach Südosten zeigen sollte; in der südlichen Hemisphäre sollte er nach Nordosten zeigen.)

Energie in der Toilette

Die Toilette ist ein wichtiger Ort für die Definition unserer Beziehung zum Geld, noch mehr aber für die zu unserem Partner.

Interessanterweise bestehen die Chinesen darauf, daß der Toilettendeckel sowohl im Gäste-WC als auch im Badezimmer immer heruntergeklappt sein muß. Denn: Wenn Sie den Toilettendeckel offen lassen, können Sie sich durch die unkanalisierte schlechte Energie Ihr Glück in Gelddingen verscherzen. Ihre Fähigkeit, Geld zu machen, rinnt durch den Abfluß.

Es wäre riskant genug, Ihr Vermögen auf diese Weise zu verspielen. Vor allem aber: Unsere finanzielle Situation ist auch ein Symbol für das Glück, das wir in unseren Beziehungen empfinden. Schließen Sie deshalb unbedingt vor dem Spülen den Toilettendeckel: So verhindern Sie, daß Ihre persönliche Energie, die Sie befähigt, zu begehren und andere zu gewinnen, irgendwo im Abwassersystem Ihrer Stadt verlorengeht.

Energie im Bett

Das Bett ist ein wichtiges Zentrum für Sexualität, Transformation und psychische Energie.

Aus naheliegenden Gründen ist das Bett für jede sexuelle Beziehung von großer Bedeutung. Gleichzeitig ist es der Platz, wo Sie schlafen. Schlaf ist etwas Wunderbares, jedenfalls solange Sie nicht von Alpträumen geplagt werden oder furchtbare Ängste Sie morgens um vier aufschrecken. Wenn Ihr Bett an einem ungünstigen Platz steht, werden Sie schlechten Sex haben und schlecht schlafen. Deshalb sollten Sie die folgenden Anregungen sehr ernst nehmen.

Weist Ihr Bettende genau in Richtung Tür? Falls ja, stellen Sie das Bett um oder bringen Sie zumindest einen Spiegel über dem Betthaupt an; er dient dazu, die geradewegs auf Sie zukommende Energie der verborgenen Pfeile abzulenken.

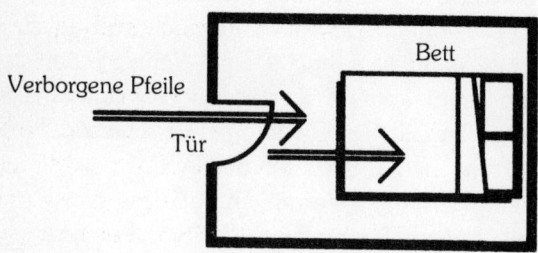

Abbildung 29: Eine ungünstige Position für das Bett. Versuchen Sie, es umzustellen oder einen Spiegel über dem Betthaupt aufzuhängen

In vielen Ländern wird aus Aberglaube vermieden, das Bett in der gezeigten Position aufzustellen. Das liegt vor allem daran, daß Tote mit den Füßen voran durch die Tür hinausgetragen werden. Wenn Ihre Füße beim Schlafen in Richtung Tür weisen, werden Ihnen keine friedlichen Nächte beschert sein. Die verborgenen Pfeile unheilvoller Energie können durch die Tür herein und direkt über Ihr Bett hinwegfegen. Unterbrochener Schlaf und zerbrochene Beziehungen können die Folge sein.

Liegen Sie direkt unter einem Deckenträger oder einem schweren Balken, der längs oder quer über Ihrem Bett verläuft? Versuchen Sie in beiden Fällen, das Bett anderswo aufzustellen. Solche »feindlichen Linien«, wie ich sie nenne, können Ihr Liebesleben, Ihren Schlaf und, was noch schlimmer ist, Ihre psychische Energie zerstören. Natürlich können Sie Konflikte dieser Art auch durch geschicktes Umgehen der feindlichen Linien lösen: Wenn Sie das Bett nicht umstellen können, oder es auch an einer anderen Stelle wieder unter einem Deckenträger oder einem Balken stehen würde, müssen Sie in die Trickkiste greifen und Bettdecken, Laken oder Bettbezüge mit einem ausdrucksstarken Linienmuster wählen, das im rechten Winkel zu den Balken verläuft. So lenken Sie den Feind von Ihrem Bett ab und schaffen ein Gegengewicht zu dem geraden, negativen Chi.

Schließlich sollten Sie darauf achten, keine Lampen direkt über Ihrem Bett aufzuhängen. Negative Energie konzentriert sich auf den Teil Ihres Körpers, über dem die Lichtquelle hängt. Schmerzen und Befindlichkeitsstörungen können die Folge sein. Entfernen Sie die Lampen – oder finden Sie einen anderen Platz für das Bett.

14. Wie Sie mit negativer Energie umgehen

Wahrscheinlich werden Sie irgendwann im Leben einmal umziehen – sei es, weil Sie es müssen, sei es, weil Sie es wollen. Denken Sie dann daran, daß vielleicht andere Menschen vor Ihnen in Ihrem neuen Haus gelebt haben – mit allem was dazu gehört, auch ihrem emotionalen Ballast. Wenn Sie auf die zurückgelassene Energie früherer Hausbewohner treffen, so ist das ein bißchen, als würden Sie in ein Haus voller Geister ziehen. Wenn Sie das Gefühl haben, Sie können sich in der Küche nicht wohl fühlen, weil sie (a) in einem abstoßenden Grünton gestrichen ist und einen neuen Anstrich braucht und weil sie (b) kalt und abweisend wirkt, müssen Sie gegen (b) möglicherweise ebenso viel unternehmen wie gegen (a). Gerade in einer guten Beziehung ist die Gefahr groß, daß wir die Energie nicht wahrnehmen, die zurückbleibt, wenn andere Menschen Spuren ihres Lebens in einem Haus hinterlassen haben. Dabei gibt es ein einfaches Rezept dagegen.

1. Entrümpeln Sie das ganze Haus und unterziehen Sie es einem gründlichen Frühjahrsputz.
2. Stellen Sie ein Hilfsmittel auf, das Sie besonders gerne mögen und das für Ihr Element (oder Ihre beiden Elemente) geeignet ist.
3. Stellen Sie mit Hilfe der Bagua-Skizze fest, welche Art der Energie für Sie und Ihre Beziehung momentan am wichtigsten ist und nehmen Sie die in Kapitel 7 beschriebenen Veränderungen vor.

4. Alte »schwere« Energie aus einer schlechten Ehe läßt sich leicht vertreiben. Zünden Sie zur Reinigung des Raums Kerzen oder Räucherstäbchen an, durchbrechen Sie die alte Energie mit einem Lied oder breiten Sie die Arme aus und fegen Sie die alte Energie buchstäblich aus dem Haus.

5. Sobald die alte Energie fort ist, heißen Sie sich selbst in Ihrem neuen Heim willkommen. Berühren Sie die Wände, die Möbel, die Decken und die Türen. Lassen Sie das Haus wissen, daß Sie eingezogen sind – egal ob Sie für immer oder nur vorübergehend darin wohnen möchten. In dem Raum um Sie herum soll sich Ihre Energie mit der Ihres Partners und Ihrer Freunde verbinden, nicht mit alter, ausgelaugter Energie, die frühere Hausbewohner zurückgelassen haben.

Und schließlich: Nehmen Sie, wenn Sie aus Ihrem alten Haus ausziehen, all Ihre Energie mit sich. Das geht ganz einfach: Wenn Sie ein letztes Mal durch die alten Räume gehen, tun Sie so, als würden Sie in jedem Zimmer die Energie mit den Händen einsammeln. Ist Ihr Haus voller schmerzlicher Erinnerungen, so nehmen Sie auch diese mit sich. Werfen sie die schlechte alte Energie dann draußen an einem Ort weg, wo sie sich in größeren Energiefeldern und den Schwingungen des Windes auflösen kann. Auf keinen Fall sollten Sie die schlechte Energie Ihren Nachmietern zurücklassen. Wenn Sie traurig sind wegzuziehen oder das Haus mit vielen guten Erinnerungen verbinden, dann sammeln Sie diese Erinnerungen ein, um sie mitzunehmen. Bei der Ankunft in Ihrem neuen Zuhause geben Sie sie behutsam in dem Bagua-Bereich frei, der am meisten Harmonie ausstrahlt.

Was Sie nicht tun sollten

Das folgende Beispiel zeigt, wie Sie Feng Shui besser nicht einsetzen.

Jay und Susie waren seit fünf Jahren zusammen, aber keiner wollte in die Wohnung des anderen ziehen. Beide waren beruflich erfolgreich und wollten weder eine konventionelle Ehe noch Kinder – zumindest noch nicht zu diesem Zeitpunkt.

Susie schätzte ihre Unabhängigkeit, und Jay war ständig geschäftlich in Europa unterwegs. Nach einer Weile vermutete Susie allerdings: »Jay bekommt seinen Sex woanders.« Er vergaß oft, sie anzurufen, wenn er am Wochenende verreist war. Wenn er sie besuchte, stöhnte er über den Job und die vielen Reisen. Statt den Abend so wie früher mit Susie bei einer Flasche Wein im Bett zu verbringen, legte er lieber die Füße vor dem Fernseher hoch.

»Unsere Beziehung ist sexuell am Ende«, vertraute sie mir eines Abends am Telefon an. Ich schlug ihr daraufhin ein paar gezielte Veränderungen im See-Bereich ihres Hauses und ihres Schlafzimmers vor. Sie sollte aber, sagte ich ihr, nicht darauf bestehen, daß auch Jay Feng Shui anwandte – zumindest nicht, bis sich ihre Beziehung verbessert hatte. Leider gehört Susie zu den Menschen, die ihre Ansichten und Meinungen anderen unverblümt aufdrängen. Und so versuchte sie, Jay zu überreden, sein Badezimmer umzubauen, Kristalle ins Fenster zu stellen und sein Schlafzimmer nach ihren Vorstellungen umzugestalten. Ich glaube, einmal ging sie sogar heimlich in seine Wohnung, um dort ein paar Feng-Shui-Hilfsmittel anzuwenden. Jay war davon alles andere als begeistert. Ein paar Tage später teilte sie mir die bittere Neuigkeit mit: Jay war frühmorgens mit der ersten Maschine nach Paris geflogen und hatte gesagt, es sei an der Zeit, sie würden erst einmal Abstand voneinander gewinnen.

Aber Susie gab nicht nach. Sie räumte ihr Schlafzimmer auf und unterzog ihre Küche, den See-Bereich ihrer Wohnung, einem gründlichen Frühjahrsputz. Danach stellte sie die Hilfsmittel auf, die ich ihr vorgeschlagen hatte. Nach ein paar Wochen meldete sich Jay wieder bei ihr und war bereit, über ihre Beziehung zu sprechen. Sie fingen an, über ihre Bedürfnisse zu reden. Irgendwann konnte Susie ihm auch nahelegen, sein Bett so umzustellen, daß es nicht mehr direkt unter einem Deckenbalken stand.

Durch die Veränderungen an ihrer äußeren Umgebung begann Susie, sich auch innerlich zu verändern. Sie fing an, das Dilemma ihrer Beziehung aus einer anderen Perspektive zu betrachten. Schritt für Schritt lernte sie, Jay zuzuhören, statt sich automatisch im Recht zu fühlen. Je intensiver sie sich mit ihrer eigenen Persönlichkeit und ihren Problemen mit Jay auseinandersetzte, desto mehr begann sie, sowohl ihre Bedürfnisse als auch die von Jay zu respektieren. Ihre neue Energie begann, auch auf Jay abzufärben. Ironischerweise funktionierte Feng Shui für Susie, obwohl sie die Beziehung durch ihre Anmaßung beinahe zerstört hätte.

Obwohl die Sache gut für Susie ausging, lautet die Moral von der Geschichte: Glauben Sie nicht, Sie könnten ohne weiteres die Wohnung Ihres Partners verändern. Setzen Sie sich zuerst mit sich selbst auseinander.

15. Hilfsmittel zur Gestaltung Ihrer Umgebung

Dieses Kapitel enthält eine Übersicht der Hilfsmittel, mit denen Sie Ihr Zuhause umgestalten können. Es liefert Ihnen zusätzliche Anregungen für die Harmonisierung Ihres Elements und beschreibt, mit welchen Hilfsmitteln Sie welche Form von Energie gewinnen können. Außerdem erfahren Sie, wie Sie Hilfsmittel erfolgreich anwenden und welche Fehler Sie dabei vermeiden müssen.

Dieses Kapitel soll keine Einladung an Sie sein, Spiegel aufzuhängen oder Kristalle aufeinanderzutürmen, sondern setzt voraus, daß Sie den Rest dieses Buches, vor allem Kapitel 7 *Beziehungsbereiche* und Kapitel 9 *Hilfsmittel zur Verbesserung der sexuellen Harmonie* gelesen und sich mit Ihrem Zuhause und Ihrem Seelenleben beschäftigt haben. Bevor Sie Ihre Wohnung umgestalten, müssen Sie erst einmal wissen, was in Ihrem Liebesleben eigentlich abläuft!

Farbe

Wir alle haben unsere Lieblingsfarben. Allerdings kann sich unser Farbgefühl mit unserer Stimmung und unserer Lebenssituation ändern.

Rot	Feuer
Orange	Feuer
Gelb	Erde
Ocker	Erde
Grün	Donner
Türkis	Donner
Blau	Wasser
Violett	Wasser
Purpurrot	See
Schwarz	Wasser
Weiß	Himmel
Grau	Wind
Braun	Berg

Abbildung 30: Jede Farbe wird mit einem Bagua-Bereich assoziiert.

Rottöne

Wir assoziieren Rottöne mit dem Feuer. Rot ist dynamisch und aufregend – eher dazu geeignet, anzuregen und zu aktivieren, als zu vermitteln oder zu mäßigen. Manchmal können Rottöne und damit verwandte Farben wie Purpur oder Pink frischen Wind in Ihr Liebesleben bringen und einer romantischen Beziehung neue Dramatik und Erwartung einhauchen. Aber Vorsicht: Gehen Sie sparsam mit Rot um – zu viel Dynamik kann rasch in Zerstörung umschlagen.

In der Natur kommt Rot selten vor. Wenn Sie liebevolle Zärtlichkeit und Nähe suchen, sind Ihnen Rottöne möglicherweise zu grell und kräftig und stehen einer tiefen Intimität im Wege. Setzen Sie Rot deshalb lieber in kleinen Dosen an wenigen, ausgewählten Stellen ein, statt quadratmeterweise die Wände damit zu streichen – es sei denn, die ungeheure Energie dieser aufsehenerregenden Farbe bringt Sie zwar in Wallung, aber nicht zum Kochen.

Im Schlafzimmer kann Rot oder ein sanftes Pink als Farbtupfer in der Bettwäsche oder einem Vorhangstoff auftauchen. Oder arrangieren Sie tiefrote oder orangefarbene Blüten oder Früchte in einer Glasvase oder einer Porzellanschale. Auch der Küche tun rote Farbtupfer gut – Küchenutensilien aus rotem Plastik lassen sich leicht finden. Kaufen Sie sich ein rotes Telefon – als Erinnerung daran, wie exotisch und verführerisch eine romantische Beziehung sein kann. Sie werden über die vielsagende, suggestive Qualität Ihrer Gespräche erstaunt sein!

Blautöne

Das Blauspektrum kann Sie, wenn Sie nicht aufpassen, leicht in Blues-Stimmung bringen. Zuviel Blau und Schwarz in Ihrem Haus fördert depressive Verstimmungen und verhindert, daß Sie Ihre Gefühle wahrnehmen und ausleben. Besser ist es, wenn Schwarz in Ihrer Wohnung in Form von Schwarzweißfotografien oder Stichen und Zeichnungen vorkommt. Schwarze Krüge oder dunkelblaues Porzellan im Bad sind gut dazu geeignet, Ihr Liebesnest mit einem Gefühl für Rhythmus und Flexibilität zu erfüllen. Wenn dagegen Ihre Vorliebe für Dunkelblau zum bestimmenden Element der Raumgestaltung wird, kann es sein, daß Sie mit Ihrem Innenleben kämpfen, von Ihren Gefühlen und Ängsten übermannt werden und sich Ihrer Bedürfnisse und Werte nicht bewußt sind. Wenn Blau und Schwarz einen Raum dominieren, untergraben sie unser Gefühl für das eigene Ich. Sanftere Schattierungen dagegen – hier und da etwas Anthrazit oder ein Hauch Türkisblau – können diese wertvolle Energie mehren und kanalisieren, so daß wir den Kontakt zu unserem Ich nicht verlieren, sondern uns die Zeit nehmen, unseren wahren Neigungen zu folgen.

Grau kann beruhigend wirken, uns ein Gefühl der Zielgerichtetheit vermitteln und uns Zeit geben, über unsere Wünsche an eine Beziehung nachzudenken. Trotzdem: Verwenden Sie Grau wie Salz und Pfeffer in einem ohnehin stark gewürzten Curry – ganz behutsam, in homöopathischen Mengen.

Grüntöne

Die Energie von Grüntönen wirkt beruhigend auf unsere Sinne. Grün kann einer Reise der Erkenntnis, einem höheren Zugang zu unserem Selbst förderlich sein. Von jeher unterstützt Grün uns, mit unseren Wurzeln in Kontakt zu treten, mit der Natur, mit dem Universum, ein Teil dessen wir sind. Bäume und Pflanzen sind eine gute Möglichkeit, uns mit Grün zu umgeben: Dabei ist das natürliche Grün von Topfpflanzen oder Gemüse-Arrangements grüngestrichenen Wänden bei weitem vorzuziehen. Andererseits kann uns zu viel Grün in der Wohnung zu Tagträumen und romantischen Illusionen verleiten. Wenn Sie von Ihrer Wohnung aus auf Grün blicken – Bäume, einen Park oder einen Garten –, sollten Sie versuchen, diesen Blick besonders zu betonen. Zusätzlich können Sie Ihre Einrichtung behutsam um zarte Grüntöne erweitern: zum Beispiel durch ein grün gewischtes Möbelstück oder Schablonenmalerei. Besonders günstig wirkt sich Grün an der Haustür aus. Eine grün gestrichene Tür ermöglicht uns beides: uns der Welt draußen zu öffnen und die Energie der natürlichen Freiheit in unserem Leben willkommen zu heißen.

Gelbtöne

Zu Gelb gehören auch alle Erdtöne wie Kastanie, Braun und Honig. Natürliche Materialien wie Leinen und Jute sind eine wichtige Quelle, die Skala der Gelbtöne in Ihrem Haus zu erweitern. Sonnengelb kann in einer Küche Wunder bewirken, während seine stimulierende Energie in Schlafzimmern eher stört. Gelb hat mit Glauben und Inspiration zu tun; es kann uns an unsere Bedürfnisse erinnern und unseren Sinn für Realität stärken. Manchmal ist es nötig, unsere Sinne auf den Boden der Tatsachen zurückzuführen, damit wir der Wahrheit über eine Beziehung ins Auge sehen können. Ockergelb ist eine Farbe, die uns ein Gefühl der Heiterkeit vermittelt – und uns gleichzeitig daran erinnert, wie eifersüchtig wir manchmal sein können. Ironischerweise ist Gelb dazu angetan, uns einerseits aufzubauen und gleichzeitig unseren Hunger nach mehr zu wecken! Frühlingsblumen sind oft gelb. Begnügen Sie sich aber nicht damit, zu Ostern eine Vase mit Osterglocken auf den Tisch zu stellen. Versuchen Sie lieber, im November gelbe Blumen zu finden und daraus ein raffiniertes Arrangement zu gestalten.

Weiß/Silber
Weiß und Silber in Ihrer Wohnumgebung stärken Ihr Selbstwertgefühl und Ihre Entschlossenheit, eine erfolgreiche Beziehung aufzubauen. In vielen Wohnungen sind die Wände weiß getüncht: Das kann praktisch und schön sein. Allerdings können Beziehungen unter zu viel Weiß leiden. Das ist dann der Fall, wenn es kalt und hart wirkt und Ihre Lebensgeister abtötet. Weiß ist abstrakt, weil es die Schwingungen der anderen Farbenergien ausbalanciert. Sparsam eingesetzt, vermittelt es Ihnen ein Gefühl der Reinheit und Integrität; zuviel davon ruft Gefühle der Einsamkeit und Melancholie wach.

Es ist nicht schwierig, mehr Weiß in Ihr Zuhause zu bringen. Noch stärkender aber wirkt Silber: Es erfüllt Küche, Schlafzimmer und Bad mit Erotik und kann als einziges Element sogar einen Werwolf zur Strecke bringen. Es gibt ein altes chinesisches Märchen über ein Wolfskind, das denen, die es liebte, das Herz zerfraß, weil es nie alt werden konnte. Reife ist Silber, und deshalb stach ein weiser alter Zauberer das Wolfskind mit einer Silberstange, woraufhin es sich in einen silbernen Drachen verwandelte. Der Silberdrache aber bringt Glück und Erfolg; mit silbernen Wohnaccessoires können Sie deshalb Ihre Erfolgschancen in jeder Beziehung verbessern.

Spiegel

Der Mensch, mit dem Sie Ihr Leben teilen oder in den Sie verliebt sind, ist eine Reflexion Ihres eigenen Ich. Wenn Sie liebevoll in die Augen Ihres Partners blicken, ist es so, als würden Sie in einen Spiegel schauen. Was Sie an einem Partner lieben, brauchen und begehren, sind die Eigenschaften, die so tief in Ihnen vergraben sind, daß Sie sich Ihrer Existenz möglicherweise gar nicht bewußt sind. In einem anderen Menschen finden Sie genau diese Qualitäten dann unendlich begehrenswert. Dieses Gefühl heißt Projektion. Projektion kann aber auch mit negativen Gefühlen verbunden sein: Menschen, die immer wieder auf die unmöglichsten Partner hereinfallen, fühlen sich oft unbewußt zu den falschen Menschen hingezogen, weil sie nicht wahrnehmen, was in ihrem Unterbewußtsein vor sich geht. Wenn Sie Spiegel in Ihrer Wohnung haben, die die von Ihnen ausgehende Energie zurückwerfen und verdoppeln, müssen Sie sicherstellen, daß Sie von vornherein nur gute und vorteilhafte Energie aussenden.

Spiegel sollten immer sauber und liebevoll poliert sein und dürfen auf keinen Fall einen Sprung haben. Denken Sie an die Zeilen von Alfred Tennyson:

Der Spiegel barst mit lautem Krach;
»Nun traf der Fluch mich!« bebt' und sprach
Die Dame von Shalott.
(Deutsch von Adolf Strodtmann, 1867)

Wenn ein Spiegel aus irgendeinem Grund zerkratzt oder gesprungen ist – werfen Sie ihn weg.

Große Spiegel sind besser als kleine, die nur einen Teil von Ihnen widerspiegeln. Je größer ein Spiegel ist, desto mehr Energie kann er reflektieren, und desto stärker können sich die dynamischen Schwingungen Ihrer Beziehung entfalten. Achten Sie darauf, daß sich in Ihren Spiegeln nichts Häßliches spiegelt wie unaufgeräumte Bücherregale, der Korb mit der Schmutzwäsche, ein Mülleimer, eine weiße Wand, die Toilette oder Kabelsalat. Die Elektrizität in einem Raum ist eine stark aufgeladene Energie, und wir haben in unseren Häusern mehr als genug davon, auch ohne ihre Schwingungen durch schlecht plazierte oder ungünstig ausgerichtete Spiegel zu verdoppeln.

Verwenden Sie lieber runde oder ovale Spiegel, nicht quadratische oder rechteckige. Wo das nicht möglich ist, sollten Sie in der Nähe ein Wasser-Element aufstellen, um den Energiefluß zu unterstützen.

Vermeiden Sie es, direkt vor oder unter einem Spiegel zu schlafen (es sei denn, Sie sind beide Erde – in diesem Fall haben Sie der Energie, die durch den Spiegel erzeugt wird, vermutlich genug eigene Energie entgegenzusetzen). Ein Spiegel in Bettnähe kann sexuell sehr erregend sein, trotzdem sollten Sie sich nicht direkt darin spiegeln, wenn Sie nach dem Liebesspiel zur Ruhe kommen. Von Spiegeln geht eine extrem aktive Energie aus, die Sie um den Schlaf bringen kann. So günstig sie sich auswirkt, wenn Ihnen an einer heißen Liebesnacht gelegen ist, so fatal ist sie, wenn Sie am nächsten Morgen früh raus müssen.

Wie Sie Spiegel als Hilfsmittel verwenden

Bei Häusern oder Räumen mit ungewöhnlichen Formen kann es sein, daß ein Teil des Bagua fehlt (siehe Abbildung 31). In diesem Fall sind Spiegel ein ausgezeichnetes Mittel, den Eindruck zu erwecken, der Bereich würde dennoch existieren. Auch wenn das eine Vorspiegelung falscher Tatsachen ist, bringt die Reflexion den fehlenden Bagua-Bereich zum Leben. Der Spiegel projiziert den fehlenden Bagua-Bereich so, wie Sie sich selbst in Ihre Beziehungen projizieren.

In dem Beispiel in Abbildung 31 fehlt der Donner-Bereich des Bagua. Wie die Abbildung zeigt, können Sie durch Spiegel an der Wand den fehlenden Bereich vortäuschen. Spiegel bringen Energie zum Fließen und ermöglichen es deshalb, den Donner-Bereich nachzubilden und das Energie-Gleichgewicht wiederherzustellen.

In den asiatischen Ländern sind Spiegel meistens achteckig – genauso wie das Bagua. Diese Form reflektiert alle Energiewirbel. Ein achteckiger Spiegel am Ende eines langen Ganges oder

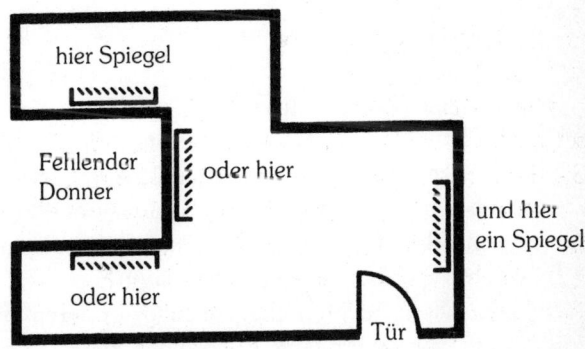

Abbildung 31: Wie Sie mit Spiegeln einen fehlenden Bagua-Bereich zum Leben erwecken.

neben der Terrassentür bewirkt, daß positive Energie im Haus bleibt, und lenkt gleichzeitig schlechte oder stagnierende Energie aus dem Haus hinaus.

Wie wir gesehen haben, können Spiegel zu schwach ausgeprägtes Feuer in Ihren Beziehungen stärken. Genau wie Farben sollten Sie Spiegel aber überlegt einsetzen. Hängen Sie einen kleinen achteckigen Spiegel im Bad oder im Schlafzimmer auf, um problematische Energie abzuwehren, Farben und Lichteffekte zu betonen und die Vitalität und die sexuelle Energie in Ihrer Partnerschaft zu stärken. Das heißt nicht, daß Sie Ihren Wohnstil völlig verändern und überall Spiegel aufhängen sollen, obwohl Sie sie eigentlich nicht mögen. Seien Sie erfinderisch: Hängen Sie ein Bild auf, das eine Spiegelung zeigt, oder setzen Sie einen Spiegel in Szene, der Ihnen etwas bedeutet. Wenn Sie einen Spiegel neu rahmen lassen oder mit einer Goldkante auffrischen, bringen Sie etwas von sich selbst in seine reflektierende Eigenschaft ein – so wie Sie sich in Ihre Partnerschaft einbringen, die ja auch eine Reflexion Ihrer Persönlichkeit ist.

Windspiele

Windspiele sind so sehr ein Teil unseres Alltags geworden, daß wir möglicherweise die Bedeutung ihres Klangs zu vergessen beginnen. Für die Chinesen sind sie eine unverzichtbare Voraussetzung für gute Energie, gute Schwingungen und Harmonie. Sie sind die Musik, die den Energiefluß in Ihrem Zuhause unmerklich verschiebt oder neue Schwerpunkte setzt. Windspiele sind vor allem für Menschen wichtig, in deren Wohnumgebung das Holz-Element fehlt. Sie bringen nicht nur mehr Ästhetik in eine Beziehung, sondern auch mehr Sensibilität und Kooperation mit anderen.

Wenn Sie ein Windspiel kaufen, sollten Sie eines wählen, das eine Saite in Ihnen zum Klingen bringt. Windspiele haben ganz unterschiedliche Klangeigenschaften. Achten Sie deshalb darauf, daß Sie die Schwingungen und den Klang eines Windspiels als harmonisch empfinden, bevor Sie es in Ihren Bagua-Bereichen aufhängen. (Manche Menschen kaufen sich ein x-beliebiges Windspiel, hängen es ins Fenster oder in die Nähe einer offenen Tür und denken, es würde ihr Leben verändern.) Sie sollten ein Windspiel einsetzen, um herein- oder herausströmende Energie zu mäßigen, nicht um sie einzufangen oder umzulenken.

Möglicherweise sind Windspiele, die Sie am Fenster aufgehängt haben, nur im Sommer zu hören, wenn die Fenster offen stehen. Besser ist es, Windspielen einen Platz zu geben, an dem sie die Energie jederzeit zum Fließen bringen: neben der Haus- oder Terrassentür, im Korridor und auf der Veranda, auf einer geschützten Terrasse, in einem Innenhof oder sogar in einem offenen Carport – überall dort, wo sie einen angenehmen, sanften Klang erzeugen, ohne bei jeder Brise metallisch aneinanderzuschlagen und unruhig zu klappern und zu rasseln. Vermeiden Sie es außerdem, Windspiele aufzuhängen, deren unterschiedliche Klänge miteinander konkurrieren: Negative Einflüsse auf die Schwingungen der natürlichen Energie und Konflikte und Ambivalenzen statt Entwicklung und Fortschritt in Ihrem Liebesleben können die Folge sein.

Wasser

Wenn Sie nicht neben einem Teich oder See, am Meer, an einem breiten Fluß oder einem rauschenden Bach wohnen, müssen Sie Ihr Zuhause auf andere Weise mit Wasser erfüllen. Wasser fördert den Fluß einer Beziehung; deshalb ist es wichtig, daß Sie sich kein stehendes Wasser ins Haus holen. Angenommen, Sie stellen ein Glas mit einem Goldfisch auf, um Ihren Berg-Bereich mit mehr Sensibilität zu erfüllen, denken aber nie daran, das Wasser zu wechseln. Hätten Sie es gern, daß diese immer trüber werdende Brühe voller Fisch-Exkremente ein Spiegel Ihrer Beziehung ist? Falls Sie ein Aquarium für die ideale Lösung halten, müssen Sie auf jeden Fall einen Filter und eine Umwälzanlage einbauen, die für kristallklares, fließendes Wasser sorgen.

Ein Krug mit gefärbtem Wasser auf dem Fensterbrett im Schlafzimmer oder Bad kann eine wunderbare Sache sein. Aber auch hier gilt: Wechseln Sie das Wasser häufig, bevor es trüb wird und unangenehm riecht. Wenn Sie sich besonders verwöhnen möchten, können Sie mit einem Wasserbett oder einem Springbrunnen im Haus die Kommunikation und Flexibilität in Ihrer Beziehung stärken. Bilder, die das Meer oder einen Wasserfall zeigen, sind eine gute Alternative, wenn ein Whirlpool oder eine große Badewanne außerhalb Ihrer Möglichkeiten liegen. Unverzichtbar allerdings und durch nichts zu ersetzen ist eine Dusche – selbst wenn Sie nur aus einem Schlauch und einem Abfluß besteht. In Phasen, in denen Ihre Anpassungsfähigkeit in einer Partnerschaft gefragt ist, kann es schon helfen, das Wasser aufzudrehen und fließen zu lassen.

Beleuchtung

Viele Menschen hassen grelles Licht und bevorzugen das sanfte Licht von Tischleuchten und Kerzen. Andere mögen Kerzen überhaupt nicht und beleuchten ihr Zuhause mit dem punktuellen Licht von Halogenstrahlern, um gut zu sehen. Ganz gleich, welches Licht Sie wählen: Denken Sie daran, daß helles Licht für Optimismus und Wagemut in Ihrem Liebesleben sorgt, schummriges Kerzenlicht dagegen für Romantik, Provokation und Fantasie. Um ein Bild oder eine Raumecke besonders hervorzuheben, sollten Sie sowohl von oben als auch von unten kommendes Licht wählen.

Eine Beleuchtung, mit der Sie sich wohl fühlen, kann den Bagua-Bereich stärken, der in Ihrem Liebesleben fehlt: Beleuchten Sie diesen Platz im Raum gezielt. Kühnes Licht bringt Dramatik, aber möglicherweise auch Gefühlskälte in Ihr Schlafzimmer. Sanftes, gedämpftes Licht dagegen erfüllt einen Raum mit Erotik und/oder Heiterkeit. Licht ist ein wesentlicher Bestandteil des Feng Shui. Kerzenlicht ist dazu angetan, die Energie in einen Raum zu bringen, die für dynamischen Sex notwendig ist.

Lichtverstärker

Funkelnde Gegenstände wie Kristalle, Schmucksteine, Glasperlen und glänzendes Metall können, falls erforderlich, den Eindruck lichtdurchfluteten Wohnens verstärken. Polierte Kristalle, die im Fenster hängen, eignen sich ausgezeichnet als Multiplikatoren. Glasprismen und die Facetten des geschliffenen Glases fangen das Licht ein und brechen es in eine Million kleiner tanzender Regenbögen. Wenn Sie das Glück haben, in einem Haus mit Fenstern aus Buntglas zu leben, sollten Sie die kraftvolle aktivierende Energie der Glasscheiben in vollen Zügen genießen. Für alle anderen gilt: Vielleicht finden Sie auf dem Flohmarkt oder beim Trödler eine alte Scheibe aus Buntglas, die Sie vor ein normales Fenster stellen, um das Chi zu verstärken. Übrigens: Neues Buntglas ist weniger vorteilhaft, weil seine Farben nicht so rein sind wie bei Glasfenstern, die vor dem Zweiten Weltkrieg hergestellt wurden. Wenn Sie kein altes Bleiglasfenster finden können, beschaffen Sie sich modernes Buntglas in sanft abschattierten Tönen.

Pflanzen

Pflanzen sind ein gutes Mittel, mehr Holz in einen Bagua-Bereich zu bringen, und gleichzeitig die wahrscheinlich einfachste Möglichkeit, positive Energie in Ihr Leben zu leiten. Allerdings können sich manche Pflanzen negativ auf Ihr Wohlbefinden auswirken; beachten Sie deshalb, welche Pflanzen sich möglicherweise schlecht in Ihre Wohnumgebung einfügen.

- Efeu und alle Hängepflanzen können Ihre wohlgeplante Verführung traurig enden lassen.
- Pflanzen mit bunten Blättern können zu Disharmonien zwischen Ihnen und Ihrem Partner führen.
- Aufrecht stehende Pflanzen brauchen viel Platz um sich herum – anderenfalls würde ihre brutale Arroganz den Raum dominieren.
- Verwenden Sie Trockenblumen nur im Winter.
- Wählen Sie Blumen, die zur Jahreszeit passen.
- Topfpflanzen, die im Dschungel oder in den Regenwäldern wachsen, eignen sich nur für Sie, wenn Sie Wasser sind.
- Wählen Sie Pflanzen mit weichen, gerundeten Blättern. Ihr Chi ist harmonischer. Pflanzen mit Stacheln führen zu Konflikten.
- Und schließlich: Ihr Zuhause sollte kein Dschungel sein. Wuchernde Grünpflanzen beeinträchtigen Ihre Energie und könnten das Bagua stören.

Haustiere

Haustiere sind etwas Schönes, wenn Sie sie wirklich lieben und gut für Sie sorgen. Wenn Sie ein Aquarium mit tropischen Fischen oder auch nur einen Goldfisch im Glas anschaffen, dann behandeln Sie die Fische, als wären sie Ihre besten Freunde! Hunde und Katzen reagieren empfindlich auf jede Veränderung in ihrer Umgebung. Beobachten Sie sie deshalb sorgfältig, wenn Sie Ihre Wohnung umräumen. Vielleicht stellen Sie fest, daß sie sich instinktiv von Plätzen mit guter Energie angezogen fühlen und Plätze mit schlechter Energie meiden.

Kristalle

Kristalle sind bekannt für ihre Kraft, Energie aufzuladen und werden seit Jahrhunderten als Hilfsmittel verwendet. Wenn Sie sich bisher noch nicht mit Kristallen beschäftigt haben, lohnt es sich herauszufinden, welche Steine zu Ihrem Temperament und Ihrer Beziehung passen: Sie können diese Steine bei sich tragen und in Ihrer Wohnung aufstellen. Entscheiden Sie sich bei der Auswahl eines Kristalls für einen Stein, zu dem Sie sich unwillkürlich hingezogen fühlen. Dieser intuitive Prozeß spiegelt Ihre Fähigkeit wider, Ihre Vorlieben zu kennen und Ihren Instinkten zu vertrauen. Kristalle aus natürlichem Stein sind ein Teil der Erde-Energie: Sie können heilend wirken und Ihnen helfen, Fuß zu fassen.

Es ist wichtig, den richtigen Platz für Kristalle zu finden; Sie können sie aber auch, wenn Ihnen das lieber ist, als Schmuck oder in einer Tasche bei sich tragen.

Wenn Sie die Möglichkeit dazu haben, sollten Sie ans Meer fahren und den neuen Kristall in Meerwasser spülen. Dadurch kommt seine Schwingungsenergie ins Gleichgewicht. Wenn Sie nicht ans Meer kommen, spülen Sie den Kristall in Mineralwasser, aber ohne Salz dazuzugeben. Natürliches Salzwasser ist etwas völlig anderes als gesalzenes Leitungswasser!

Kunst

Kunst ist eine Frage des persönlichen Geschmacks. Wenn Sie von Aquarellen oder abstrakten Drucken fasziniert sind oder Bilder an den Wänden ganz ablehnen (Familienfotos ausgenommen), sollten Sie Ihren eigenen Vorlieben folgen und auf gar keinen Fall versuchen, sie zu ändern. Fügen Sie lediglich den Bildern, die Sie schon besitzen, günstige Elemente hinzu oder entfernen Sie offensichtliche Störenfriede aus den Bagua-Bereichen, die einer Veränderung bedürfen.

Werfen Sie zum Beispiel die abstrakten Drucke, die bisher in der Gästetoilette hingen, nicht weg, sondern geben Sie ihnen einen Platz an einem günstigeren Ort der Wohnung. Abstrakte Bilder sind dem Feuer-Element zugeordnet und verstärken, wenn Sie im Wind-Bereich des Bagua hängen, eine ohnehin dynamische Beziehung möglicherweise zu sehr.

Fundsachen

In diesem Abschnitt geht es um Dinge wie Kieselsteine, Fossilien, Muschelschalen, Holz, Möbel und Skulpturen: Sie alle sind dazu geeignet, die Außenwelt in Ihr Haus zu holen. Auch Gärten, Wege, Terrassen und Gemeinschaftstreppenhäuser sind ein Teil unseres erweiterten Bagua. Sie sollten deshalb auch die Außenbereiche in Ihrem Leben kritisch prüfen. Dabei können

Ihnen Fundsachen helfen: Schließlich ist es nicht ohne weiteres möglich, eine Kerze im Treppenhaus eines Mietshauses aufzustellen, weil ausgerechnet dort der fehlende Bereich Ihres Bagua liegt. Oft reicht schon ein unauffälliger Stein auf dem obersten Treppenabsatz oder neben Ihrer Wohnungstür, um die Harmonie ins Gleichgewicht zu bringen und wiederherzustellen.

16. Sie und die fünf elementaren Energien

Die chinesische Astrologie vermittelt uns tiefe Einsichten in die Energien, die wir ausstrahlen und anziehen – sei es durch unsere Beziehungen oder durch die Gestaltung unseres Zuhauses. Die meisten Menschen haben schon einmal von den zwölf chinesischen Tierkreiszeichen gehört: Ratte, Ochse, Tiger, Hase, Drache, Schlange, Pferd, Schaf, Affe, Hahn, Hund und Schwein.

Weniger Menschen im Westen sind dagegen mit den fünf Elementen vertraut, die eine wesentliche Voraussetzung für Ihre Energie sind. Feng-Shui-Meister setzen die fünf Energie-Elemente nicht nur ein, um Ihr Geburtshoroskop zu ermitteln, sondern auch, um eine ähnliche Berechnung für Ihr Haus und sogar für das Grundstück, auf dem es steht, zu erstellen. Dieses alte System des Wachstums und der Veränderung spiegelt sich in jedem Bagua-Bereich und auch in Ihnen selbst wider.

Wie Sie wissen, repräsentieren die fünf Elemente die fünf unterschiedlichen Energien: die Arten von Chi, die sich in der Welt manifestieren – durch unseren Körper, die Natur, Farben, Gerüche oder einfach durch die Liebe. Die chinesische Astrologie basiert auf einem Kreislauf des Erzeugens und Zerstörens. Abbildung 32 erklärt, wie dieser Kreislauf funktioniert.

Das Bagua ist ein Teil dieses Systems, und der Feng-Shui-Kompaß in Abbildung 33 zeigt, wie alle Elemente, Himmelsrichtungen und Tierkreiszeichen sich in einem geschlossenen Kreis miteinander verbinden.

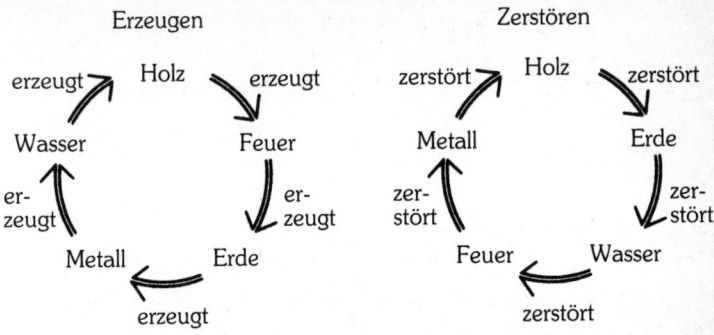

Abbildung 32: Zyklus des Erzeugens und Zerstörens

Hinweise zur Ausbalancierung der Elemente

1. Die fünf Elemente formen einen Energiekreislauf, den es in Abhängigkeit von Ihrem eigenen Element auszubalancieren und zu harmonisieren gilt. Wenn Sie zum Beispiel von Ihrem Element her Feuer sind, müssen Sie diese Seite Ihres Ichs in der Gestaltung Ihres Zuhauses ausdrücken und gleichzeitig auch die anderen Elemente einbinden, die Feuer ergänzen: also Holz und Erde. Wenn Sie mit einem Partner zusammenleben, der Wasser ist, so braucht er in seiner Umgebung nicht nur eine Form von Wasser, sondern auch Metall und Holz, um die Harmonie auszubalancieren und zu stärken.

2. Für alle Elemente gilt: Um Ihr Element zu stärken und Harmonie in Ihr Liebesleben zu bringen, müssen Sie diese Seite Ihres Ichs auch ausdrücken. Die Ihrem Element zugeordneten Hilfsmittel unterstützen Sie dabei. Allerdings sollten

Sie aufpassen, Ihr Zuhause nicht damit zu überladen. Um die Energie Ihres Elements so auszubalancieren, daß Sie sich günstig auf Ihr Leben auswirkt, müssen Sie Ihre Wohnumgebung mit anderen, ergänzenden Elementen abrunden.

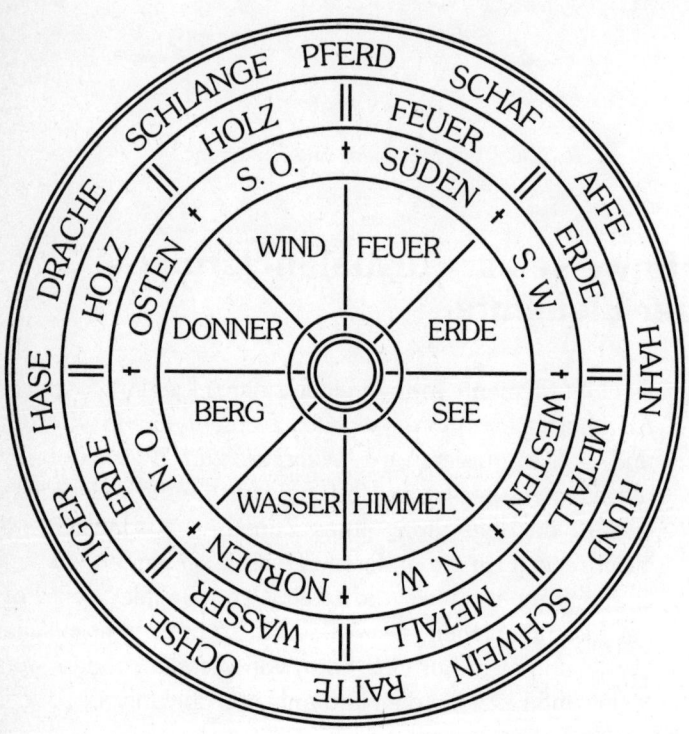

Abbildung 33: Einfache Version des Feng-Shui-Kompasses.

Die folgende Übersicht zeigt, welche Elemente einander ergänzen:

Feuer profitiert von Holz- und Erde-Hilfsmitteln.
Erde profitiert von Metall- und Feuer-Hilfsmitteln.
Metall profitiert von Wasser- und Erde-Hilfsmitteln
Wasser profitiert von Holz- und Metall-Hilfsmitteln.
Holz profitiert von Feuer- und Wasser-Hilfsmitteln.

Die Elemente in unserer Umgebung

Holz

Was wir mit Holz assoziieren, ist relativ klar. Sie dürfen nicht
meinen, nur weil Holz stabil und fest verwurzelt ist, sei seine
Energie statisch. Im Gegenteil: Es besitzt eine hohe Wirkkraft.
Das ist nicht überraschend, wenn Sie sich klar machen, wie lange es dauert, bis ein Baum wächst, und wieviel Energie dafür
erforderlich ist. Der Baum verdankt sein Wachstum dem Wasser, das ihn nährt. (Im Kreislauf der Elemente vermehrt Wasser
Holz.) Wegen der magischen Kraft der Holz-Energie gelten Bäume in vielen Kulturen seit Jahrhunderten als Symbol des
Wachstums und der Fruchtbarkeit. Kreativität wird durch eine
Aufwärtsbewegung symbolisiert, die uns über den Boden der
Tatsachen, über die uns bekannte Realität hinausträgt. Trotz
unserer Bodenhaftung können unsere Träume in den Himmel
wachsen.

Bäume sind für den Zyklus der Holz-Energie von großer Bedeutung: Auch wenn sie gefällt oder vom Sturm entwurzelt wurden, hat sich ihre Nützlichkeit noch nicht erschöpft. Dinge aus
Holz begegnen uns auf Schritt und Tritt: unsere Möbel und Bücher, Blumen, Sträucher und Bäume im Garten und Zimmerpflanzen im Haus. Holz wird mit Natur und der Farbe Grün as-

soziiert. Wenn Sie feststellen, daß das Holz-Element in Ihrem Heim wie in Ihrem Inneren der Harmonisierung bedarf, genügt es als erster Schritt oft schon, Kissen oder Stoffe zu wählen, die mit Pflanzenfarben und nicht mit Chemikalien eingefärbt sind.

Im traditionellen Feng Shui wird Holz mit grünen Drachen, dem Frühling und der Himmelsrichtung Osten assoziiert.

Feuer

Feuer ist aktiv. Es lodert hoch und verlischt, es gibt uns Licht und Erkenntnis. Das Problem dabei: Zuviel Feuer kann uns versengen. Mit Holz können wir ein Feuer anzünden und schüren. (Im Kreislauf der Elemente nährt Holz Feuer.) Obwohl Feuer ein stimulierendes Element ist, können daraus Flammen entstehen, die über die Landschaft hinwegfegen, außer Kontrolle geraten und alles zerstören, was sich ihnen in den Weg stellt.

Gleichzeitig assoziieren wir Feuer mit Wärme, Sonnenlicht und Leidenschaft. Feuer ist seit langem ein Symbol für Sommer und heißes Wetter. Zu Feuer gehören alle Rot- und Orangetöne, aber auch alles, was leuchtet oder hell glänzt. Rot ist eine Farbe, die in der Natur eher selten vorkommt. Sie sollten es deshalb durch Wandanstriche, Stoffe oder Kunstgegenstände in Ihre Wohnung holen.

Zu viel Rot kann einem den Atem nehmen. Obwohl Rot eine großartige Farbe im Schlafzimmer ist, wo es die Leidenschaft und Erotik fördert, sollten Sie es in anderen Räumen besser sparsam einsetzen. Möglichkeiten dafür sind Rotkohl in der Küche, rote Kerzen im Wohnzimmer oder rote Glühbirnen im Bad. Feuer wird im traditionellen Feng Shui mit dem Phoenix und der Himmelsrichtung Süden assoziiert. Es ist eine ausgeprägte Yang-Energie (also eine männliche Energie). Weil sie eher in die Zukunft als in die Vergangenheit gerichtet ist, muß sie behutsam behandelt werden.

Erde

Nachdem Feuer das letzte Holz verbrannt hat, bleibt Asche zurück: Das Ergebnis ist Erde. Die Erde-Energie ist eine einfache Energie. Sie wird mit jedem Gegenstand assoziiert, der aus dem Boden kommt (ausgenommen Edelmetall). Wenn Sie Erde sind, sind deshalb Steine, Kiesel, Kristalle und Felsbrocken gute Ergänzungen für Ihre Wohnumgebung. Erde ist der Nährboden von allem: der Jahreszeiten ebenso wie unseres Erfindungsgeists und unserer Zielstrebigkeit. Erde hat mit dem Hier und Jetzt zu tun, mit Natur und Körperlichkeit und mit den Grenzen, die wir uns und anderen setzen. Erde will Abstraktes konkretisieren und Gedanken und Gefühle in Greifbares umsetzen. Darüber hinaus assoziieren wir Erde mit Ruhe und Frieden, denn Erde vermeidet Konflikte, ganz egal wie sehr Feuer sich bemüht, sie zu schüren!

Erde symbolisiert sowohl den Nordosten als auch den Südwesten. Die Erde-Energie ist sehr alt, und obwohl sie uns an Vergangenes erinnert, lenkt sie unsere Aufmerksamkeit doch auch auf die Gegenwart. Gelb ist die Farbe von Erde, und als Wohnfarbe kann Gelb beruhigend und inspirierend wirken. Auch Braun wird mit Erde assoziiert, auch wenn es sich als Farbe manchmal nur schwer in eine Wohnung integrieren läßt. Denken Sie über einen Steinfußboden oder ockerfarbene Wände nach. Außerdem gehören Terracotta in allen Schattierungen, Sand- und Steintöne und Naturfarben zum Farbspektrum von Erde. Erde ist ein Symbol für den Frühherbst, für die Ernte und den Übergang des gleißenden Sommerlichts in das schräge Herbstlicht, wenn die Tagundnachtgleiche naht.

Metall

Die Chinesen schätzen an Metall am meisten seine Wirkung, Geld ins Haus zu bringen. Das Ziel von Metall heißt Wohlstand. Darüber hinaus wird Metall mit Kommunikation und den Himmelsrichtungen Westen und Nordwesten assoziiert.

Gold besitzt eine besonders starke Metall-Energie, und in chinesischen Häusern sind Blattgold und Goldfarbe ein sehr bestimmendes Stilelement. Aber: Was im Klima, im Licht, inmitten der Gerüche Asiens gut und richtig ist, kann in einer westlichen Mietwohnung oder einem Reihenhaus am Stadtrand völlig fehl am Platz sein. Überladen Sie sich und Ihr Zuhause nicht mit goldenen Ornamenten, die nicht zu Ihrem Lebensstil passen. Das kann nicht gutgehen. Die Kunst des Feng Shui besteht darin, die Symbole der Energien so einzusetzen, daß sie sich in unsere Gesellschaft, unseren Lebensstil und unsere Art zu wohnen einfügen. Wenn Sie Ihr Haus in einen altehrwürdigen chinesischen Palast verwandeln, so wird das Ihre Probleme nicht lösen. Sie erreichen damit höchstens, daß Sie bei Ihren Freunden und Verwandten auf Befremden stoßen und mehr Donner in Ihr Zuhause bringen, als Ihnen lieb ist!

Der Metall-Energie entsprechen traditionell Gegenstände aus Metall, ganz gleich ob sie aus Gold, Silber, Edelstahl oder Schmiedeeisen sind: Autos, Computer, Herde, Feuerroste oder Metallmöbel. Die mit Metall verbundene Farbe ist Weiß, das eigentlich keine Farbe ist und deshalb als Symbol der Reinheit gilt. Die mit Metall assoziierte Jahreszeit ist das Herbstende, wenn das Wetter kälter und trockener wird. Erde erstarrt im Lauf der Jahrtausende zu Metall, und Metall konserviert das, was Erde in der Welt erlebt hat und macht es beschreibbar. Aus diesem Grund ist Metall Symbol und zugleich Träger der Macht des Wissens. Die Metall-Energie wird mit Transformation, Gerechtigkeit und finanziellem und geistigem Vorwärtskommen assoziiert.

Wasser

Die Bewegung und die Stille des Wassers können entweder aufwühlend oder stagnierend sein. Wasser ist nie endgültig und steht für Nachdenklichkeit und Instinkt. Wasser hat mit dem Ursprung der Dinge zu tun: unseren Gefühlen, Emotionen oder dem Leben selbst. Es hat mit Unendlichkeit zu tun und den Symbolen, die ein Spiegelbild unserer Gefühle sind. Wasser umfaßt sowohl das Magische als auch das Praktische, vor allem aber repräsentiert es den Schatten unserer Selbst, dessen wir uns nicht bewußt sind, den Teil unseres Ichs, der im verborgenen bleibt.

Wasser läßt sich in jede Wohnumgebung leicht integrieren: durch ein Aquarium, ein kleines Steingefäß mit Meerwasser oder ein aufregendes Wasserbett. Aber auch durch Ihren ganz normalen Alltag können Sie fehlendes Wasser verstärken: Duschen, Wannenbäder oder das Trinken von Mineralwasser helfen dabei. Traditionellerweise entspricht Wasser den Farben blau und schwarz. Feng Shui setzt seit jeher Springbrunnen, Flüsse, Wasserfälle und Aquarien zur Verstärkung des Wasser-Elements ein – neben Gegenständen, die den Fluß des Wassers stimulieren, zum Beispiel die Darstellung einer hohen Klippe auf einem Foto oder einem Gemälde. Wasser ist ein Symbol für den Winter, den Norden und kaltes Regenwetter. In unserer westlichen Welt richten wir Nordzimmer selten in Blautönen ein, weil wir meinen, sie ließen den Raum noch dunkler und deprimierender aussehen. Dabei lassen sich in Nordzimmern gerade mit Blau erstaunliche Effekte erzielen, wenn das normalerweise kalte, uneinladende Licht des Raums plötzlich geheimnisvoll und unergründlich wirkt. Aber wie auch immer: Sie sollten sowohl Schwarz als auch Blau nur sparsam als Feng-Shui-Verstärker einsetzen. Insbesondere sollten Sie bedenken, daß Schwarz alle Farben des Spektrums in sich aufnimmt und mit ihnen Ihre psychische Energie.

Die Elemente und Ihre Attribute im Überblick

Holz: Möbel, Stühle, Schränke, Bücher, Pflanzen, Skulpturen, Grün, Pflanzenfarben, Osten, grüne Drachen, Kräuter, Salbei, Rosmarin, Thymian, Minze, Waldgrün, sanfte Schattierungen des Dämmerlichts, Frühlingswiese, hochstehendes Korn, Olivgrün, knorriges Holz, Holzskulpturen, Holzfeuer, Ölfarben, wuchernde Pflanzen, Gras, getrocknete Samenstände, Origami, Leitern, Treppen, Stufen.

Feuer: Sonne, Sommer, Rot/Orange, helles Licht, Blitz, Rotkohl, rote Glühbirnen, der Phoenix, Süden, Spiegel, Kerzen, Räucherstäbchen, Kaminfeuer, Kristalle, Reflektoren, Prismen, Drama, Mythologie, Fantasie, Glockengeläut, Gewürze, Kakteen, Gummibaum, Lack, Indischrot, Karmesinrot, aufregende Farben, Feuerwerke, Sterne, Kriegsschiffe, Feuer im Freien, rotes Glas.

Erde: Steine, Kiesel, Felsen, Bergkristall, Gelb, Braun, Ocker, Nordosten, Südwesten, Terracotta, Sandfarben, Antiquitäten, Muscheln, Fossilien, Luffa, Schwämme, Glasbehälter, Graugrün, Waffeldecken, Eierschalenfarbe, Seifen, Düfte, Essenzen, Wandteppiche, alte Stoffe, Paisley-Muster, japanische Landschaftsdarstellungen, Bonsai-Bäume, üppiges Umbra, gebranntes Sienarot, Kaffee und Tee.

Wasser: Aquarien, mit Wasser gefüllte Steingefäße, Meereswasser, Wasserbett, Wannenbäder, Trinken, Blau/Schwarz, Springbrunnen, Gegenstände, die den Fluß des Wassers stimulieren, Winter, Norden, Aquarelle, Musik, Flüsse, Steine und Felsen aus dem Meer, leicht glänzende Dispersionsfarben, Violett, Chromgrün, Preußischblau, Seestücke, Piraten, Wracks, Schiffe, Boote, Klippen und Wellen, Seen, Eisberge, Bernstein, farbige Tinte.

Metall: Blattgold, Silber, Edelstahl, Schmiedeeisen, Weiß, Autos, Herde, Backöfen, Feuerroste, Metallmöbel, Westen, Nordwesten, Fotografie, Kupferstiche, Strichzeichnungen, Radierungen, Küchengeräte, Altmetall, goldfarbene Bilderrahmen, Schmuck, Falschgold, strahlendes Weiß, Bettgestelle, Tantra, Silberfäden, golddurchwirkte Gewebe, weiße Lilien, Sterne.

Elementphasen

Bevor Sie den Abschnitt über Ihr Geburtselement lesen, sollten Sie sich die folgenden Checklisten der Elemente und ihrer Merkmale ansehen: Es kann nämlich sein, daß Sie gerade die Energiephase eines anderen Elements durchleben als die des Elements, unter dem Sie geboren wurden.

Lesen Sie die Checklisten für alle fünf Elemente durch und überlegen Sie, mit welchem Element Ihre Persönlichkeit am stärksten übereinstimmt. Es ist ganz natürlich, in verschiedenen Lebensphasen Merkmale anderer Elemente in sich zu spüren und zu aktivieren. Angenommen, Ihr Geburtselement ist Metall, Sie fühlen sich aber keineswegs als Metall-Persönlichkeit, sondern eher als Wasser – um nur ein Beispiel zu nennen. Lassen Sie sich davon nicht verunsichern. Lesen Sie einfach die Abschnitte für beide Elemente und bringen Sie sie zueinander in Beziehung: Auch wenn Sie gerade eine andere Elementphase durchleben, bleibt die Energie Ihres Geburtselements ein bestimmender Einfluß. Vielleicht machen Sie gerade eine Phase durch, in der Sie mehr Feuer ausdrücken, als es angesichts Ihres Geburtselements Wasser zu erwarten wäre. Wie gesagt: In unserem Leben wirken stets alle Elemente in uns und je nach Lebensphase steht mal das eine, mal das andere stärker im Vordergrund. Setzen Sie sich deshalb mit dem Element auseinander, das Sie momentan als das für Sie relevanteste empfinden.

Wenn Sie am ersten oder letzten Tag eines Elementzyklus geboren sind, sollten Sie sich mit beiden Elementen befassen, weil nicht exakt angegeben ist, zu welcher Zeit der Mondzyklus wechselt. Überlegen Sie, welchem Element Sie sich näher fühlen.

Ihr Geburtselement

Energie verändert sich. Obwohl Ihr dominierendes Element möglicherweise nicht mit Ihrem Geburtselement identisch ist, ist das Geburtselement doch ein guter Anhaltspunkt dafür, welcher Energiezyklus Ihre Art zu leben und zu lieben prägt. Es kann gut sein, daß Sie als Feuer geboren sind, sich aber nicht wie eine Feuer-Person verhalten. Das ändert nichts daran, daß die zugrunde liegende Energie vorhanden ist. Sie sollten sich ihr deshalb anpassen und ihr einen Platz in Ihrem Leben und Ihren Beziehungen einräumen.

Die ausführlichen Beschreibungen der fünf Elemente in Kapitel 17 ergänzen Ihr Wissen über die Hilfs- und Stilmittel für eine harmonische Wohnumgebung und führen Ihnen vor Augen, wie Sie Ihre Energie ausdrücken, wie Sie sich anderen gegenüber verhalten und wie andere zu Ihnen stehen. Denken Sie daran: Was Sie in Ihre Wohnumgebung einbringen, bringen Sie auch in Ihre Beziehungen ein. In Ihrem Inneren wirken die gleichen Energiewirbel wie in Ihrem Zuhause.

Yin und Yang

An die Darstellung der einzelnen Elemente schließt sich jeweils eine Beschreibung der sexuellen Ausdrucksformen für Yin- und Yang-Persönlichkeiten an.

Wenn Sie in einem Yin-Jahr geboren sind, sind Sie eher eine

Yin-Persönlichkeit: Yin ist eine passive, sensible und fließende Energie.

Wenn Sie in einem Yang-Jahr geboren sind, sind Sie eher eine Yang-Persönlichkeit: Yang ist eine aktive, dynamische und schöpferische Energie.

Stellen Sie Ihr Element fest

Bevor Sie in Kapitel 17 »Arten zu lieben« weiterlesen, sollten Sie zunächst einmal Ihr Geburtselement anhand der folgenden Checkliste überprüfen.

Vielleicht haben Sie das Gefühl, daß das Element, unter dem Sie geboren wurden, nicht Ihrem momentanen Lebensgefühl entspricht. Trotzdem: Wenn Sie bei Ihrem Element mindestens 15 der 27 genannten Eigenschaften angekreuzt haben, lesen Sie in Kapitel 17 den Abschnitt über Ihr Element.

Haben Sie dagegen das Gefühl, daß ein anderes Element Ihre augenblickliche Verfassung besser widerspiegelt, dann sollten Sie sich auch mit diesem Element auseinandersetzen. Vielleicht durchlaufen Sie gerade eine wichtige Lebensphase, in der Sie sich mit einem der anderen Elemente besser identifizieren können als mit Ihrem Geburtselement. Wenn Sie mindestens die Hälfte der genannten Eigenschaften ankreuzen, die unter dem betreffenden Element genannt sind, sollten Sie sich mit ihm beschäftigen, als wäre es Ihr eigenes.

Feuer

impulsiv	leidenschaftlich	dynamisch
dominierend	stolz	taktlos
optimistisch	ichbezogen	aktiv
kühn	romantisch	intuitiv
unabhängig	wagemutig	ungeduldig

anspruchsvoll   kindlich   überschwenglich
witzig   risikofreudig   aufdringlich
provozierend   fantasievoll   stur
aufregend   hartnäckig   eitel

Erde

sinnlich   liebevoll   geduldig
besitzergreifend   achtsam   pragmatisch
vorsichtig   hartnäckig   einfühlsam
emotional   zäh   lustvoll
verführerisch   eifersüchtig   heiter
distanziert   erotisch   materialistisch
künstlerisch   nach innen gewandt   kompetent
beständig   habsüchtig   unterstützend
naturliebend   beharrlich   nachsichtig

Metall

stark   erotisch   intensiv
zielstrebig   autonom   unflexibel
vereinnahmend   heimlichtuerisch   arrogant
extrem   einsam   initiativ
zwanghaft   melancholisch   ehrgeizig
entschlossen   engagiert   sehr sexuell
realistisch   erfolgreich   magnetisch
innovativ   einmalig   gerissen
integer   raffiniert   zynisch

Holz

selbstlos   kultiviert   entspannt
perfektionistisch   kühl   diplomatisch
ambivalent   freiheitsliebend   experimentierfreudig
aufgeschlossen   voreingenommen   kooperativ
geltungsbedürftig   exzentrisch   gelassen
liberal   idealistisch   charmant

verführerisch	einfühlsam	gesellig
extravertiert	humanitär	zerstreut
ästhetisch	fürchtet Intimität	nicht besitzergreifend

Wasser

kommunikativ	romantisch	schwer faßbar
flexibel	sensibel	leichtgläubig
passiv	überspannt	unkonzentriert
heikel	unberechenbar	witzig
unbeständig	launisch	neurotisch
intuitiv	unverbindlich	eskapistisch
fantasievoll	gesellig	betörend
überzeugend	bezaubernd	klug
legt sich nicht fest	wechselhaft	leicht zu beeindrucken

Kompatible und inkompatible Elemente

Wasser ist das Element, mit dem Feuer am schwersten verschmelzen kann – sei es in der Wohnungseinrichtung oder in einer Beziehung. Feuer und Wasser sind von Haus aus Gegensätze. Das gilt im Feng Shui ebenso wie in der Natur. Wasser-Menschen können die Leidenschaft von Feuer und seine Lebensfreude dämpfen und manchmal ganz ersticken. Leider fühlen sich Feuer-Menschen oft zu Wasser-Menschen ganz besonders hingezogen, einfach weil sie so anders sind!

Wir alle vereinen in uns mehrere Elemente, und ein Feuer-Mensch kann sich selbst näher kommen, wenn er es schafft, mit der Ebbe und Flut des Wasser-Partners zu leben, seinen Gefühlsausbrüchen, seiner Empfindsamkeit und seinem Verlangen, etwas jenseits von Realität und Fantasie zu finden. Das gleiche gilt für Holz und Metall sowie Erde und Wasser. In der folgenden Kompatibilitätstabelle sehen Sie, mit welchen Elementen Sie gut und mit welchen Sie weniger gut harmonieren.

Kompatibilitätstabelle: Harmonie und Disharmonie

Element	harmonisch	kompliziert	schlecht verträglich
Holz	Feuer und Wasser	Erde	Metall
Feuer	Holz und Erde	Metall	Wasser
Erde	Metall und Feuer	Wasser	Holz
Metall	Wasser und Erde	Holz	Feuer
Wasser	Holz und Metall	Feuer	Erde

Elemente des gleichen Typs, also zum Beispiel Holz und Holz, sind einander von Natur aus zugetan.

Kehren wir noch einmal zu unserem Beispiel von vorhin zurück: Wenn Sie als Feuer-Mensch mit einem Wasser-Partner zusammenleben und die anderen Elemente in Ihrer Umgebung sorgfältig ausbalancieren, stellen Sie vielleicht fest, daß Feuer und Wasser sich trotz oder gerade wegen ihrer Gegensätze perfekt ergänzen. Niemand ist nur und ausschließlich Feuer oder Wasser. Denken Sie deshalb daran: Ganz egal, wie sehr Sie sich als Feuer oder Wasser fühlen – in Ihrer Persönlichkeit gibt es einen abgelegenen Winkel, in dem andere verborgene Elemente enthalten sind.

Wenden Sie sich jetzt dem nächsten Kapitel zu und lesen Sie, mit welcher Persönlichkeit Ihr Element assoziiert ist. Das Kapitel will Ihnen helfen zu verstehen, welche Art von Beziehung Sie brauchen, damit harmonische Energie in Ihr Leben strömt.

17. Arten zu lieben

Feuer-Mann

Zu den schmerzhaftesten Erfahrungen im Leben gehört es, sich zu verbrennen: an einem echten Feuer oder an der Glut eines Menschen, der wie Feuer leidenschaftlich und impulsiv handelt. Menschen, deren Element Feuer ist, wollen das nicht glauben! Feuer-Männer brauchen Abenteuer, Aufregung und Risiko. Sie brauchen auch Beziehungen – und verschleißen sie in großen Mengen. Das heißt nicht, daß Feuer zu wahllosen und ungebundenen Geschlechtsbeziehungen neigt, sondern daß ein ungeduldiger und lebenshungriger Feuer-Mann sich tief in das Herz seiner Partnerin einbrennen kann. Leidenschaft ist für den Feuer-Mann ein Wort von ungeheurer Bedeutung. Er ist gelenkt von der Lust auf das nächste Event, die nächste Liebe – vor allem wenn seine derzeitige Partnerin nicht mit seinem Enthusiasmus und seiner Lebensgier Schritt halten kann. In seiner Entschlossenheit, sich seinen Weg durch den Dschungel des Lebens zu schlagen, ist der Feuer-Mann nicht zu bremsen. Aber selbst er muß sein Gleichgewicht im Leben finden, wenn er sich nicht ausbrennen will. Feuer hat mit Inspiration und Zukunft zu tun. Für Feuer ist die Vergangenheit ein ausgelesenes Buch, ein alter Film oder eine Videokassette, die sich nicht mehr zurückspulen läßt. Es kann gut sein, daß Feuer wegen seines Drangs, das Leben zu leben und nie innezuhalten, mehr Menschen begegnet und mehr Freude und Schmerz erlebt als jedes andere Element. Anderen scheint er vom Glück verfolgt zu sein – und er ist in der Lage, es mit beiden Händen zu greifen. Hin und wieder kann der Feuer-Mann einfach nicht anders, als seiner Glut freien Lauf zu lassen – so schnell und heftig, daß er sich in mehr Liebesbeziehungen und One-Night-Stands verstrickt, als er eigentlich will.

In der Liebe neigt der Feuer-Mann dazu, sich schuldig zu machen. Er ist oft unverantwortlich und will sich nicht festlegen. Er lehnt es ab, auf die Bedürfnisse anderer einzugehen, und ist oft so sehr mit sich selbst beschäftigt, daß er den Standpunkt anderer nicht einmal wahrnimmt. Der wichtigste Charakterzug des Feuer-Mannes ist sein Spieltrieb – deshalb paßt auch das Sprichwort »Spiele nicht mit dem Feuer« so gut zu ihm. Er braucht es, mit dem Leben zu spielen. Wie Prometheus, der das Feuer von den Göttern stahl und der Menschheit brachte, hat der Feuer-Mann die Angewohnheit mit allem zu spielen, was gefährlich ist. Dabei kommt es ihm mehr auf das Risiko als auf das Ergebnis an. Der Feuer-Mann ist ein Tatmensch. Das Endergebnis ist ihm egal, er nimmt die Sache einfach in die Hand, egal worum es sich handelt. Ist das Spiel zu Ende, vergißt er es, um sich einer neuen Herausforderung zuzuwenden.

Der Feuer-Mann ist im Grunde seines Herzens ein großer Junge, der über Liebe und Partnerschaft fantasiert. Deshalb fällt es ihm so leicht, sich zu verlieben und die erste romantische Phase in vollen Zügen zu genießen. Nur: Wenn sich erst einmal die Realität mit ihren Verpflichtungen, ihrem Papierkram, praktischen Überlegungen und ihrer Alltagsroutine in sein Liebesleben einzuschleichen beginnt, braust er entweder in seinem schnellen Sportwagen davon oder er entflammt für eine andere.

Sex ist für den Feuer-Mann nicht nur ein körperlicher Akt, sondern ein Symbol seines Lebensgefühls. Wenn er seine manchmal ungewöhnlichen Wünsche ausdrückt, so führt das gelegentlich zu dem Problem, daß seine Partnerin nicht so recht versteht, warum für den Feuer-Mann romantische und erotische Fantasien wichtiger sind als die sexuelle Vereinigung selbst.

Männer, bei denen das Feuer-Element extrem stark ausgeprägt ist, fühlen sich oft stark zu Erde-Frauen hingezogen. Das ist ein typischer Fall von Projektion: Der Feuer-Mann sucht in der Erde-Frau das Erde-Element, das in seiner Traumwelt fehlt. Erde braucht Geschlechtsverkehr und sinnliche Erfahrungen sehr viel häufiger, als dem Feuer-Mann lieb ist. Das erweckt in ihm leicht das Gefühl, Sex haben zu müssen, um seine Partnerin zu befriedigen. An diesem Punkt ist das Ende der Beziehung meist nicht mehr weit. Der Feuer-Mann scheut die Realität. Wenn er nicht mehr seinen Träumen und Plänen nachhängen kann, sucht er lieber schleunigst das Weite.

Feuer neigt mehr zu plötzlichen stürmischen Ausbrüchen als jedes andere Element. Dann beginnt sich die Leidenschaft von Eros Bahn zu brechen. (Eros ist das Sinnbild der erotischen und leidenschaftlichen Liebe und hat nichts mit dem niedlichen Cupido auf Valentinskarten zu tun.) Weil keine schenkende Form der Liebe den feurigen Heißsporn stabilisiert, verzehrt sich sein Begehren genauso schnell, wie es auflodert – und der Feuer-Mann fragt sich, warum seine derzeitige Partnerin nicht aufregender ist als alle, die er vorher kannte. Im Feng Shui ist es deshalb sehr wichtig, durch Erde- und Holz-Stilmittel einen Ausgleich zu der Hitzigkeit des Feuer-Mannes zu schaffen.

Begehren ist ein wichtiges Wort im Vokabular des Feuer-Mannes. Dabei gilt sein Sehnen allerdings eher der idealen als der individuellen Liebe. Er projiziert sein Begehren auf viele Frauen, denen er begegnet. Auch wenn es zunächst körperliche Attraktivität ist, die ihn anzieht, ist er der Frau, die er für seine Seelengefährtin hält, ein loyaler, einfühlsamer Partner. Er ist bis zur Taktlosigkeit hin ehrlich und unverschämt, wenn er sagt, er könne viele Frauen lieben. Andere Männer hassen ihn, und die meisten Frauen beten ihn an.

Es ist gefährlich, sich mit einem Feuer-Mann einzulassen – es sei denn, Sie sind bereit, das Risiko zu wagen, nach dem er sich sehnt. Der Feuer-Mann will sich frei und ungebunden fühlen können. Er vermeidet emotionale Szenen und kann besitzergreifende Menschen nicht ertragen. Umgekehrt aber können Feuer-Männer entsetzlich eifersüchtig reagieren, wenn ihre derzeitige Flamme einem anderen Holzstoß zu nahe kommt!

Der Feuer-Mann muß seine Lebensfreude, seinen Spaß an Romantik und seinen Spieltrieb ausleben dürfen. Er fühlt sich nur in einer freien und zugleich loyalen Beziehung wohl, in der emotionale Grenzen und emotionale Erpressung keine Rolle spielen. Dann besteht die Chance, daß er sein Ideal nicht außerhalb der Partnerschaft zu suchen braucht. Es ist oft sehr schwer für den Feuer-Mann, auf dem Boden der Realität zu bleiben. Er muß deshalb lernen, mehr Kontakt zu seinen Sinnen und der Außenwelt zu finden. Er will keine Mutter, er will eine Geliebte, aber eine, die ihm nicht das Gefühl vermittelt, er müsse sie die ganze Nacht befriedigen. Sexuelle Erregung ist für den Feuer-Mann vor allem ein seelischer Prozeß. Mehr als körperliche Stimulation braucht er Fantasiebilder und Geschichten im Kopf. Erst dann besteht eine Chance, daß er den engen Kontakt und die Sinnlichkeit einer bewußtseinsverändernden Beziehung zu genießen beginnt.

Feuer-Frau

Zum Wesen des Feuers gehört es, sich bei starkem Wind an einer völlig ungeeigneten Stelle zu entzünden. Ganz ähnlich verhält sich die Feuer-Frau, wenn sie sich impulsiv dem falschen Mann in die Arme wirft. Feuer-Frauen hängen großen Idealen nach, und ihre Liebe kann mitreißend sein. Genau darin liegt ihr Problem: Wenn eine Beziehung wie eine Antwort auf ihre

Träume aussieht, hält die Feuer-Frau nicht inne, um lange nachzudenken – dafür ist sie zu romantisch. Feuer-Frauen bestimmen das Tempo selbst und tun oft den ersten Schritt: Genauso wenig, wie sie sich scheuen, einen Mann anzusprechen, macht es ihnen etwas aus, ihn fallen zu lassen! Die Feuer-Frau will ihre Liebe umschlingen und vorantreiben, sie will die Initiative ergreifen und begehren. Mit den blinden und irrationalen Impulsen des Kindes, das sie in ihrem Innersten ist, erobert sie Männer im Sturm und bringt andere Frauen unbekümmert auf die Palme.

Die meisten Feuer-Frauen wollen in der Partnerschaft das Ruder in der Hand halten. Weil sie meistens gut aussehen und unangefochten im Mittelpunkt stehen wollen, erliegen ihnen oft Männer, die sich von ihrer unabhängigen Art zu lieben beeindrucken lassen. Eine Zeitlang genießt die Feuer-Frau ihre Wirkung. Ähnlich wie der Feuer-Mann treibt sie ihre Spiele am liebsten mit dünnhäutigen Opfern, die sich an ihrer Glut nur allzu leicht verbrennen. Die Hauptrolle zu spielen ist das Wichtigste im Leben der Feuer-Frau. Wenn sie ihren Willen nicht bekommt, zerbricht die Beziehung genauso schnell wie sie begann. Eine Feuer-Frau weiß intuitiv, was sie will, und bekommt es in der Regel auch. Wie ihr männliches Gegenstück besitzt sie genügend Charme und sexuelle Ausstrahlungskraft, daß man ihr sogar einen Mord verzeihen würde.

Aber Feuer braucht auch Freundschaft. In den Augen von Feuer-Frauen ist Sex ein nettes, amüsantes Spiel, mehr Haltbarkeit aber messen sie Freundschaft und Gemeinschaft zu. Wie Feuer-Männer stellen Feuer-Frauen ihre eigenen Bedürfnisse an die erste Stelle. Die Wünsche anderer dagegen können bis nächste Woche oder nächstes Jahr warten – um vielleicht auch dann nicht erfüllt zu werden. Die Feuer-Frau hat oft unrealistische Vorstellungen von Partnerschaft und erwartet ganz selbstverständlich, daß ihr Partner volle Arbeit leistet – im Bett wie im Gespräch. Im Bett ist sie anspruchsvoll. Wenn aber ihr Partner ihre Loyalität erwidert und ihre Integrität respektiert, kann er damit rechnen, daß sie voll für ihn da ist.

Die Feuer-Frau ist mehr mit Optimismus, Hoffnung und Begehren erfüllt als jedes andere Element. Unter ihrer fordernden, glühenden Flamme der Leidenschaft schlummert ein einfühlsames Herz. Es mag zwar eine Weile dauern, bis ihre Ehrlichkeit und ihr Einfühlungsvermögen hinter ihrer Selbstliebe und ihrer Sorge um ihr Selbstbild zum Vorschein kommen. Aber wenn jemand bis zu diesen Eigenschaften vorgedrungen ist, gehört die Feuer-Frau zu den Elementen, die andere glücklich machen – einfach weil es für sie selbst so wichtig ist, sich glücklich zu fühlen.

Die Feuer-Frau ist für andere insofern lehrreich, als sie das ist, was sie von anderen erwartet. In anderen Worten, sie braucht es, erfüllt und frei zu sein, vor Lebendigkeit zu sprühen und im Mittelpunkt der Aufmerksamkeit zu stehen. In einer Beziehung, in der diese Voraussetzungen gegeben sind, kann sie sich entfalten und die innige Zweisamkeit genießen, nach der sie sich sehnt.

Wegen ihrer Stärke und ihrer extravertierten, temperamentvollen, dynamischen Persönlichkeit kommt die Feuer-Frau besonders bei Erde und Wasser gut an. Das Problem dabei: Wenn sie ihr inneres Bedürfnis nach Nähe und Sinnlichkeit unbewußt auf ihre Partner projiziert, fühlt sie sich durch die Emotionalität von Wasser eingeengt und von der körperlichen Intimität von Erde überwältigt. Wir alle neigen zu Projektion, unabhängig von unserem Element. Bei Feuer-Frauen aber ist dieses Verhalten ganz besonders ausgeprägt, und sie merken nicht einmal, daß sie sich immer wieder in die gleichen Szenarien verstricken.

Um die Harmonie ihrer Beziehungen sicherzustellen, muß

die Feuer-Frau lernen, sich dem Fluß anzupassen und andere nicht auf ihr Tempo einstimmen zu wollen. Sie muß außerdem lernen, daß anderswo eine andere Musik spielt: Wenn es ihr zur Abwechslung einmal gelänge, sich zurückzunehmen und anderen zuzuhören, könnte sie die Berechtigung von Rhythmen und Bedürfnissen wahrnehmen, die sie bei sich selbst nicht zuläßt.

Für die Feuer-Frau ist Sexualität gleichbedeutend mit Leidenschaft, und sie sehnt sich nach Aufregung und Fantasie. Routinemäßiger Sex ist nichts für sie, und sie langweilt sich schnell, wenn dem Mann in ihrem Leben keine neuen romantischen Spiele mehr einfallen. Aus diesem Grund sind Freundschaft und geistige Anregung in ihren Beziehungen besonders wichtig.

Die emotionale Intensität von Wasser kann den Lebensfunken von Feuer zum Erlöschen bringen. In einer Beziehung mit einem Metall-Partner besteht die Gefahr, daß die Dynamik von Metall mit dem dramatischen Bedürfnis der Feuer-Frau kollidiert, alles und alle in ihrer Umgebung unter Kontrolle zu haben. Obwohl sich Feuer-Frauen oft zu Wasser- und Metall-Partnern hingezogen fühlen, weil sie so anders sind als sie selbst, sind es oft genau diese Partner, um derentwillen sie immer wieder auf die gleichen schmerzhaften Liebeserfahrungen hereinfallen.

Im Feng Shui sind für die Harmonisierung der Wohnumgebung von Feuer Holz und Erde am besten geeignet. Die Feuer-Frau produziert in ihrem Inneren wie in ihrer Umgebung Unmengen von Energie. Diese Art von Energie ist spannungsgeladen. Zuviel Feuer in der Wohnung kann ihre inneren Bagua-Energien zum Knistern bringen. Zorn kocht bei ihr mit alarmierender Regelmäßigkeit an die Oberfläche. Wie für alle anderen Elemente ist es auch für die Feuer-Frau gesund und richtig, Ärger auszudrücken. Trotzdem muß sie lernen, ihren Zorn in akzeptable Bahnen zu lenken. Wenn Sie die Elemente in Ihrem

Zuhause nach den Feng-Shui-Prinzipien ins Gleichgewicht bringen, können Sie Ärger positiv und wirksam artikulieren. Die launische Feuerfrau muß einen Kanal für diese Energie finden, wenn ihre Beziehung nicht darunter leiden soll.

Yang Feuer

Als Yang Feuer ist Sex doppelt wichtig für Sie. Gleichzeitig verabscheuen Sie jede Routine in Ihrem Liebesleben. Sie wollen in einer Beziehung entweder alles oder nichts: entweder Sie geben und nehmen so viel, wie Sie nur können, oder Sie suchen das Weite, wenn sich Ihre Ideale nicht erfüllen. Sie können manchmal eifersüchtig, egoistisch und besitzergreifend sein. Die meisten Yang-Feuer-Menschen wollen dominieren, und es ist deshalb wichtig für sie, auch im Bett die Führung zu übernehmen. Wenn Ihr Partner oder Ihre Partnerin ebenfalls Yang Feuer ist, müssen Sie lernen, über Ihre inneren Werte zu sprechen. Obwohl Sie Ihre eigenen Gedanken wahrnehmen und klar verbalisieren können, fällt es Ihnen schwer, Ihrem Partner zuzuhören. Wenn es Ihnen gelingt, auch die Vorlieben und Abneigungen anderer bewußt wahrzunehmen, werden Sie überrascht feststellen, daß Ihr Liebesleben eine neue Qualität erreicht. Yang-Feuer-Menschen können trotz ihres siegesgewissen Auftretens ziemlich verletzlich sein. Wenn also Ihre Gefühle die Oberhand gewinnen, kann es an der Zeit sein, darüber nachzudenken, was Ihnen Liebe eigentlich bedeutet. Treue ist mehr als ein Wort, und oft ist es Ihnen lieber, zu erobern und zu gehen, als sich zu binden und zu bleiben.

Gehen Sie es langsamer an! Auf diese Weise schaffen Yang-Feuer-Menschen es am leichtesten, ihre überbordende Energie in sinnvolle Bahnen zu lenken.

Fantasie ist für Sie ein wichtiger Teil von Sexualität. Sex in der Öffentlichkeit, Exhibitionismus und Initiationsriten rufen alle möglichen stimulierenden Bilder in Ihnen wach. Wenn Ihr Partner diese Art von Erregung akzeptiert, sollten Sie mit ihm oder ihr über Ihren Wunsch nach gemeinsamen Fantasien sprechen.

Yin Feuer

Sie haben viel Ähnlichkeit mit Yang Feuer. Der kleine Unterschied besteht darin, daß Sie im Gegensatz zu Yang Feuer hin- und hergerissen sind zwischen äußerer Beherrschtheit und innerer Anspannung. Sie bringen Ihre Energie weniger lautstark zum Ausdruck, sondern neigen dazu, sie zu unterdrücken und in sich hineinzufressen. Als Folge davon sind Sie so sehr mit sich selbst beschäftigt, daß Ihnen alles andere unwichtig erscheint. Dieses Verhalten ist eine Überkompensierung Ihrer Unfähigkeit, sich sexuell abzureagieren! Sie müssen lernen, Ihren Ärger und Ihre Energie mit Ihrem Partner zu teilen; es fällt Ihnen aber möglicherweise schwer, sich leidenschaftlich auf das Liebesspiel einzulassen.

Yin Feuer braucht mehr Spaß und die Gelegenheit, sich gehenzulassen und innere Spannungen auszudrücken – sexuell und intellektuell. Spielen Sie Spiele im Bett, seien Sie erfinderisch und denken Sie nicht, Sie müßten die ganze Nacht Orgasmen haben, um etwas zu beweisen. Wenn Sie Lust auf Sex haben und am liebsten gleich zur Sache kommen würden: Nehmen Sie sich die Zeit, der Romantik wieder mehr Raum in Ihrem Leben zu geben. Befreien Sie sich von Ihrem starken Bedürfnis, andere zu kontrollieren; lehnen Sie sich zur Abwechslung einmal zurück und lassen Sie die anderen aktiv werden. Wenn Sie feststellen, daß Ihr Liebesleben zur Routine erstarrt – und Yin

Feuer haßt Routine –, helfen Fantasie und sexuelle Spiele weiter. Weil Sie dazu neigen, all Ihre Energie nach innen zu richten, sollten Sie ein paar Feuer-Stilmittel bereithalten. Stimmungsvolles Kerzenlicht und Räucherstäbchen beflügeln neu gefundene Romantik und fördern ein ausdrucksstärkeres Liebesleben. Yin Feuer hat die Tendenz, zu viel vom Partner zu erwarten. Es kann gut sein, daß Sie denken, es genüge, im Mittelpunkt der Aufmerksamkeit zu stehen. Andererseits sind Komplimente und Liebe für Yin Feuer ein Lebenselixier, und Sie vertragen es nicht, mit verflossenen Beziehungen verglichen zu werden. Sie wollen zart und behutsam behandelt werden!

Erde-Mann

Die magische Anziehungskraft von Erde-Männern ergibt sich daraus, daß sie in einer Beziehung nie als Eroberer oder Bezwinger auftreten. Wie das weiße Kaninchen im Hut des Zauberers wartet der sinnliche Erde-Mann darauf, aus seinem sicheren Versteck hervorgezogen zu werden, ohne von sich aus aktiv zu werden. Das Lieblingsspiel des Erde-Mannes heißt »Fang mich doch!«. Er will entdeckt werden, ohne selbst Entdecker zu sein. Bekannt für seine fixierten, dogmatischen Lebenseinstellungen, bevorzugt er bekanntes Terrain – es sei denn, jemand kommt und entwurzelt ihn mit einem raschen Handstreich. Dann kann es dem Erde-Mann passieren, daß er schneller geviertelt wird, als man einen Holzklotz spaltet! Weil es ihm an Visionen fehlt, läßt er sich nicht leicht auf leidenschaftliche Affären ein: Er ist nicht bereit, sein ruhiges, gemütliches Leben für irgend jemanden zu ändern.

Die Energie und die sexuelle Lust des Erde-Mannes ähneln seiner Freude an den guten Dingen des Lebens. Essen, Sinnlichkeit, Baden und Schlafen sind für den sinnenfrohen Erde-Mann ein ebenso großer Genuß wie Liebe im Kornfeld. Das heißt nicht, daß er an Sex kein Interesse hat. Im Gegenteil: Der Erde-Mann strahlt eine schwer zu definierende Sexualität aus. Sie ist ein natürlicher Teil seiner selbst und entspringt dem Urkern seines Körpers. Er besitzt ein ausgeprägtes Körperbewußtsein, fühlt sich rundum wohl in seiner Haut und ist der Natur näher als irgendein anderes Element. Trotzdem ist der Erde-Mann schwer zu fassen. Er sehnt sich nach etwas Höherem, Geistigem, Ätherischem. Weil er im Leben wie in der Liebe so bodenständig und erdgebunden ist, kann er sich ungemein für Menschen begeistern, von denen er meint, sie könnten ihn in die Geheimnisse der geistigen Welt einführen. Paradoxerweise verliert er die Frau, mit der er eine vergeistigte Beziehung zu finden hoffte, ausgerechnet wegen seines Beharrens, alles müsse sinnlich erfahrbar sein.

Der große Pluspunkt des Erde-Mannes ist sein Durchhaltevermögen. Erde ist wahrscheinlich das einzige Element, das die Zähne zusammenbeißt und so tut, als sei alles in Ordnung, wenn die meisten anderen Elemente die Flucht ergreifen würden (auch wenn das nicht gerade die feine Art ist). Der Erde-Mann glaubt: Wenn sich etwas zum Greifen nah direkt vor seinen Augen befindet, er es fühlen und mit ihm sprechen kann, müsse es auch wahr und konkret vorhanden sein.

Viele Erde-Männer fühlen sich magnetisch zu Holz-Frauen hingezogen, zu deren Fähigkeiten es gehört, sanft die Kerzen auszublasen, über das Leben und die Liebe zu theoretisieren und magische Spiele zu spielen. Alle Elemente fühlen sich zu denen hingezogen, die ganz anders sind als sie selbst. Das besondere Pech des Erde-Mannes ist es, sich hoffnungslos in die intellektuelle, unbeschwerte Holz-Frau zu verstricken – nur um irgendwann festzustellen, daß er mit dem Tempo und den unorthodoxen Improvisationen seiner Holz-Partnerin nicht mithalten kann, es sei denn, er lernt, sich ihrer kapriziösen Energie anzupassen.

Der Erde-Mann ist immer für seine Partnerin da und setzt, wenn es möglich ist, Himmel und Erde für sie in Bewegung. Er hat eine Schulter zum Ausweinen und ein offenes, mitfühlendes Herz. Und er ist aufrichtig und zutiefst loyal. Er ist ein Hedonist und sein Bedürfnis nach Erotik ist eher körperlich als seelisch begründet. Fantasie ist nichts für ihn (obwohl er gemeinsam mit Feuer neue Ausdrucksformen finden kann). Für den Erde-Mann muß Sexualität alle Sinne involvieren, vor allem den Tastsinn. Er lebt im Hier und Jetzt, statt sich in Erinnerungen an die Vergangenheit zu verlieren oder über die Möglichkeiten der Zukunft nachzudenken. Der Erde-Mann braucht Frieden und Ruhe, nicht Action und Drama, und will in der Liebe greifbare Ergebnisse für die Anstrengungen sehen, die er in die Beziehung zu investieren glaubt. Im Gegensatz zu ihm selbst haben seine Partnerinnen aber ihre Zweifel, ob er sich überhaupt jemals für die Beziehung anstrengt! Der Erde-Mann vermeidet nach Möglichkeit Konflikte, und seine zynische und weltliche Einstellung zur Liebe kann ansteckend sein. Er weiß, worauf es in einer Beziehung wirklich ankommt, und wenn Sie bereit sind, sich auf seine Art zu denken einzulassen, weiht er Sie in das Geheimnis ein. Schönheit liegt nach Ansicht des Erde-Mannes im Auge des Betrachters. Wenn Sie ihm Ihre Liebe zeigen, ein schönes Essen für ihn kochen, seinem Körper Gutes tun, sein Ego und seinen Rükken massieren oder einfach die Badewanne mit ihm teilen, werden Sie erstaunt sein über die Tiefgründigkeit und Sinnlichkeit dieses zutiefst bindungswilligen Partners.

Er ist zwar nicht leidenschaftlich und aufwühlend wie Feuer, nicht scharf auf Sex wie Metall, nicht abgehoben und abstrakt wie Holz oder emotional empfänglich wie Wasser, aber er wird auf jedes Ihrer Bedürfnisse mit der wissenden, erotischen Sinnlichkeit reagieren, die unter seiner ruhigen Oberfläche schlummert.

Seine Gewohnheiten, seine Träume (falls er überhaupt zugibt, welche zu haben) und seine Pläne (die er immer hat) verändern zu wollen, kann problematisch und manchmal fatal sein. Veränderung ist ein Wort, das in seinem Vokabular fehlt, und von Umgestaltungen an seinem Zuhause ist er alles andere als begeistert. Feng Shui mag ihm als Bedrohung seiner Stabilität erscheinen. Statt ihn mit Brachialgewalt zu zwingen, sein Bett oder seinen Herd zu verstellen (beide sind ein sicherer Weg in sein Herz!), sollten Sie ihn besser allmählich an die Idee gewöhnen.

Das größte Problem des Erde-Mannes ist es, daß er nicht weiß oder nicht mehr weiß, wie man spielt. Er wirkt in vieler Hinsicht abgeklärt und alt für sein Alter. Möglicherweise fällt es ihm schwer, auf eine lässige, frivole Partnerin einzugehen, die Sex leicht nimmt und spielerisch genießt. Der Erde-Mann hat es verlernt, Kind zu sein, und fühlt sich gerade deswegen zu kindhaften Frauen hingezogen. Er neigt dazu, die Welt, auch seine Beziehungen, in Kästchen einzuordnen. Wenn seine Partnerin aufhört, dem Etikett zu entsprechen, das er ihr aufgeklebt hat, wenn sie von der Wahrheit, so wie er sie sieht, abweicht, muß sie möglicherweise erleben, daß Erde allem Fesseln anlegt, auch sich selbst und der Beziehung.

Erde-Frau

Die Erde-Frau versteht sich auf die Kunst des Feng Shui wahrscheinlich besser als jedes andere Element. Sie ist zweifellos sehr sinnlich und lebt mit ihrer Umgebung im Einklang. Natur und

Umwelt sind Teil ihres Lebensgefühls, und wenn sie nicht das bekommt, was sie als schön empfindet, ist die zweite Wahl keine Alternative für sie. Harmonie ist wichtig für die Erde-Frau – in ihrem Zuhause ebenso wie in ihren Beziehungen. Nach außen hin wirkt sie kühl, ausgeglichen und manchmal zurückhaltend, unter dieser Maske aber ist sie erotisch, verführerisch und von leidenschaftlicher Intensität.

Erde-Frauen verkörpern das ewig Weibliche. Sie sind sich ihrer selbst, ihrer Kleidung, ihres Aussehens, ihres Stils und ihrer Werte zutiefst bewußt. Erde-Frauen besitzen die körperliche Sinnlichkeit der Aphrodite. Wir machen uns ein falsches Bild von Aphrodite, wenn wir sie als Verkörperung des Romantischen und Erhabenen betrachten. Das Paradoxe an ihr ist, daß sie sowohl die göttliche, hehre Liebe verkörpert als auch die weltliche, verbotene Liebe! Deshalb sind Erde-Frauen manchmal hin- und hergerissen und wissen nicht, welchen Weg sie gehen sollen, wenn sie einem Mann begegnen, zu dem sie sich hingezogen fühlen.

Vor einem muß sich die Erde-Frau ganz besonders in acht nehmen: ihrem Hang zur Tyrannei. Hat sie erst einmal beschlossen, daß das Objekt ihrer Begierde ihr körperliches Interesse wert ist, kann sie extrem besitzergreifend und eifersüchtig sein. Sie ist nicht wahllos in ihren Beziehungen, aber einem Mann, der ihr die Schauer den Rücken hinunterjagt, kann sie nicht widerstehen. Obwohl sie sich normalerweise wartend im Hintergrund hält (denn wie Erde-Männer jagen auch Erde-Frauen ihre Beute nicht), kann sie ganz schnell zur Verführerin werden, wenn ein Lächeln oder eine Berührung ihr Bedürfnis nach körperlicher Nähe stimuliert. Andererseits braucht die Erde-Frau es, ihren Partner ganz für sich zu haben, und kann dabei selbstsüchtig und besitzergreifend sein. Nur sie, niemand sonst, hat das Recht, ihren Geliebten und Partner zu lieben.

Damit ihr niemand in die Quere kommt, hat sie keine Skrupel, ihn von seiner Familie oder seinen Kollegen zu entfremden. In harmloserer Form zeigt sich ihr Bedürfnis nach Kontrolle darin, daß sie sich in ihrem Zuhause mit schönen Dingen umgibt, gut kocht und eine bezaubernde Gastgeberin ist. Dahinter verbirgt sich ein verzweifeltes Bedürfnis nach Sicherheit, und sie glaubt, dieses Gefühl der Sicherheit zu bekommen, wenn sie die Dinge besitzt, die sie liebt.

Für die Erde-Frau besteht die größte Liebesprobe darin, ihren Partner wirklich loszulassen: Beide gewinnen dadurch Luft zum Atmen und mehr persönlichen Freiraum. Wenn die Erde-Frau versteht, daß Freiraum nicht unbedingt Gefahr bedeutet und Respekt vor der Persönlichkeit anderer nicht zur Aufgabe des eigenen Ichs führen muß, hat auch ihre Körperlichkeit die Chance, eine individuelle Ausdrucksform zu finden.

Die Erde-Frau hat selten Affären oder One-Night-Stands, wenn sie sich des Mannes, den sie liebt, sicher ist. Sie ist monogam und sieht ihren Partner als Fixpunkt in ihrem Leben. Ihr Zuhause drückt ihr Bedürfnis nach Sicherheit aus. Es fällt ihr schwer, mit Veränderungen zurechtzukommen, besonders in der Partnerschaft.

Es würde der Erde-Frau gut tun, gelegentlich ein Risiko zu wagen. Sie könnte von einem Feuer-Partner viel lernen, und oft funktioniert diese Kombination der Elemente ausgesprochen gut, wenn auch nicht immer reibungslos. Der Feuer-Mann hat die Fähigkeit, die anmutige, würdevolle Erde-Frau mit seiner Direktheit und Leidenschaft zur Ekstase zu treiben, und sie wird das Machtgefühl, das sie daraus bezieht, nie vergessen. Sex ist für die Erde-Frau ein Urinstinkt, und sie zieht bodenständigen, körperbewußten Sex komplizierten Gymnastikübungen vor. So wie Blitzableiter riesige Energiemengen des Himmels in den Boden oder die Erde ableiten, fungiert die Erde-Frau als eine

Art Blitzableiter für die Leidenschaften und Träume, den Kummer und den Ärger der Menschen um sie herum. Die Erde-Frau sucht nach Wärme und Zuneigung, Sanftheit und Unterstützung. Das, was sie so freigebig verteilt, erwartet sie auch zurück. Sie muß lernen, Geben als innere Stärke zu begreifen, die nicht nach Gegenleistungen fragt.

Die Erde-Frau mag es eine Zeitlang genießen, sich im Wechselspiel der Emotionen eines Wasser-Partners aufzulösen. Auf Dauer fällt es ihr jedoch schwer, die Veränderlichkeit und Flexibilität von Wasser zu akzeptieren. Erde braucht Zeit, während Wasser-Menschen ihren eigenen Zeitplan schaffen und das Tempo so vorgeben, wie es ihnen beliebt. Von einem Holz-Partner kann Erde lernen, sich auf das Ganze zu konzentrieren, nicht nur auf sich selbst. Holz-Männer lieben weltumspannender als Erde-Frauen, deren Begehren ein sehr persönliches ist. Die Stärke und Entschlossenheit von Metall kann eine gute Ergänzung für das Sicherheitsbedürfnis der Erde-Frau sein, denn Metall besitzt die Intuition und den Weitblick zu wissen, was Erde wirklich und wahrhaftig ersehnt.

Yang Erde

Jenseits der Liebe gibt es eine innere Energie, die das beharrliche Sehnen von Yang Erde nach Wohlergehen und Stabilität lebendig hält. Im Yang wird die für gewöhnlich passive Erde-Persönlichkeit extravertiert und manchmal ungeduldig. Hören Sie in solchen Situationen auf Ihren Körper und verlassen Sie sich auf Ihre physischen Indikatoren: Wenn Sie sexuell erregt sind, so heißt das, daß Sie bereit sind, sich fest zu binden; Ihr Körpergefühl sagt Ihnen, es zu wagen. Zu den subtilen Nuancen der Energie von Yang Erde gehört es, daß Sie sich unbewußt mit dem Menschen identifizieren, mit dem Sie gerade zusammen sind. In anderen Worten: Ist Ihr Partner wagemutig, draufgängerisch und erfinderisch, so kann das auf Sie abfärben, und Ihre übliche Vorliebe für ungekünstelten Sex weicht der Freude an gymnastischen Verrenkungen! Yang-Energie drückt sich auch darin aus, daß Sie sich in der Liebe auf Ihren Partner konzentrieren, statt an Ihre eigenen Bedürfnisse zu denken. Um zu verhindern, daß die Fantasie Ihres Partners Ihr Liebesleben bestimmt, sollten Sie sich mit Ihren ganz persönlichen Vorstellungen über das Leben und die Liebe auseinandersetzen. In Ihrer Großzügigkeit laufen Sie nämlich leicht Gefahr, in einer Liebesbeziehung Ihre eigenen Ziele aus den Augen zu verlieren. Denken Sie daran: Sie brauchen viel Zeit und jede Menge Körperkontakt; Genuß, nicht nur sexuelle Befriedigung; und Sie wollen daran erinnert werden, daß für Sie Sex Liebe bedeutet. Wenn es Ihnen schwerfällt, mit Ihrem Partner über diese Bedürfnisse zu sprechen, und Sie feststellen, daß Sie sexuell immer bereit sind zu geben, statt zu nehmen, sollten Sie mehr Kommunikation wagen – und sei es nur die Bitte »Wie wäre es, wenn du mal meine Zehen kitzeln würdest?«

Yin Erde

Verschwiegenheit ist für die Sexualität von Yin Erde das A und O. Solange körperliches Begehren diskret und versteckt ausgedrückt wird, kann Yin Erde sich in dem Glauben wiegen, noch sei nichts Entscheidendes passiert. Yin Erde ist es lieber, hinter der Bühne zu stehen als im Rampenlicht. Am Anfang einer Beziehung geben Sie sich ängstlich und zurückhaltend, später brechen sich Ihre starken sexuellen Instinkte Bahn. Aus Angst vor Zurückweisung neigen Sie zu flüchtigen Beziehungen: Das ist

Ihre Art, sich gegen Verletzungen zu schützen, falls die Beziehung zerbricht. Der Überlebensinstinkt von Erde beginnt hier, sich zu verselbständigen! Yin Erde fällt es schwer, die Initiative zu ergreifen, kann aber in einer heimlichen Beziehung ziemlich fordernd sein – weil das Risiko dann nicht so groß ist.

Yin Erde hungert nach Sinnlichkeit, und kaum etwas erregt Sie so sehr wie oraler Sex. Ihr Bedürfnis nach Trost will im wahrsten Sinne des Wortes gestillt werden – auch wenn andere diesen Instinkt als animalisch empfinden. Yin Erde lebt in der steten Angst vor Zurückweisung. Es wäre jedoch falsch, wenn Sie Ihre Urinstinkte internalisieren würden: Nur wenn Sie es sich erlauben, das Unvorhersehbare zu wagen, können Sie körperliche und sexuelle Erfüllung erlangen. Denken Sie daran: Wenn Sie Yin Erde sind, ist es am wichtigsten für Sie, sich Ihres Körpers bewußt zu sein und ihn zu genießen.

Metall-Mann

Viele Menschen halten Selbstgerechtigkeit – die Sicherheit, im Recht zu sein, und die Überzeugung, daß andere das genauso sehen – nicht unbedingt für eine wünschenswerte Eigenschaft. Ganz anders der Metall-Mann: Er ist nicht nur berauscht von seinem Selbstbewußtsein, sondern auch wild entschlossen, es allen um sich herum zu zeigen. Dabei ist der Metall-Mann keineswegs besonders arrogant: Er ist einfach so überzeugt von seiner eigenen Rechtschaffenheit, seinen ehrenvollen Absichten und seiner Stärke im Umgang mit Menschen und schwierigen Situationen, daß er meint, jeder, der ihn kennt, müsse unweigerlich von ihm beeindruckt sein.

Metall steht im Zyklus der Elemente für Wohlstand und Vorwärtskommen, und Metall-Menschen tun sich auf jedem Gebiet als besonders ehrgeizig, rücksichtslos und meistens auch erfolgreich hervor. Das Problem des Metall-Mannes besteht darin, erkennen zu müssen, daß selbst der größte errungene Schatz ihm das erwartete Glück nicht bringt.

Mit Beziehungen ist es das gleiche. Die größte Hürde, die ein Metall-Mann zu nehmen hat, ist die Tatsache, daß er sich in einer Beziehung hinsetzen und zuhören muß. Er geht davon aus, daß seine erwählte Partnerin – denn meistens trifft er die Wahl und nicht umgekehrt – auf jede seiner Launen reagiert. Nichts liegt dem stabilen und unflexiblen Metall-Mann näher, als ohne zu zögern die Rolle des Ernährers, des Charmeurs, des Liebhabers und der Vaterfigur zu übernehmen. Oberflächlich betrachtet mag er der Frau, die es schafft, ihn zu erringen, als Glücksfall erscheinen. Aber: Nicht nur die Entschlossenheit, sondern auch das Herz des Metall-Mannes gleicht einem Kettenhemd.

Der Metall-Mann liebt das Gefühl, alles unter Kontrolle zu haben. Er setzt Kontrolle mit Macht gleich, und Macht ist sein Lebenselixier. Wenn ihn die Liebe ereilt, lenkt er die Beziehung cool und subtil – und gerade deshalb so wirksam – genau in die Richtung, in die er sie haben möchte. Weil er autark und unabhängig ist, weiß der Metall-Mann genau, was er von einer Frau will! Das ist ein echtes Plus in jeder Beziehung. Hat er sich erst einmal für eine Beziehung entschieden, und erfüllt die Frau seiner Wahl seine Erwartungen, ist es unwahrscheinlich, daß er ihr untreu wird. Allerdings gibt es Momente, in denen der Metall-Mann sich in sich selbst zurückzieht. Dann ist er anfällig für Selbstkritik, Selbstzweifel und Introspektion. Der Metall-Mann ist in diesen Phasen nicht leicht zu ertragen, und es ist am besten, ihn dann in Ruhe zu lassen. Offenbar braucht er die Perioden der Depression, um sich zu regenerieren und Kräfte für neue Taten zu sammeln.

Ehrgeiz ist ein wichtiger Aspekt seines Machthungers, und als Partnerin eines Metall-Mannes wissen Sie, daß er – wenn es hart auf hart kommt – seine Karriere über Sie stellt. Sein Sinn für Unabhängigkeit und herausragende Leistungen führt dazu, daß der Metall-Mann sich hingebungsvoll seinem Fortkommen widmet. Wenn seine Partnerin nicht bereit ist, diesen Weg mit ihm zu gehen, ist der Metall-Mann schnell dabei, ihr die Tür zu weisen.

Der Metall-Mann ist überzeugt davon, daß er in einer Partnerschaft nie einen Fehler macht. Sollte ihn je eine Frau verlassen, ist er ohne weiteres in der Lage, seine Gefühle um 180 Grad zu wenden – und so zu tun, als ginge die Trennung von ihm aus. Manchmal gibt der Metall-Mann erst nach, wenn er die Beziehung, die er bis vor kurzem für sein Werk hielt, völlig zerstört hat. Hier zeigt sich die dunkle Seite des Metall-Mannes: Er leidet unter Machtwahn, ist ein Einzelkämpfer und lehnt es ab, emotionale Unterstützung durch andere anzunehmen. Das hat er mit vielen Menschen gemeinsam!

Nach außen hin wirkt der Metall-Mann wie eine Festung. Seine Stärke und seine ernsthafte Einstellung zum Leben und zur Liebe lassen ihn als kalt, gefühllos und lieblos erscheinen. In Wirklichkeit besitzt er eine untrügliche Intuition, ein bewundernswertes Durchhaltevermögen in Situationen, in denen andere zusammenbrechen würden, und Nerven wie Drahtseile. Standhaftigkeit bedeutet im Vokabular des Metall-Mannes, seine Ziele zu erreichen. In der Liebe kommt der Metall-Mann eher langsam auf Touren: Sein Interesse wird zunächst von Romantik geweckt und bedarf der geistigen Anregung, um nicht zu erkalten. Den einsamen Wölfen unter den Metall-Männern bedeutet eine kurze Affäre oder ein One-Night-Stand nicht viel – obwohl sie, wie in allen Dingen, auch dabei eine grandiose Vorstellung hinlegen.

Dank seiner Intuition weiß der Metall-Mann, was seine Partnerin antörnt, noch bevor er mit ihr geschlafen hat. Obwohl der Metall-Mann auf den ersten Blick berechnend, clever und routiniert wirkt, wird er im Lauf der Zeit oft weicher und entwickelt sich zu einem warmen und leidenschaftlichen Liebhaber. Sex ist für ihn in erster Linie eine Annehmlichkeit und eine Form, sich selbst zu verwöhnen. Seine Partnerinnen müssen sich daran gewöhnen, daß Metall oft nur an sich selbst zu denken scheint.

Seine ernsthafte Maske dient dem Metall-Mann dazu, seine Einsamkeit zu verbergen. Der Metall-Mann kann zwar auch alleine glücklich sein, aber einer Frau, die seine Ziele und seine Selbstbeherrschung respektiert und achtet, ist er ein treuer und loyaler Partner. Integrität ist das Bindeglied, das sein Kettenhemd zusammenhält.

Metall kommt am besten mit Erde zurecht. Wasser gibt ihm durch den Rhythmus von Ebbe und Flut das Gefühl, alles unter Kontrolle zu haben. Die Anpassungsfähigkeit und die Ruhelosigkeit von Wasser sind Eigenschaften, die der Metall-Mann in sein Leben integrieren muß. Nur so kann er lernen, daß eine Beziehung mehr ist als eine Eisenkette, die sich um sein Herz schließt. Mit Feuer fühlt er sich wie heißes Metall: Es treibt ihn zur Weißglut und nimmt ihm seine Autonomie! Die fast kindliche Dynamik von Feuer ist das pure Gegenteil der Motiviertheit und Gewißheit von Metall. Auch wenn Gegensätze sich anziehen und der Erotik in einer Beziehung förderlich sind, kann eine Zeit kommen, wo der Feuer-Frau der Hang von Metall zur Einsamkeit und dem Metall-Mann die hektische Suche der Feuer-Frau nach Spaß zu viel wird.

Holz-Frauen würden in einer Beziehung mit Metall die soziale, humanitäre Seite vermissen. Für sie ist es schwer, mit jemandem zu leben, der immer nur mit sich selbst beschäftigt ist. Für den Metall-Mann verliert der Charme der Holz-Frau seinen Reiz, sobald er erkennt, daß seine eigene Wichtigkeit hinter ihren altruistischen Wertvorstellungen zurückstehen muß.

Wie für den blechernen Holzfäller im Zauberer von Oz besteht die schwerste aller Prüfungen für den Metall-Mann darin, sein Herz zu finden. Denn das besitzt dieser einsame und autonome Geist tatsächlich!

Metall-Frau

Die Stahlaugen der Metall-Frau richten sich auf einen Mann, der ihr Unabhängigkeit bieten kann, in einer (ihrer Meinung nach) konventionellen und aufrichtigen Beziehung, der sie sich ohne Angst anvertrauen kann. Gleichzeitig ist es für diesen Frauentyp unverzichtbar, der Boß zu sein: im Bett genauso wie emotional.

Ihre Partner, Liebhaber und sogar Freunde beschreiben die Metall-Frau oft als »magnetisch« – trotz der ganz unterschiedlichen Gefühle, die sie ihr entgegenbringen. Eines ist klar: Die Metall-Frau bringt bei ihren faszinierten Anbetern die Funken zum Stieben und fordert ihre Opfer: Eine Metall-Frau erwartet, daß ein Partner ihr Solidität bietet und Achtung entgegenbringt – und es gleichzeitig toleriert, daß sie ihre wildesten Träume auslebt. Wird ein Partner diesen Ansprüchen nicht gerecht, zögert sie nicht, die Partnerschaft kaltblütig zu zerstören. Wie ihr männliches Gegenstück ist die Metall-Frau von Sexualität und der damit verbundenen Macht fasziniert. Sie wird deshalb zwar nicht zur Räuberin der Nacht, aber sie braucht und genießt die Gefahren und Geheimnisse einer intimen und erotischen Beziehung. Trotz ihrer Freude am Risiko ist sie niemand, der herumschläft. Erstens ist sie besitzergreifend und eine Einzelgängerin, und zweitens leidet sie unter entsetzlichen Schuldgefühlen, wenn sie es zu wild treibt.

Ehrgeizig und karriereorientiert wie sie ist, führt die Metall-Frau oft ein einsames Leben, in dem Beziehungen nur schwer einen Platz finden. Ihr berufliches Engagement ist aber nicht das einzige Hindernis, das einer engen Partnerschaft im Weg steht. Wegen ihres starken Überlebensinstinkts schottet sie sich hinter einem undurchdringlichen Eisengitter gegen allzu viel Nähe ab. Für die Metall-Frau ist es zwar in Ordnung, daß sie in das Herz ihres Geliebten eindringt und es beherrscht; den umgekehrten Fall weiß sie jedoch zu verhindern!

Der Metall-Frau fällt es schwer, ihren Ärger zu äußern. Ihrem Partner kommt dann die unangenehme Aufgabe zu, ihre Gefechte für sie auszutragen.

Die Metall-Frau ist die geborene Aufsteigerin und wird in jeder Rolle, die ihr liegt, Erfolg haben. Zu ihrem Glück braucht sie herausragende Leistungen und Integrität, und wenn ihr Partner eine dieser Voraussetzungen nicht erfüllt, kann es gut sein, daß sie ihn fallenläßt. Sie sucht in einem Menschen Status und Prestige, Liebe und Hochachtung, aber sie findet diese perfekte Mischung nur selten. Deshalb bleibt sie lieber allein (auch wenn sie sich dabei sehr einsam fühlt) und führt ein unabhängiges, autarkes Leben. Ihre Angst, in der Liebe den kürzeren zu ziehen, ist größer als ihr Glaube, die ideale Liebe zu finden. Ihre Defizite in der Liebe kompensiert sie durch ihr Engagement in anderen Lebensbereichen, ihre Karriere, ihr Aussehen und ihre scheinbare Härte. Aber auch wenn Metall unzerbrechlich ist, so kann es doch schmelzen, und sie ist sich dessen wohl bewußt. Kommunikation spielt für sie keine große Rolle, und manchmal ist es ihr lieber, Musik zu hören oder die Nacht zu durchtanzen, als ein Beziehungsgespräch mit Holz oder eine hitzige Debatte mit Feuer zu führen. In beide Elemente verliebt sie sich oft und gern. Da ihr Abstraktionsvermögen und Risikofähigkeit abgehen, üben die Freiheit von Holz und der provokative Optimismus von Feuer eine starke Anziehungskraft auf sie aus, der sie unweigerlich erliegt.

Ungleich und ungleich gesellt sich gern. Wenn ein Feuer-Mann der Metall-Frau ihre Autonomie zugesteht, über seinen Schatten springt und auf ihr Bedürfnis nach einer hocheroti-schen Beziehung eingeht, haben diese unterschiedlichen Elemente die Chance, sich gegenseitig zu ergänzen. Sexuell kann die Metall-Frau wegen ihrer so sehr betonten Unabhängigkeit sowohl die Verführerin als auch die Verführte spielen: Als Verführerin hat sie die Freiheit, zu gehen, wann sie will; als Verführte kann sie so schnell in den Armen ihres Partners dahinschmelzen, daß keine Zeit für intime Gespräche bleibt. Wie Holz hat sie Angst vor Intimität, wenn auch aus anderen Gründen. Die Entschlossenheit der Metall-Frau, sich ihres Partners zu bemächtigen, bringt oft mehr glühende Leidenschaft in ihr Liebesleben, als ihr lieb ist. Entwickelt sich dann eine Liebesnacht, in der sie eigentlich nur ihren Spaß gesucht hat, zu einer engen Bindung, empfindet sie ihre Autonomie als bedroht. Glamour, Geld und Macht gehen für die Metall-Frau Hand in Hand, manchmal auf Kosten ihrer sexuellen Beziehungen. Aber trotz ihrer Eitelkeit und ihrem ausgeprägten Überlebenswillen leidet sie unter großen Ängsten. Wenn sie lernte, diese Ängste auszudrücken, könnte sie zu einem harmonischeren Lebensstil und einer entspannteren Beziehung zu ihrer Umwelt finden. Distanz zu halten, mag ihr als der sicherste Weg zu innerer Ruhe erscheinen. Dabei würde es sie von ihren Ängsten befreien, loszulassen und rückhaltlos zu lieben und zu lachen. Vielleicht würden ihr das Einfühlungsvermögen und die Empfindsamkeit von Wasser helfen, das Leben nicht mehr durch das Stahlgitter ihres Metall-käfigs hindurch zu betrachten.

Mit einem Metall-Mann kommt es leicht zum Schlagabtausch, denn in seinen Augen würde sie sich selbst wiedererkennen. Ein Metall-Partner stellt ihre Stärke und ihren Mut auf die Probe und kann sich als unwiderstehlich und unersättlich erweisen. Wahrscheinlich aber ist letztlich nur die solide und dauerhafte Integrität von Erde einer Beziehung mit der attraktiven, gefühlvollen Metall-Frau gewachsen. Erde hat die Gabe, im Hier und Jetzt zu leben, und die Liebe im Boden zu verankern. Der Sinn des Erde-Mannes für Realität ist das, was die Metall-Frau am meisten braucht.

Yang Metall

Zur Sexualität von Yang Metall gehört es, sich am Partner zu reiben – körperlich oder geistig. Wenn Sie Yang Metall sind, sprühen die Funken, weil Sie in einer sexuellen Beziehung Ihre drängenden Begierden auf vielfältige Weise ausleben und gleichzeitig Ihre Autonomie bewahren. Wenn es Ihnen gelingt, sich in einer Beziehung auszuleben, fühlen Sie sich eine Weile lang als etwas ganz Besonderes, und manchmal stürzen Sie sich in unmögliche Beziehungen oder Liebesabenteuer, nur um Ihre Unabhängigkeit zu beweisen. Sie brauchen das Gefühl, die Beziehung im Griff zu haben, und müssen immer wieder feststellen, daß nur wenige Menschen Ihren Hunger nach sexueller Erfüllung stillen können. Ihre Anziehungskraft ist deshalb eher aufregend als wohltuend.

Es törnt Sie an, Ihren Partner in unbekannte Bereiche zu locken. Wenn Sie körperlich erregt sind, übernehmen Sie gerne die Führung und fühlen sich so dem Partner Ihrer Wahl sehr nahe. Sie widmen sich mit Leidenschaft Ihrer eigenen Befriedigung, geben sich aber wahrscheinlich niemals ganz einem anderen

Menschen hin, es sei denn, er würde Ihnen den immerwährenden Zugang zu Eros, dem Gott der Liebe, sichern.

Ihr Dilemma als Yang Metall besteht darin, daß Sie zwar andere zu inspiriertem Sex verführen können, Ihre eigenen stürmischen Energien aber Spannungen auslösen. Ehrlichkeit ist Ihr
Verbündeter; wenn Sie wirklich sexuelle Tabus überschreiten
oder exotische Spiele spielen wollen, sollten Sie mit Ihrem Partner über Ihre Wünsche sprechen. Bei all Ihrer Raffinesse müssen
Sie lernen, daß andere Ihre Vorlieben nicht unbedingt teilen
und mit Ihrer Energie nicht immer mithalten können.

Yin Metall

Sexuelles Begehren ist für Yin Metall fast ebenso genußreich
wie sexuelle Erfüllung. Empfindsame und harmoniebedürftige
Yin-Metall-Menschen lassen potentielle Liebhaber über ihr sexuelles Interesse nicht im unklaren. Gleichzeitig besitzen sie ein
geradezu seismographisches Gespür für die Energie um sie herum, für die kleinste Schwingung, die winzigste elektrische La-
dung. Die Sensoren von Yin-Metall-Persönlichkeiten sind
manchmal so aufgeladen, daß sie Probleme haben, sich in der
großen weiten Welt zu behaupten, vor allem wenn ihre eigene
überreizte Energie dort auf züggellose Leidenschaft stößt.

Als Yin Metall neigen Sie zu extremer Verschwiegenheit; ver-
trauliche Gespräche im Café oder im Bett sind ein Fremdwort
für Sie. Das liegt nicht nur an Ihrer Selbständigkeit, sondern vor
allem an Ihrer Angst, von einem Partner sexuell abhängig zu
werden, und oft sind Sie es, der eine Beziehung beendet.

Liebe ist für Yin Metall mit starkem sexuellem Begehren verbunden, aber Ihre Sexualität braucht Romantik und Ehrlichkeit,
um sich entfalten zu können. Erotische Erfahrungen sind sehr

wichtig für Sie. Gleichzeitig müssen Sie aber der Versuchung widerstehen, sich auf sexuelle Beziehungen einzulassen, die ohne Bedeutung für Sie sind. Ein reiches, intensives Liebesleben bringt Yin Metall zum Erblühen, denn Sex und Liebe sind für Yin Metall das gleiche. Auch wenn es Ihnen schwerfällt, Ihr Bedürfnis nach Kontrolle im Bett zu unterdrücken: Sie werden feststellen, daß Ihr Selbstvertrauen wächst, wenn Sie es anderen zugestehen, sexuelle Entscheidungen zu treffen oder die Initiative zu ergreifen.

Wasser-Mann

Wasser-Männer fühlen sich normalerweise zu sehr schönen und sehr weiblichen Frauen hingezogen und lassen sich leicht von der äußeren Erscheinung betören. Was Wasser-Männer zu sehen glauben oder vielmehr das Ideal, von dem sie sich nur schwer lösen können, ist oft der Grund dafür, daß sie sich öfter verlieben als jedes andere Element. Wenn der Feuer-Mann sich blindlings in eine Beziehung stürzt, weiß er zumindest, was er tut. Der Wasser-Mann verfängt sich in der Strömung, noch ehe er überhaupt nachgedacht hat.

Der Wasser-Mann ist berüchtigt für seine Unbeständigkeit und seine Leichtgläubigkeit in sozialen Beziehungen. Wein, Weib und Gesang bringen Wasser-Männer leicht vom rechten Weg ab. Geselligkeit und eine lockere Einstellung zu den Genüssen des Lebens und der Liebe liegen in ihrer Natur: Ihr Herz ist so offen für die Gefühle der Menschen um sie herum, und ihr Geist und Körper stehen so sehr im Einklang mit der Welt und ihren Schwingungen, daß sie wie Schwämme die Schwierigkeiten der anderen in sich aufsaugen, ohne sich ihrer eigenen Probleme bewußt zu sein.

Der Wasser-Mann muß lernen, daß auch er Gefühle hat. Obwohl er mit den Schultern zuckt und lieber selbst gute Ratschläge erteilt, ist sein Widerstand gegen seine eigenen Gefühle der Grund dafür, daß er wirkt wie ein vorbeiziehendes Schiff in der Nacht. In Liebesbeziehungen blendet der Wasser-Mann vieles aus. Statt sich der Realität einer Beziehung zu stellen, die nicht seinem Ideal entspricht, zieht er es vor, sich in Träume und Schattenwelten zu flüchten.

Trotz seiner Unvorhersehbarkeit und Sprunghaftigkeit ist der Wasser-Mann vielseitig begabt, spontan und offen für jede geistige oder sexuelle Herausforderung. Er lebt auf Wolke sieben. Die hellen Flammen der Leidenschaft von Feuer und die hocherotische Sexualität von Metall sind in seinem Liebesleben selten. Er ist ein Kommunikations-Katalysator. Er löst im Bett Denksportaufgaben und spielt Spiele, die sein Herz nicht berühren. Er zieht einen amüsanten Abend mit ein paar Flaschen Rotwein emotional aufwühlenden Szenen vor. Konflikte und Chaos sind nicht seine Sache. Er taucht im Leben seiner Geliebten auf wie eine Sternschnuppe. Wenn er sich tatsächlich auf eine längere Beziehung einläßt, macht er gewiß keine Versprechungen für morgen, geschweige denn für nächste Woche.

Das Traurige daran ist, daß Wasser-Männer ihre Gefühlswelt niemandem richtig öffnen. So strahlend und charmant, überzeugend und intuitiv sie nach außen hin wirken, so klar ziehen sie ihre emotionalen Grenzen, hinter die kaum jemand blicken darf. Wasser-Männer wissen nicht wirklich, was Liebe ist, denn das, was sie für Liebe halten, ist oft nur eine Fantasievorstellung. Niemand scheint jemals die Erwartungen des Wasser-Mannes zu erfüllen, und sein ständiges Bedürfnis nach Veränderung signalisiert seine Unwilligkeit, sich dauerhaft zu binden und seßhaft zu werden.

Der Wasser-Mann besitzt die außerordentliche Fähigkeit,

jede Art von Liebhaber zu geben. Dieses Rollenspiel liegt ihm, weil er nie wirklich er selbst sein will und im Grunde nicht einmal wissen will, wer er ist. Es ist sicherer für ihn, sich die Gefühle anderer Menschen anzuhören, als seine eigenen Gefühle zu offenbaren. Wenn Sie sich in einen Wasser-Mann verlieben, müssen Sie damit rechnen, daß er wenig von sich selbst preisgibt.

Andererseits haben Wasser-Männer eine angeborene Angst vor Einsamkeit, die ihnen oft nicht bewußt ist, und leben deshalb meistens nicht lange allein. Das heißt nicht, daß sie eine feste Partnerin suchen. Meistens haben sie mehrere lose Beziehungen oder sie teilen sich ein Haus oder eine Wohnung mit einem Freund. Der Wasser-Mann blüht in Gesellschaft auf. Er ist am liebsten in Bewegung, setzt immer neue Masken auf und jagt neuen Erfahrungen nach. Auf keinen Fall will er unter der Dunstglocke des Vertrauten und Bekannten ersticken. Im Bett ist er locker und witzig, und wegen seiner Vorliebe für romantische Begegnungen läßt er sich öfter als ihm gut tut mit Feuer-Frauen ein. Die Wankelmütigkeit des Wasser-Mannes treibt Feuer zur Weißglut. Eine Beziehung zu Erde kann sich ebenfalls als spannungsgeladen erweisen, denn die Unberechenbarkeit des Wasser-Mannes verletzt die starren Wertvorstellungen und das unverrückbare Liebesideal der Erde-Frau. Wasser ist geradezu prädisponiert dazu, Regeln zu übertreten, während es Erde schwerfällt, sich auf immer neue verrückte Abenteuer einzulassen.

Sowohl Metall- als auch Holz-Frauen können dem Wasser-Mann das geben, was ihm fehlt, um das Leben angstfrei zu genießen: Integrität und Selbstachtung beziehungsweise Selbstlosigkeit und Freiheit. So hart es klingt: Der Wasser-Mann bleibt für immer ein kleiner Junge, der sich verlaufen hat, wenn es ihm nicht gelingt, eine Partnerin zu finden, die versteht, daß er sich in Beziehungen nur tastend bewegt, so als wären sie dunkle Hallen voller Geister und Falltüren. Das Licht am Ende des Tunnels ist sichtbar, aber er braucht eine außergewöhnliche und scharfsichtige Führerin.

Wasser-Frau

Bernstein stand aufgrund seiner Seltenheit bei alten Zivilisationen hoch im Kurs. In der Mythologie ist Bernstein immer der Göttin des Meeres zu verdanken. Bernstein ist der Stein, der die Wasser-Frau am besten symbolisiert: In ihrer Wechselhaftigkeit und ihrem ätherischen Wesen, das sich jedem Zugriff entzieht, ist sie dem Bernstein sehr ähnlich.

Ihre Aufgeschlossenheit und ihr scheinbar kapriziöses Wesen machen sie zum glanzvollen Mittelpunkt jeder Party: Dann fasziniert sie die Männer und treibt die Frauen zur Weißglut. Die Wasser-Frau strahlt diese Wirkung aus, ohne das auch nur im entferntesten zu wollen. Charmant und witzig wie sie ist, hat sie es schwer, andere von ihrer Loyalität und ihrer Zuverlässigkeit zu überzeugen. Wie die Gezeiten des Ozeans ist sie dem Mond ausgeliefert. Sie ist so empfänglich für die Welt um sie herum, daß sie sich im Kopf das Bild eines Exfreundes ausmalen und dann auf jeden anderen Mann projizieren kann, den sie trifft. Weil sie von so vielen Schwingungen durchdrungen ist, ist Liebe ein schwieriges Spiel für sie, nach dem sie sich dennoch sehnt, ungeachtet seiner Gefahren.

Vielleicht ist die Unsicherheit der Wasser-Frau, was Liebe eigentlich bedeutet, daran schuld, daß sie so viele verschiedene Beziehungen hat und sich so leicht mit den falschen Männern einläßt. Romantik und Sexualität sind für sie von großer Bedeutung. Trotzdem ist sie zu Beginn einer neuen Beziehung hin- und hergerissen zwischen der Vorstellung, ihr neuer Lover sei der Mann ihrer Träume, und der Akzeptanz, daß die Beziehung ein flüchtiges Abenteuer ist. Weil sie sich ihrer wahren Gefühle nicht bewußt ist, schwimmt die Wasser-Frau bevorzugt gegen den Strom. Wenn sie lernen würde, sich als eigenständiger Mensch mit eigenen Gefühlen zu begreifen, könnte sie zu einer beständigeren und dauerhafteren Beziehung finden. Denn im Grunde wünscht sie sich das, auch wenn sie es nur selten bekommt.

Ihr Kommunikationstalent führt die Wasser-Frau in so manche heikle Situation. Sie hat ein Talent dafür, sich aus allem herauszureden, besonders wenn sie auf einen Partner trifft, der wie Feuer ganz anders ist als sie selbst, und den sie mit ihrem ziellosen Lebensstil aufregt. Gleichzeitig jagen ihr die Männer wegen ihres sanften, bezaubernden Aussehens nach, in der Hoffnung, ihr flatterhaftes Herz zu erhaschen. Das Paradoxe an dieser Frau: So sehr sie die Jagd genießt und so sehr das Spiel von Verführung und Romantik sie zum Lachen bringt, so schnell kann sie ihre Meinung ändern und sich weigern, weiter mitzuspielen. Darin zeigt sich die Dualität der Wasser-Frau: Sie ist eine Nomadin, die Beständigkeit braucht; sie ist unberechenbar, aber sie setzt sich im Kopf ihres Geliebten fest und läßt ihn nicht los. Ihre Verletzlichkeit mag als Schwäche erscheinen, kann aber in der Beziehung ihre größte Stärke und Waffe sein. Wenn sie einen Mann findet, der sie beschützt und stärkt und ihr gleichzeitig soviel Freiraum läßt, daß sie nicht das Gefühl hat, sich ihm ganz überantwortet zu haben, ist sie auch zu einer beständigen Beziehung fähig.

Wasser-Frauen müssen viele verschiedene Beziehungen durchleben, um sich selbst zu entdecken. So wie andere Frauen verschiedene Kleidungsstücke anprobieren, probieren sie verschiedene Partner aus, um herauszufinden, welcher am besten zu ihnen paßt. Diese Experimente geben ihnen ein Gefühl der Konkretheit. Bei alledem wünscht sich die Wasser-Frau die eine richtige Beziehung, in der sie leben kann, ohne sich verpflichtet oder angebunden zu fühlen. Dieser Anspruch der Wasser-Frau, der sich nie ändert, ist ein großes Problem für jeden Partner, mit dem sie sich einläßt. Ihr unstetes und manchmal neurotisches Verhalten steht im Widerspruch zu ihrer Sehnsucht nach dem Mann, den sie liebt. Aber es ist schwer für die Wasser-Frau, eine Partnerschaft aufrechtzuerhalten, es sei denn, eine feste Beziehung bietet ihr viel Abwechslung, oder sie kann kommen und gehen, wie es ihr beliebt. So viel sexuelle Freizügigkeit stellt natürlich jeden Partner auf eine harte Probe.

Konfrontationen geht die Wasser-Frau am liebsten aus dem Weg. Sie ignoriert Konflikte und tut alles, um Szenen zu vermeiden. Die Dissonanzen des Lebens sind etwas, womit sie nur schwer umgehen kann.

Erde-Männer finden sie frustrierend, nicht nur wegen ihrer Launenhaftigkeit und ihrer Unkonzentriertheit, sondern auch, weil sie die Flucht ergreift, sobald Erde sich als besitzergreifend und hartnäckig erweist. Das Problem der Wasser-Frau liegt darin, daß sie jeden Mann idealisiert, der ihr über den Weg läuft, und nur sieht, was sie sehen möchte. Wird er ihren Visionen dann nicht gerecht, löst sie sich entweder in Luft auf oder sie flirtet so sehr mit anderen Männern, daß er sie verläßt. Hat sie sich erst einmal auf eine Beziehung eingelassen, braucht die Wasser-Frau viel sexuelle Abwechslung und eine Menge Spaß, Spiel und Heiterkeit. Sex langweilt sie, wenn er keinen amüsanten Zeitvertreib für sie bedeutet. Das Liebesspiel muß für sie romantisch, fantasievoll und eskapistisch sein.

Der experimentierfreudige und extravertierte Holz-Mann kann ihre Aufmerksamkeit länger fesseln als jedes andere Element. Die sengende, intensive Anziehungskraft von Metall kann sie in einen romantischen Trancezustand versetzen, und umgekehrt wirkt ihr besonderer Charme auf den Metall-Mann heraus-

forderend und provozierend. Andererseits können ihre Launenhaftigkeit und Unbeständigkeit unvereinbar sein mit dem Ego
von Feuer und der Besitzgier von Erde. Wie die Göttin, die
Bernstein aus dem Meer bringt, verschwindet die Wasser-Frau
dann so schnell mit den Fluten, wie sie gekommen ist.

Yang Wasser

Die Sexualität von Yang Wasser äußert sich typischerweise in
der Suche nach möglichst vielen neuen Erfahrungen in einer
Beziehung. Yang Wasser neigt dazu, sich zu schnell auf eine
Partnerschaft einzulassen und möglichst viel für sich daraus beziehen zu wollen – mit Gewalt oder durch die subtile Untermi-
nierung der Ziele des Partners. Das große Problem von Yang-
Wasser-Menschen ist ihr Hang, nie eine Gegenleistung zu er-
bringen. Sie saugen die Energie einer Beziehung so mühelos in
sich auf und spiegeln sich so schnell in den Gefühlen ihres Partners wider, daß sie eines Tages selbst echt und falsch nicht mehr
voneinander unterscheiden können.

Aktivität und Veränderung sind notwendig, um die Energie
der für alle und alles aufgeschlossenen Sexualität von Yang
Wasser in positive Bahnen zu lenken. Es ist wichtig für Sie, daß
sexuelles Erleben nicht nur auf der körperlichen, sondern auch
auf der geistig-seelischen Ebene abläuft. Die intellektuelle Stimulation ist Ihnen ebenso wichtig wie die körperliche, und es
fällt Ihnen schwer, die sexuelle Liebe mit einem Partner zu genießen, der Ihre Suche nach Ihrem Ich nicht befriedigen kann.
Sexuelle Entspannung setzt für Sie Achtung vor dem Intellekt
des anderen voraus; fehlt dieser Aspekt, hungern Sie nach
mehr. Die Phasen in Ihrem Leben, in denen Sie viele Zufallsbe-
kanntschaften suchen und finden, spiegeln dies wider.

Der Gedanke an sexuelle Ekstase erregt Sie mehr als die eigentliche sexuelle Begegnung! Kommunikation und Erotik im Kopf können der Schlüssel zu einer dauerhaften Partnerschaft sein. Vielleicht empfinden Sie erotische Telefonate, Liebe auf Distanz oder Sex auf Reisen als inspirierend. Allerdings kann es für Yang Wasser einen langen, schwierigen Weg bedeuten, den idealen Partner oder die ideale Partnerin zu finden, denn Sie nehmen sich nicht die Zeit, Ihre Bettgefährten wirklich kennenzulernen. Erfahrung ist alles für Yang Wasser. Um zu einer herausfordernderen und positiveren sexuellen Identität zu gelangen, müssen Sie einen Partner finden, der Sexualität von der heiteren Seite nimmt und sich immer neue Spiele einfallen läßt.

Yin Wasser

Die schwebende Gelassenheit von Wasser findet ihren Ausdruck am besten in einem entspannten, ruhigen Liebesspiel. Die Sexualität von Yin Wasser ist flüchtig und geheimnisvoll und wirkt auf bodenständigere, zupackendere Menschen manchmal sehr distanziert. Das Begehren von Yin Wasser richtet sich darauf, den passiven, reagierenden Part zu übernehmen. Yin-Wasser-Menschen sind in jeder Beziehung wie Spiegel der Instinkte und Bedürfnisse ihres Partners. Das geht manchmal soweit, daß sie ihre eigenen Wünsche vergessen.

Yin-Wasser-Menschen brauchen Zeit, sich auf einen neuen Partner einzulassen, und suchen trotzdem die Gefahr der heimlichen Abenteuer. Sie lieben Intrigen und Mantel-und-Degen-Dramen, obwohl sie Probleme, Konflikte und schmerzhafte Erfahrungen für Sie bedeuten können. Vielleicht haben Sie auch schon festgestellt, daß Ästhetik bei der Wahl Ihrer Partner eine wichtige Rolle spielt: gutaussehende Männer, schöne Frauen,

Musiker, Dichter und Visionäre liegen ihnen mehr als unkultivierte, umtriebige Karrieretypen. Ihr Hunger nach Sinnlichkeit ist groß, aber niemals berechenbar oder Teil einer Routine. Yin-Wasser-Menschen besitzen mehr Geduld als Yang-Wasser-Menschen und sind deshalb zu beständigeren Beziehungen fähig. Sie können auf geistiger Ebene anspruchsvoll und egoistisch sein, aber ambivalent, wenn es darum geht, eine engere Bindung einzugehen. Darin liegt die Doppelnatur von Wasser: Ihr Partner kann dem Auf und Ab Ihres sexuellen Verlangens nie ganz gerecht werden. Fantasie spielt in der Sexualität von Yin Wasser eine wichtige Rolle. Wenn Ihr Partner zuhören und erkennen kann, daß Sie das Geheimnis und die Vorstellungskraft ausdrücken müssen, die ein Teil Ihrer sexuellen Energie sind, können Sie vielleicht die explosive Form von Gemeinsamkeit erleben, nach der Sie sich sehnen. Begehren und Fantasie können sich dann verbinden und Ihre Sexualität in etwas Greifbares verwandeln. Sie müssen lediglich der Alchimie erlauben, ihre Wirkung zu tun.

Holz-Mann

Emotionsgeladene, gefühlsstarke Beziehungen oder einengende Zweisamkeit sind für den Holz-Mann nicht das Richtige. Der Holz-Mann ist ein Mensch, der Wärme und Enge als problematisch empfindet, obwohl er in jeder Frau, der er begegnet, Qualität und Perfektion sucht, und seine sexuelle Leistung und die seiner Partnerin mit dem gleichen Interesse und der gleichen akribischen Aufmerksamkeit analysiert wie seine wöchentlichen Benzinrechnungen. Die Wahrheit ist: Holz-Männer brauchen eigentlich niemand anderen in ihrem Leben. Gleichzeitig beunruhigt sie ihre fehlende Leidenschaft, und sie können stundenlang darüber nachdenken. Sich unnötige Sorgen zu machen, gehört zu den Widersprüchlichkeiten des Holz-Mannes.

Für Holz-Männer sind Beziehungen zu Frauen Teil eines großen universalen Liebeskonzepts. Sie können die Intimität und Ausschließlichkeit einer Ehe oder Partnerschaft nur schwer akzeptieren. Sie brauchen und suchen persönliche Freiheit, mehr noch aber Freiheit für alle.

Holz-Männer sind in ihren Beziehungen radikal und ziehen flüchtige Bekanntschaften einer Partnerschaft vor: Eine Geliebte ist ihnen lieber als eine Ehefrau. Dabei stößt der abgeklärte Holz-Mann auf viele Widerstände, denn er erwartet, daß jeder seine humanistische und idealistische Vision der Liebe teilt. Nach außen hin wirkt er verführerisch und überaus umgänglich – fast schon zu umgänglich, weil er sich mit vielen Frauen unterhält und keiner den Vorzug gibt, es sei denn, sie ist ihm intellektuell ebenbürtig. Er schafft es, freundschaftliche Beziehungen mit seinen früheren Partnerinnen oder Freundinnen aufrechtzuerhalten. Dabei kann es vorkommen, daß er X auf ein Glas Wein einlädt, damit sie seine neue Liebe kennenlernt, weil er meint, die beiden Frauen sollten gute Freundinnen werden. Schließlich haben sie sich beide in ihn verliebt!

Dieser Altruismus von Holz funktioniert zwar in vieler Hinsicht sehr gut, nicht aber in der Zweierbeziehung. Die meisten Partnerinnen, denen er begegnet, teilen seine Wertvorstellungen nicht, einfach weil den meisten Menschen die Ausschließlichkeit einer Zweierbeziehung sehr wichtig ist. Von ausgesprochen unkonventionellen oder radikal denkenden Frauen einmal abgesehen ziehen es auch heute die meisten Frauen vor, ihren Partner nicht mit jeder Exfreundin oder früheren Geliebten teilen zu müssen, wenn es ihm in den Sinn kommt.

Der Holz-Mann ist ein Verfechter sexueller Gleichberechtigung und beherrscht die Kunst der Liebe perfekt. Seine Leidenschaft ist eher experimentierfreudig als sinnlich-bodenständig. Er fürchtet Intimität und vermeidet allzu große Nähe deshalb auch in sexuellen Beziehungen. Er würde ohne weiteres der Ansicht zustimmen, Sex sei ein Prozeß, der zwei Körper und unterschiedliche Bedürfnisse involviere – eine intellektuelle Lektion in Kooperation und Verführungskunst! Bei alledem mangelt es ihm nicht an Erfahrung. Er geht frei mit seinen Bedürfnissen um und hat ein ausgeprägtes Gespür für die Wünsche seiner Partnerin. Solange er seine Freiheit bewahren kann und das Gefühl, niemandem zu gehören, ist er möglicherweise in der Lage, sich zum Wohl des großen Ganzen auf eine Partnerschaft zu konzentrieren. Allerdings ist er so geartet, daß er wegläuft, wenn man ihn besitzen will, und daß er fremdgeht, wenn man die Zügel locker läßt. Wenn seine Taktik in einer Beziehung nicht aufgeht, kann er frustriert und starrsinnig reagieren. Das Ego von Holz ist stark auf die Realität einer Beziehung ausgerichtet und darauf, wie er sie organisieren und steuern kann. Eine Wasser-Partnerin kann sein Kommunikationsbedürfnis stimulieren – denn das Zweiergespräch ist nicht seine Stärke –, und die Metall-Frau gemahnt ihn an die Autonomie, deren gesellschaftliche Ausprägung er verwirklicht sehen will, deren persönliche Ausprägung er aber gern vergißt. Ganz egal, wieviel er über die Ziele der Menschheit und das Vorankommen im Leben redet, auf dessen Orchestrierung er sich großartig versteht: Sein Gesichtsfeld ist eingeengt. Er referiert über Zusammenhänge und Abstraktionen, nicht über Gefühle und Bedürfnisse.

Das Paradoxe ist, daß der Holz-Mann jedermanns Freund und jedermanns Guru sein und doch seinen eigenen Lebensstil beibehalten will. Er sieht wohlwollend zu, wie andere vorwärtskommen, sich menschlich entwickeln, neue Beziehungen eingehen, ihren Lebensstil verändern; sein persönliches Ziel aber ist es, selbst nichts dergleichen tun zu müssen! Es ist ungeheuer wichtig für ihn, die Implikationen einer möglichen neuen Beziehung im Vorfeld abzuprüfen. Er muß sich absolut sicher sein, daß das Objekt seiner Begierde stark genug ist, mit seiner Experimentierfreudigkeit geistig klarzukommen. Liebe ist für den Holz-Mann etwas Unpersönliches. Er nimmt die Liebe anderer an und verteilt seine Liebe gerecht an alle und jeden. Man könnte meinen, Liebe sei dazu da, sie umzuverteilen. Seine aktuelle Partnerin tut deshalb gut daran, niemals zu denken, sie sei etwas Besonderes!

Freundschaft, gemeinsame Ideale und die Sehnsucht nach Freiheit sind für Holz wichtiger als eine monogame Beziehung. Sexualität spielt für Holz eine untergeordnete Rolle – sicher, er genießt sie und er spielt die Liebhaberrolle ausgezeichnet. Aber die Lockungen der großen weiten Welt motivieren ihn weitaus stärker als das traute Vorstadtheim zu zweit. Er ist ein Mann der Tat, der Errungenschaften und der großen Pläne. Er führt sein Liebes- und Sexleben mit großer Diplomatie und geht mit Beziehungen aller Art entspannt um, ohne Ansprüche zu stellen. Wer mit ihm in den Himmel fliegt, kann eine Reise zu den Sternen und zurück erleben. Aber der Holz-Mann muß lernen, mit anderen Menschen in Verbindung zu treten. Der Holz-Mann ist wahrscheinlich das zwiespältigste aller Elemente: Er versucht verzweifelt, sich selbst zu finden und kennenzulernen, aber nur durch andere, in denen er sich spiegelt, kann er verstehen, wer er wirklich ist.

Holz-Frau

Ehrlichkeit, Schönheit und Wahrheit sind drei geistige Ideale, nach denen die Holz-Frau strebt. Sie ist attraktiv, aufgeschlossen und redegewandt und sprüht vor Temperament und Unabhängigkeit. In ihrer Freiheitsliebe tut sie oft alles, um sich nicht auf eine Verpflichtung oder ein Versprechen einzulassen, das sie in die Enge treiben könnte. Andererseits haßt sie es, etwas abzulehnen oder jemanden zurückzuweisen, um auf keinen Fall eine Erfahrung zu versäumen, die sie ihrem Ideal näherbringen könnte.

Das Ästhetische spielt für sie auch in der Beziehung eine große Rolle. Sie fährt auf gutes Aussehen ab und kann sich Hals über Kopf in einen Mann verlieben, wenn er nur das richtige Gesicht hat. Aus genau diesem Grund fällt sie gewohnheitsmäßig auf die falschen Männer herein.

Es ist leicht, sich in die Liebe zu verlieben. Obwohl die Holz-Frau nach außen hin kühl und ausgeglichen wirkt, ist ihre Zurückhaltung nur ein dünner Lack, unter dem sich Verletzlichkeit verbirgt – der Teil von ihr, der Einsamkeit und gleichzeitig Intimität fürchtet. Trotz all ihrer Unabhängigkeit und Wildheit möchte sie gehalten und umsorgt werden; trotz all ihrer ehrgeizigen humanistischen Ideale und ihres kultivierten Lebensstils ist sie in ihrem Innersten zerbrechlich – sie sucht nach Liebe und fürchtet sich vor der damit verbundenen Nähe.

Holz-Frauen fällt es schwer, über ihre körperlichen und emotionalen Bedürfnisse zu sprechen. Aber Vorsicht: Die Holz-Frau kann in jeder Diskussion bestehen und im Beruf oder bei gesellschaftlichen Anlässen ihren Standpunkt extravertiert und aufgeschlossen, ohne eine Spur von Angst, vertreten. Wird sie dagegen mit sehr privaten Dingen konfrontiert, sind ihre Äußerungen schwer einzuordnen, ambivalent und irgendwie zu liberal!

Wahrscheinlich fühlt sie sich von der Unbeständigkeit des Wasser-Mannes angezogen: Mit ihm könnte sie intellektuell harmonieren, ohne sich auf eine allzu enge Beziehung einlassen zu müssen. Sie beansprucht ihren Freiraum für sich, und es kommt selten vor, daß sie ihn mit jemandem teilt.

Die Holz-Frau ist niemals besitzergreifend und haßt es, besessen zu werden. Sie zieht einen unkonventionellen Lebensstil vor. Lieber macht sie mit ihrem großen Freundeskreis die Nacht durch, als sich mit den Komplexen und Problemen eines einzigen Mannes auseinanderzusetzen. Oft weigert sie sich, auf andere zu hören und beharrt hartnäckig auf ihren seltsamen Ansichten – einfach aus Prinzip!

Mehr aus sich heraus geht die Holz-Frau nur in einer Beziehung, in der sie sich frei und ungebunden fühlen kann. Ihre Sichtweise ist intellektuell und pragmatisch zugleich. Käfige sind für die, die sich einfangen lassen! Die Holz-Frau behält gern alles unter Kontrolle und die Fäden in der Hand. Weil sie von ihren Zielen im Leben so überzeugt ist, ist es schwierig für sie, in einer Beziehung eine tiefe innere Bedeutung zu finden. Statt dessen macht sie eine Denksportaufgabe daraus. Liebe läuft bei ihr eher im Kopf als im Herzen ab.

Zu viel Leidenschaft impliziert Bindung und Intensität, und beides jagt der Holz-Frau Angst ein. Sie findet Sex und Körperkontakt durchaus angenehm, genießt sie aber am liebsten mit coolen, unsentimentalen Männern. Sie braucht einen Partner, der Distanz halten kann und doch als Freund für sie da ist: am besten einen Metall- oder Wasser-Mann. Feuer empfindet sie als stolz und unnahbar, aber unendlich provozierend; Erde als zu eng und herzlich. Sie durchdringt die Gedankengänge des Metall-Mannes, findet all seine Absichten heraus und prüft kritisch, ob er möglicherweise Abnutzungserscheinungen aus früheren Beziehungen zeigt. Sie bewundert an einem Mann Perfektion! Aufregend findet sie echte Unabhängigkeit, das Experimentieren mit neuen Ideen und die geheimnisvollen Spiele einer erfahrenen Sexualität. Ein Metall-Partner ist wahrscheinlich bereit, ihre Freiheit und ihre Fantasie zu respektieren. Gleichheit in der Partnerschaft ist für die Holz-Frau unverzichtbar, und wenn der

Wasser-Mann ihr Romantik bietet und ihr dabei zugesteht, ihren Idealen zu folgen, stehen die Chancen gut, daß sie es mit ihm länger aushält als in den meisten anderen Konstellationen.

Holz-Frauen leben besser allein als mit einem Partner und verbringen einen großen Teil ihres Lebens unabhängig. Ihren Erfolg suchen und finden sie eher im Beruf als in der Mutterrolle. Sie schließen Freundschaften an allen Ecken und Enden, weil ein offenes Haus ihnen Geborgenheit und Sicherheit gibt; und sie sind offen für neue Beziehungen, weil sie nie den einen Partner gefunden haben, der ihren hohen Idealen und Prinzipien gerecht wird. Holz kann in der modernen Gesellschaft mit ihrem Energiefluß und ihrem offenen Rollenverständnis gut leben und lieben. Trotzdem ist und bleibt die Holz-Frau eine Frau – auch wenn das schwerer für sie ist als für alle anderen Elemente. Es ist deshalb kein Problem für sie, verständnisvoll zu sein. Gegenseitige Verführung ist eine Kunst, die sie zu schätzen weiß – aber nur, wenn sie einen Partner findet, der nicht versucht, sie zu besitzen, sondern ihr die Freiheit gewährt, die sie so verzweifelt braucht.

Yang Holz

Geistige und körperliche Beweglichkeit ist die Hauptanforderung, die Yang-Holz-Menschen an ihre Partner stellen. Um ihre kreative Suche nach Lebensfreude auszudrücken, brauchen sie mehr zu ihrer Befriedigung als nur den sexuellen Akt. Es ist wichtig, daß Romantik sowohl ein seelisches als auch ein körperliches Erlebnis ist. Die Spiele und Begegnungen von zwei Menschen, die sich gerade erst kennenlernen, sind oft aufregender und herausfordernder als eine starr gewordene Beziehung mit all ihren Kompromissen. Weil Ästhetik für Yang Holz eine große Rolle spielt, zieht Schönheit Sie an, und es ist wichtig für Sie, sich selbst schön zu fühlen. Unabhängigkeit ist bei Yang-Holz-Menschen ein besonders ausgeprägter Zug. Sie müssen deshalb sicherstellen, daß Ihr Partner oder Ihre Geliebte Ihr Bedürfnis nach sexueller und geistiger Freiheit kennt und versteht. Das heißt nicht, daß Sie promiskuitiv sind oder sein wollen. Freiheit bedeutet für Sie, daß ein Partner Sie nicht einschränkt oder reizvolle sexuelle Ideen ablehnt.

Aus Angst, emotional von Ihrem Partner vereinnahmt zu werden, neigen Sie dazu, die Führungsrolle zu übernehmen: Sie wollen lieber Ihre sexuellen Wünsche umsetzen, als im Kielwasser anderer zu schwimmen. So können Sie auch emotionalen Verstrickungen besser vorbeugen. Yang-Holz-Menschen sind oft von den verschiedensten sexuellen Spielarten fasziniert und nutzen sie dazu, ihre Angst vor Intimität zu verbergen. Je gewagter und temperamentvoller der Sex, desto wohler fühlen Sie sich! Wenn Sie Ihre Ängste ausdrücken, kann Sexualität eine entspanntere und erfüllendere Erfahrung für Sie werden.

Yin Holz

Wenn Sie Yin Holz sind, stellen Sie vielleicht fest, daß Ihnen ein befriedigendes Liebesleben abgeht, weil Sie sich nach zu vielen Seiten hin engagieren. Großzügiges Geben ist die Art von Yin Holz, alles unter Kontrolle zu behalten. Wenn Sie die Ansprüche von allen und jedem erfüllen, sich selbst zerreißen oder jemanden exzessiv umwerben, so kann das bedeuten, daß Sie das verlieren, was Sie an einer sexuellen Beziehung wirklich schätzen. Wegen der allzu diplomatischen Art, mit der Sie eine idealistische Beziehung aufzubauen versuchen, lernen Sie viele Menschen kennen, die glauben, Ihnen vertrauen zu können. Wenn

Sie aber immer nur die Menschen in Ihrer Umgebung unterstützen und nie etwas von ihnen nehmen, versäumen Sie es möglicherweise, sich selbst kennenzulernen. Es mag Ihnen gefährlich vorkommen, sich zu verlieben oder auf eine intime körperliche Beziehung einzulassen. Als Yin Holz müssen Sie aber lernen, zur Abwechslung einmal loszulassen und ein Risiko einzugehen. Meinen Sie nicht immer, Sie wüßten vorher schon, wie die Sache ausgehen wird! Nicht Sex nach Rezept ist gefragt, sondern das zu tun, womit Sie sich gut fühlen. Es kann angsteinflößend sein, Risiken einzugehen, aber es ist die einzige Möglichkeit, anderen Menschen näherzukommen und doch Ihre Unabhängigkeit zu bewahren. Sie können durch Ihre eigene Neugierde lernen und Ihr sexuelles Ausdrucksvermögen wirklich genießen, wenn Sie zu verhindern lernen, daß bei jeder sexuellen Begegnung Ihr Verstand übernimmt. Sie besitzen einen scharfen Verstand: Nutzen Sie ihn gut – aber erlauben Sie ihm nicht, über Sie, Ihren Partner, Ihr Sexualverhalten oder Ihre Gefühle zu urteilen.

Der Kreis schließt sich

Liebe bedeutet für jeden von uns etwas anderes und übt eine tiefe und magische Wirkung auf uns aus. Liebe besitzt ihre ganz eigene Energie, denn sie ist die stärkste und bezwingendste aller menschlichen Empfindungen.

Dieses Buch hat versucht, Ihnen einen Einblick in Ihre Bedürfnisse zu geben – Ihre sexuellen, materiellen, emotionalen oder intellektuellen Wünsche und Ziele. Vielleicht hat es Ihnen geholfen, besser zu verstehen, was Liebe wirklich ist, und wie die einfache Kunst von Wind und Wasser dazu beitragen kann, Ihre Beziehungen ins Gleichgewicht zu bringen und zu harmonisieren.

Feng Shui arbeitet mit unsichtbaren Energiemustern, die sich überall in uns und um uns herum befinden. Aber es reicht nicht aus, unsere Umgebung zu verändern, ohne gleichzeitig an uns selbst zu arbeiten: Aus eigenem Antrieb kann sich das Glück nicht einstellen. Die Energie des Feng Shui, das Chi, ist geheimnisvoll, unberührbar und unsichtbar. Wenn Sie aber dem Universum und seinem Lauf vertrauen, auf Ihre innere Stimme hören und verstehen lernen, wer Sie wirklich sind, kommen Sie seinem Geheimnis vielleicht auf die Spur.

Die Verstrickungen in unserem Zuhause und unserem Innenleben zu entwirren, bedeutet nichts anderes, als einen dünnen Seidenfaden des dickeren Strangs zu verfolgen, der sich durch Zeit und Raum des Universums webt.

Register